オーナーの視点から考える

事業承継型M&Aの法務・税務戦略

小山 浩／園田観希央［編］

中央経済社

はじめに
―オーナーのための事業承継型M&Aの解説―

少子高齢化等を背景に，オーナー系企業の後継者不足は深刻さを増しており，業績自体は良好であるにもかかわらず，事業継続をあきらめざるを得ないケースが目立つようになりました。このようなケースにおいては，事業を廃業して会社を解散・清算する方法が選択されることもありますが，新しいオーナーのもとで事業が継続されることにより，従業員の雇用を確保し，取引先との関係を維持することが日本の経済にとって望ましいことは言うまでもありません。こうした後継者不足の問題を解決する1つの方法として，M&Aによる事業承継が近年注目されています。

M&Aによる事業承継は，従業員の雇用確保等の社会的意義だけでなく，オーナーにとっても経済的なメリットがあります。まず，株式の売却代金は，会社の資産だけではなく，会社が将来生み出す利益やキャッシュフローも考慮したうえで決定されるため，株式の売却代金の方が，オーナーが会社を解散・清算して得られる金額より大きくなることが期待できます。さらに，税務面でもメリットがあります。会社を解散・清算する場合，オーナーは，会社の負債をすべて弁済した後，残った資産の分配を受けますが，これには最高で約55.94%の税率で所得税が他の所得と総合して課されます。これに対し，オーナー個人が会社の株式を売却する場合には，譲渡益に対して20.315%の税率で他の所得とは別に課税されるに過ぎません。このようにM&Aの方が，廃業と比べてオーナーが最終的に受領する手取額が大きくなることが期待できます。

M&Aによる事業承継は，その社会的意義，オーナーの経済的メリット等を考えると望ましい選択肢です。しかし，M&Aという選択に心理的抵抗を感じるオーナーも少なくありません。その理由としては，①会社は自分の分身であり，従業員は家族同様であること，②M&Aという用語それ自体難しく，法律や税金の話が複雑であって，理解できないこと，といった点があります。①の点については，事業承継の方法としてM&Aが選択されるケースは増えており，M&Aに対する心理的な抵抗感は小さくなっているように思います。しかし，②の点は，現在も解消されていないように感じます。これは，オーナーがM&Aの知識・経験の豊富な専門家に対してアクセスしづらかったことにも原因があるように思います。実際，これまでは，事業承継型M&Aを解説する書籍の多くは買主側の立場で留意点を解説するものであり，オーナーの立場から，法務・税務を一体として解説する書籍は乏しい状況です。

本書は，上記のような問題意識に基づいて執筆しており，事業承継を検討しているオーナーが，事業承継型M&Aにおける法務・税務の観点から最適解を発見できることを目的としております。

また，本書は，オーナー系企業を顧問先とする税理士，融資先とする金融機関及びコンサルティング会社の担当者に参考にしていただくことも想定しております。これらの方は，後継者問題を抱えるオーナーから事業承継型M&Aについて，多くの相談を受けているところかと思います。これらの方がオーナーの意向に沿ったストラクチャーの提案やM&Aの円滑な管理・進行を行う際に本書がお役に立てることを心より願っております。

なお，本書の構成としては，大きく２つに分けて，第１部で事業承継型M&Aの全体像を説明し，第２部では，事業承継型M&Aにおける実務上の問題を各場面ごとに解説しています。まずは第１部をお読みいただき，事業承継型M&Aにおける法務・税務の視点をご理解いただいたうえで必要に応じて第２部をお読みいただくことを想定しております。

本書の執筆に当たっては，細心の注意を払ったつもりですが，もしお気づきの点があれば，ご指摘いただきたいと考えております。最後に，本書の企画・構成に至るまで有益なアドバイスをいただいた中央経済社の露本敦氏，本書に対して的確なコメントをいただいた森・濱田松本法律事務所の末長祐弁護士，校正作業などに協力いただいた同事務所高松オフィスの田中里美さん及び吉次菜緒さんに，この場を借りて，御礼申し上げます。

なお，本書に記載されている見解は筆者らの個人的な見解であって，筆者の属する法律事務所や過去に所属した組織の見解ではないことを付言いたします。

令和３年８月

弁護士法人　森・濱田松本法律事務所
パートナー弁護士・税理士　**小山　浩**
パートナー弁護士　**園田　観希央**

目　次

第2部　事業承継型M＆Aの実務問題

Column

■主な略語

〔法令等〕

会更法　　会社更生法
会社規　　会社法施行規則
会社計規　　会社計算規則
外為法　　外国為替及び外国貿易法
旧商法　　平成17年改正前〔会社法制定前〕商法
経営者保証GL　　経営者保証に関するガイドライン
経営承継円滑化法　　中小企業における経営の承継の円滑化に関する法律
個人情報保護法　　個人情報の保護に関する法律
国徴法　　国税徴収法
国通法　　国税通則法
財基通　　財産評価基本通達
消法　　消費税法
消令　　消費税法施行令
所基通　　所得税法基本通達
所法　　所得税法
整備法　　会社法の施行に伴う関係法律の整備等に関する法律
相法　　相続税法
措法　　租税特別措置法
措令　　租税特別措置法施行令
措規　　租税特別措置法施行規則
地法　　地方税法
徴基通　　国税徴収法基本通達
直投令　　対内直接投資等に関する政令
独禁法　　私的独占の禁止及び公正な取引の確保に関する法律
復興財源確保法　　東日本大震災からの復興のための施策を実施するために必要な財源の確保に関する特別措置法
法基通　　法人税法基本通達
法法　　法人税法
法規　　法人税法施行規則
法令　　法人税法施行令
民再法　　民事再生法

民執法　　民事執行法
労働承継法　　会社分割に伴う労働契約の承継等に関する法律
労働承継指針　　分割会社及び承継会社等が講ずべき当該分割会社が締結している労働契約及び労働協約の承継に関する措置の適切な実施を図るための指針

＊本書における条文の表記〔例〕
法法57の２①一＝法人税法57条の２第１項１号

〔判例集等〕
家月　　家庭裁判月報
行集　　行政事件裁判例集
金判　　金融・商事判例
金法　　金融法務事情
訟月　　訟務月報
判時　　判例時報
判タ　　判例タイムズ
民集　　最高裁判所民事判例集
民録　　大審院民事判決録
労判　　労働判例

第 1 部

事業承継型M&Aの全体像

第1章

会社と従業員の未来のための事業承継型M&A

第1節 事業承継の現状

1 事業承継型M&Aが注目される理由

会社の承継というと会社の経営陣（代表取締役社長を中心とする取締役）の交代をイメージすることが多い。実際，所有と経営とが分離している上場会社においては，経営陣の交代をもって，世代交代が行われる。

しかし，オーナー系企業のように，所有と経営が分離していない会社の場合，経営者＝オーナー（大株主）であり，経営陣が交代することにより会社の承継が完了するわけではない。後継者は，経営と同時に所有，すなわち株式も承継することが必要である。加えて，このような会社においては，経営者が個人的に会社の借入れに対して連帯保証や自宅建物の物上保証（以下「経営者保証」という）をしていることがほとんどであり，後継者は経営者保証も承継する必要がある。

このように，所有と経営が分離していない会社の後継者は，自らの責任において，会社を丸抱えすることになる。このような会社を丸抱えする覚悟をもって会社の経営に当たろうとするのは，経営者兼オーナーの親族が中心であって，そのため，オーナー系企業の事業承継は，経営者兼オーナーの親族が家業として承継することが多い。令和３年度版『中小企業白書』472頁によれば，事業承継のうち，親族内承継の割合が最も高い[1]。もっとも，その割合は減少傾向に

1 https://www.chusho.meti.go.jp/pamflet/hakusyo/2021/PDF/chusho/00Hakusyo_

ある。

これは，少子高齢化も背景として，経営者兼オーナーの子弟が会社の事業や会社経営に興味がない，他の職業に就いている[2]，個人保証を引き受けたくない等の事情により，親族が後継者とならないことが背景にあると思われる。このような場合には，社内の有望な従業員を経営者に昇格させ，オーナー一族は，創業ファミリーとして株式を保有するのみとなるか（所有と経営の分離），オーナーが当該従業員に対して代表取締役の地位を譲ることに加えて，株式も譲渡する（いわゆるエンプロイメント・バイアウト〔EBO〕）という方法も選択肢となる。しかし，従業員の立場からすると，サラリーマンとして会社で働いていたところ，突然，代表取締役社長として会社を経営し，会社の債務に関して個人保証するということは相当な覚悟が必要である。

また，所有と経営が分離する場合，オーナーが存命であれば，後継者となった当該従業員も安心して経営できるものの，オーナーに相続が発生した場合，オーナーの相続人の考え方次第でその地位も不安定となってしまう可能性がある。他方，EBOの場合，後継者たる従業員が，株式の取得資金を自ら借り入れる必要があり，そのようなリスクを負ってまで経営者になることにメリットを見いだせないこともある。

以上のように，オーナーの親族及び社内に後継者がいない場合，会社を廃業するか（会社法上の解散・清算），会社を売却し，第三者に経営を委ねる（M&A）という方法のいずれかを選択しなければならない（廃業とM&Aの比較については，**図表１－１－１**参照）。

このうち，会社を廃業する場合，これまで会社のために働いていた従業員や，取引を継続してきた取引先に多大な迷惑をかけることになる点で，オーナーとしては選択しにくいように思われる。そこで，会社の事業に魅力を感じる第三者に対して会社を売却し，買い手において事業を継続して雇用と取引先を維持するという方法が有力な選択肢となる。これが事業承継型M&Aである。令和３年度版『中小企業白書』（472頁）によれば，近年，事業承継型M&Aの件数

---

zentai.pdf

2　特に，地方において，オーナーの子弟は，大都市又は海外の大学に進学し，そのまま就職して家庭を持ち，地元に戻って事業を承継する意思がない例も多い。

は増加している。この理由としては，経営者の高齢化と後継者不足，事業承継に関するプレーヤー（投資ファンド，金融機関，M&A仲介会社など）の増加等が考えられ，この傾向は継続していくのではないかと思われる。

【図表１－１－１　廃業と事業承継型M&Aの比較】

	廃　業	事業承継型M&A（株式譲渡）
手　続	会社法上の解散及び清算の手続が必要	オーナーによる株式の譲渡
資産・在庫	清算手続内で処分しなければならない	引き続き会社が保有可能
債　務	清算手続内で弁済が必要	引き続き会社が債務を負う
個人保証	会社が債務超過の場合，オーナーの個人保証の履行を求められる	Ｍ＆Ａの際にオーナーの個人保証を解除してもらえる可能性がある
取引先	会社が消滅するため，取引が継続できない	会社が継続して取引を行うことが期待できる
従業員	会社が消滅するため，解雇することとなる	継続して会社での雇用が期待できる
費　用	会社法上の解散・清算の手続に要する費用が必要となる	専門家等に対する報酬の支払が必要となる
オーナーへの支払	解散前の配当，清算手続内の残余財産分配による資金化の余地。現に対象会社が保有する資産の範囲でのみ受領できる。	買主からの株式の譲渡代金の支払。将来のキャッシュ・フローを考慮した事業価値に基づく支払を期待できる。
オーナーの課税	受取配当・残余財産の分配につき，配当所得課税（最高税率55.945％（地方税含む））	譲渡所得課税（20.315％（地方税含む））

2　事業承継型M&Aの特徴

事業承継型M&Aとは，上記のとおり，親族又は役職員に後継者候補が不在であること等を理由として，第三者に対して，会社の株式又は事業を移転するM&Aをいう。優良な事業の場合，同業者や新たな事業分野への参入を目指す他業種の会社，投資ファンドなど，多くの買主候補が買収に関心を示すことが想定される。

なお，事業承継型M&Aは通常の大企業間のM&Aと異なり，対象となる会社（対象会社）は証券取引所に上場されておらず，かつ，店頭登録もされていない，いわゆる非上場のオーナー系企業である。そのため，売主である対象会社のオーナーはM&Aに関する知識及び経験が乏しいことが多く，M&Aの取引金額は小さい割に，アドバイザーや関係者にとって負担が大きいこともある。

また，会社を売却することについて，オーナーは，従業員から「社長は自分のみ金をもらって会社を見捨てた」とみられるのではないか，自らが創業又は引き継いだ会社を，見ず知らずの第三者に売却して良いのか，といった心理的な抵抗を感じることも多い。しかし，M&Aを行わなければ会社を廃業せざるを得ず，取引先や従業員に迷惑をかけることを考えると，会社の経営権が第三者に移ったとしても，事業が継続して雇用が確保され，取引先にも迷惑をかけないM&Aの方が有益であると思われる。今後は事業承継型M&Aの意義を正しく理解するオーナーが増え，事業承継型M&Aが増加していくことが期待される。

第2節　本書の想定する基本事例と事業承継型M&Aのポイント

本書においては，次頁のような**【基本事例】**にあるオーナー系企業を念頭においている。

1　M&Aの阻害要因と「磨き上げ」

【基本事例】の会社においては，事業承継型M&Aを阻害するいくつかの要

【基本事例】

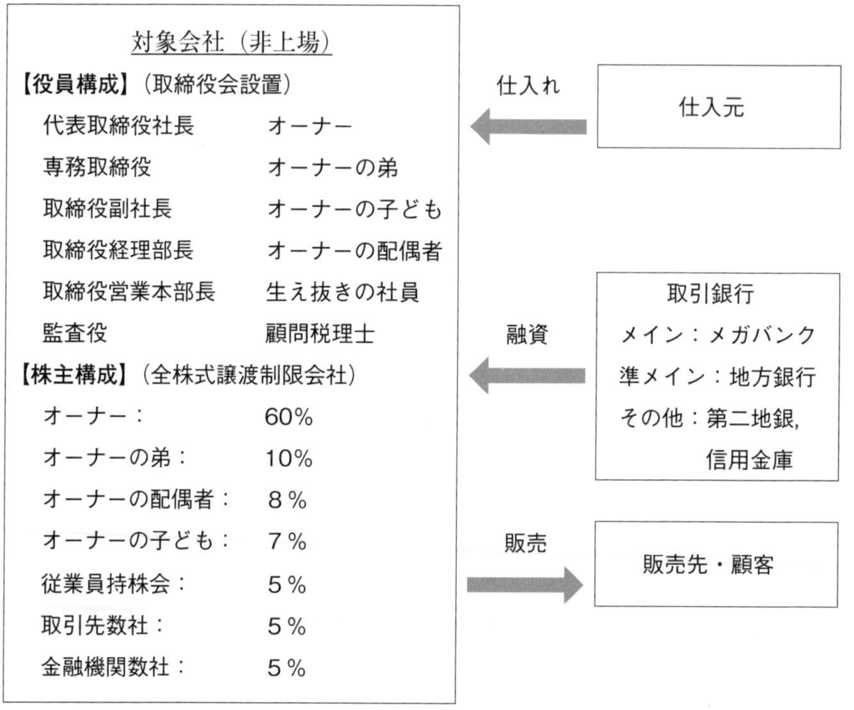

因が存在する。例えば，対象会社の株主構成について，オーナーが100％の株式を有するわけではなく，オーナーの親族，従業員持株会，取引先，金融機関といった少数株主が存在する。事業承継型M&Aにおいては，対象会社の100％の株式を譲渡するのが通常であり，株式が分散していることにより，M&Aが難しくなる可能性がある。また，この対象会社のように対象会社の株主と役員がオーナー及びその親族により占められている会社においては，対象会社の資産とオーナーの資産が混同していたり，対象会社とオーナーの間で金銭の貸借が存在したりすることも珍しくない。

事業承継型M&Aは，対象会社を第三者に承継させる取引であり，対象会社にこれらの阻害要因が存在すると，事業承継型M&Aが破談となったり，破談とならずとも対象会社の売却価格が減額されたりすることが想定される。そのため，事業承継型M&Aを成功させるためには，売主が，これらの阻害要因を把握し，事前に解決しておくことが重要となる。つまり，対象会社を買主にとって魅力的なものにするための「磨き上げ」の作業が重要となる。

M&Aの阻害要因と磨き上げについては，**第１部第２章**及び**第３章**において解説をしている。

2　時間，コスト及びリスクを意識したM&Aのストラクチャー

法務及び税務の観点からバランスの良いM&Aのストラクチャーの検討も重要である。

事業承継型M&Aは，売主であるオーナーの引退時期等の関係から，想定しているスケジュール内にM&Aを完了させることが重要であることが多い。ストラクチャーによっては法令上の手続に時間を要するものもあることから，主として法務の観点から，ストラクチャーの検討が必要となる。

また，売主であるオーナーにとっては，事業承継型M&Aにおける自らの手取額，すなわち「税引き後利益の最大化」も当然重要である。この売主の手取額を考えるにあたって，税金は最大のコストであり，ストラクチャーはこの税金の額に影響を与えることから，主として税務の観点から，ストラクチャーの検討が必要となる。

上記のとおり，時間，コストを意識してストラクチャーを検討する必要があるが，時間とコストを優先した結果，関係者から訴訟を提起されたり，税務当局から否認されたりすると本末転倒である。そのため，ストラクチャーを検討する際には，法務，税務の両方のリスクを考慮する必要がある。

M&Aのストラクチャーについては，**第１部第４章**において解説をしている。

事業承継型M&Aを成功させるためには，上記のようなポイントが重要であり，売主であるオーナーはこれらを十分に意識して，M&Aを進める必要がある。

第3節　事業承継問題に対する政府の施策

事業承継問題を放置すると，中小企業の廃業が急増し，中小企業の雇用や技術力が失われることとなり，日本にとって深刻な事態が生じかねない。そこで，日本の政府も事業承継に関する問題を最重要課題の1つとして位置づけ，事業承継問題に対する対策を実行することとしている。

具体的には，中小企業庁は，令和元年12月20日，「第三者承継支援総合パッケージ」を公表し，廃業を回避するために，第三者承継の実現を目指すことを目的とし，支援パッケージが明示された。支援パッケージは大きく3つあり，詳細は，**図表1－1－2**のとおりである。

【図表1－1－2　国の事業承継支援パッケージ】

経営者の売却を促すためのルール整備や官民連携の取組	⑴「事業引継ぎガイドライン」を改訂し，経営者が適正な仲介業者・手数料水準を見極めるための指針を整備。第三者承継を経営者の身近な選択肢とする。 ⑵ 事業引継ぎ支援センターの無料相談体制を抜本強化し，経営者が気軽に相談できる第三者承継の駆け込み寺に。
マッチング時のボトルネック除去や登録事業者数の抜本増加	⑴「経営者保証ガイドライン」の特則策定により，個人保証の二重取りを原則禁止。 ⑵「事業引継ぎ支援データベース」を民間事業者にも開放し，スマホのアプリを活用したマッチングなど，簡便なしくみを提供。
マッチング後の各種コスト軽減	新社長就任に向けた後継者の教育支援や，事業の選択と集中を促す補助金の創設をはじめ，予算・税・金融支援を充実。

令和元年においては，経営者保証ガイドラインの特則が策定され，前経営者，後継者の双方からの二重徴求の原則禁止や，後継者との保証契約は，事業承継の阻害要因となり得ることを考慮し，柔軟に判断することとされた[3]。

3　経営者保証に関するガイドライン研究会「事業承継時に焦点を当てた『経営者保証に関

また，令和２年には，事業承継補助金が拡充されたり，中小M&Aガイドライン[4]が策定されたりする等，日本の政府は，事業承継型M&Aに対する支援を拡大している。

さらに，令和３年度税制改正において，買収した対象会社の株価の下落に備えて，買主が準備金を積み立てた場合，中小企業等経営強化法の認定を受けること，取得価額が10億円以下であること等の要件を満たすと，当該金額を損金に算入できる措置（中小企業事業再編投資損失準備金制度）が創設され，税メリットを享受できることになった（措法55の２）。

Column１：事業承継に関する助成金・融資枠

Ｍ＆Ａや親族内承継等を通じた事業承継を契機に，経営革新等に挑戦する中小企業に対し，設備投資・販路拡大等に必要な経費を支援する目的で，国が補助金を支給する制度（経営資源引継ぎ補助金）が存在する。新規事業への参入を行う場合の費用や，経営資源を譲り渡した場合の事業者の廃業費用も補助する制度が設けられている。対象となる経費は，謝金，旅費，外注費，委託費，システム利用料，廃業費用（廃業登記費，在庫処分費，解体費，原状回復費）などである。補助率は経費の３分の２であり，上限も設けられている。申請書類を整えて補助金の申請を行い，交付決定を受けることにより，補助金が支給される。

また，事業承継に際し，オーナー又は会社が株式の買取りや納税に関して資金を必要とする場合，日本政策金融公庫等から低利での融資を受けたり，中小企業における経営の承継の円滑化に関する法律（以下「経営承継円滑化法」という）に基づく認定を受ける等の一定の要件を満たすと，信用保証協会から通常の保証とは別枠で保証してもらったりすることもできる。

助成金や融資枠には細かい条件があり，本書では詳細を解説することはできないが，事業承継を検討する際に，助成金や融資を利用できないかという点を確認しておくことは重要であろう。

するガイドライン』の特則」（令和元年12月）参照。

4　https://www.meti.go.jp/press/2019/03/20200331001/20200331001-2.pdf

第２章

事業承継型M&Aを阻害する要因

事業承継型Ｍ＆Ａは，対象会社がオーナー系企業であることがほとんどであることから，大企業間のＭ＆Ａでは想定されていない問題に直面し，Ｍ＆Ａの成立に困難を来すことがある。特に，株主構成の問題，コンプライアンスの問題，オーナー一族と対象会社との取引の問題及び計算書類の正確性の問題が重要なポイントである。

第１節　株主構成の問題

１　オーナー系企業における株主の分散とその理由

事業承継型M&Aの対象会社であるオーナー系企業においては，**【基本事例】**（６頁）のように，株主が分散化している傾向にある。これには次で説明するような理由がある。

(1)　相続税対策

オーナー系企業においては，相続税対策のために株式を分散化していることがある。これは，相続税対策として，オーナーの保有する財産を子どもや孫を中心とする親族に分散することにより，オーナーの相続による相続税額を抑えるという対策が取られていることが理由である。

例えば，将来の相続発生を見据えて，オーナーが子どもや孫に対して贈与税の基礎控除枠（年間110万円）に相当する株式を贈与することや，親族や資産管理会社に対して，株式を配当還元方式（詳細については**第２部第１章第２節２及び３**参照）により評価した価額で譲渡することなどが典型例である。

このような相続税対策を実施しているオーナーの場合，株主が親族や資産管理会社に分散化している傾向にある。

Column２：２つの相続税対策の類型

日本の相続税率は，最高税率が55％であって，世界の先進国のなかでも高い水準である。相続人が相続税を納付するために株式を売却せざるを得ないことになると，株式が分散化し，対象会社の安定的な経営に支障が生じる。そこで，日本において，オーナーの相続税対策が実施されてきた。相続税対策は，大きく，「株式の相続財産からの切離し」と「株価圧縮」の２つの類型に分けることができる。

①　相続財産からの切離し

「株式の相続財産からの切離し」とは，オーナーが所有する株式をオーナー以外の第三者に移転することにより，相続財産自体を減少させるタックス・プランニングである。あくまでも事業承継の一環として株式の切離しを行うため，株式の移転先は安定株主である必要がある。移転先の第一候補は，後継者又は後継者が支配する法人である。もっとも，信頼できる従業員（従業員持株会含む）及び取引先も候補になり得る。また，財団法人に株式を寄附することも考えられる。

②　株価圧縮

オーナーの相続税対策としては，株価圧縮もよく採用されている。株価圧縮はこれまで様々な手法が考案されており，法改正や通達により，その一部は現在利用できなくなっている（例えば，いわゆるＡ社Ｂ社方式[1]）。株価圧縮については，非上場株式の評価額が財産評価基本通達に定められた手法により算出されるため，同通達による評価額が低くなるように，対策をすることが基本である。

典型的には，(a)組織再編成を利用して持株会社化を実施し，法人税額相当

1　かつて事業承継対策に用いられたスキームの１つで，オーナーが，その保有する会社（Ａ社）の株式を別の会社（Ｂ社）に対して現物出資する際，Ｂ社においてその受入価額をＡ社株式の時価よりも低い金額とすることで，その差額につき人為的に含み益を作出し，Ｂ社株式の相続税評価において，その含み益に対して法人税額等相当額（51％）の控除を行うことで，保有資産（Ｂ社株式）の相続税評価額を圧縮する手法。その後，平成６年に財産評価基本通達186－２により，法人税額等相当額の控除を認めないという取扱いとなった。

額の控除を適用する，(b)子会社と合併して大会社となり，類似業種比準方式で評価される割合を増加させる，(c)オペリースを実施して株式等保有特定会社の基準を満たさないようにする，などである。しかし，過度の株価圧縮は，税務当局により否認される可能性があるので注意する必要がある（この点については，**第２部第８章第２節**参照）。

(2)　人間関係・取引関係の維持・強化

オーナーは，対象会社の経営者となる後継者以外にも子どもがいる場合，家族の融和や後継者ではない子ども（典型的には，結婚して実家を出た子どもや，対象会社とは関係のない職業に就いている子ども）の生活面に配慮し，経済的な支援として，対象会社の株式を持たせることもある。

また，重要な従業員が対象会社で継続的に仕事をしてもらうためのリテンション・プラン，又は，対象会社に対する貢献を期待するインセンティブ・プランとして，対象会社株式を取得させることも行われている。

さらには，対象会社においては，取引関係強化を図る目的で，金融機関[2]や販売先・仕入先が株式を持ち合うケースもある。

(3)　順次相続

対象会社の社歴が長い場合，株主に複数回相続が発生し，株主が分散化していることがある。上記のとおり，相続税対策や従業員のインセンティブのために株式を取得させていた場合，当該株主に相続が発生すると，相続人が株式を共有することとなり，さらに当該相続人の二次相続が開始すると，二次相続人が株式を共有することになる。このように，ねずみ算のように，株主が増加している例もある。

2　その他の株主に関する阻害要因

上記の他，オーナー系企業においては，名義株主の問題，所在不明株主の問

2　なお，銀行の場合，銀行法上，議決権割合５％超の株式保有が禁止されている（銀行法16の４）。

題等，株主の権利関係や事業承継型M&Aの取引の実行可能性に関する問題も往々にしてみられる。また，株主として従業員持株会が存在する場合には，事業承継型M&Aの対価をどのように設定するかにつき難しい問題が存在する。

これらの問題とその解決方法については，**第２部第１章**を参照されたい。

3　事業承継型M&Aに対する影響

株主が分散している状態で事業承継型M&Aを行おうとすると，買主候補は対象会社の株式の全てを取得するために，個々の株主から買取り，一部の者が応じない場合には，株式の全てを取得することができず，事業承継型M&Aの目的が達せられない。そこで，買主候補は，全ての株主と個別に交渉を行う必要があり，契約交渉コストが膨大なものになる[3]。

さらに，現在の株主の権利関係に疑義がある場合には，買主候補において現在株主とされている者から株式を取得したとしても，なお対象会社株式の全てを有効に取得できない可能性があり，買主候補としてはそのような取引を行うことに慎重になる可能性がある。

買主候補において，対象会社の支配権を確実に得ることができるか否かは，契約を締結する上でとりわけ重要な関心事であって，契約締結の大前提に置かれる事項である。例えば，**【基本事例】**（６頁）において，買主がオーナーからしか株式を取得できなかった場合には，単独で株主総会特別決議事項（会社法309②）を決議することはできないから，事業承継型M&A後の買主による対象会社の会社経営に支障が生じ得ることとなる。したがって，株式が分散し整理・集約の実現の見込みがない場合には，事業承継型M&Aが破談に至ることもあり得るところである。

第２節　コンプライアンス上の問題

上場企業等の大企業においては，コンプライアンスに対する意識も高く，コ

3　一般に，経営に参加していない少数株主に表明保証をさせることは困難であることから，個別に買い取る場合には，オーナーに対して課す補償義務を含めた契約上の義務の範囲が限定される可能性がある。補償については，**第２部第５章第７節**参照。

ンプライアンスマニュアルの作成・配布，社内研修の実施，社外研修への従業員派遣など，社内教育を充実させ，かつ，コンプライアンス上の問題を早期に顕出できるような内部通報等の仕組みを構築していることが多い。しかし，中小企業を中心とするオーナー系企業においては，充実したコンプライアンス体制を構築することが難しく，問題を抱えていることが多い。コンプライアンス上の問題を抱えている場合，M&Aの買主よりそのリスクを指摘されたとき，場合によってはM&Aが破談となることもある。

オーナー系企業においてコンプライアンス上の問題がある理由として，まず，オーナー系企業においては，所有と経営が分離しておらず，株主かつ経営者であるオーナーの権限が強大であることが挙げられる。すなわち，オーナーの意思決定に対して，チェックできる社内の人材や外部の専門家が不在であり，ワンマン経営となっていることが多い。定款・社内規程などに基づいて経営が行われておらず（そもそも社内規程が不備であることが多い），例えば，オーナーの一存で，従業員の給与・退職金が決定されたり，会計処理が行われたりする例もある。

また，コンプライアンスに割けるリソースの問題もある。コンプライアンスを担当する法務部のような管理部門は，経営者からすると，コストセンターという認識があると思われる。中小企業が法務部を有するケースは少なく，ほとんどが総務部の中に法務も取り扱う担当者が少数いる程度であろう。各種業法，労働法，個人情報保護法，景品表示法，独禁法などの法令を遵守することを確保するための人材が不足していることが多い。会社法上も，大会社であれば，コンプライアンス体制について取締役会が決定することになっているが，大会社以外の会社にはそのような規制はないことから，コンプライアンス体制が構築されていないこともある。

さらに，コンプライアンスの徹底は，ともすれば，営業活動や業務の効率化を阻害する面も有する。例えば，業務日誌や起案書の作成等のペーパーワークが多くなり，法務担当者のチェックを経なければ営業先と契約締結できないとなると，スピード感をもった営業活動に支障が生じることになる。中小企業の場合には，優先的に営業活動にリソースを割き，直接的に収益を生まない作業に対してはリソースを割かないという経営判断となりやすい。

第3節　オーナー及び親族と対象会社間の取引の問題

オーナー系企業においては，所有と経営が分離されていないため，オーナーは，対象会社を自らと同一視し，家計と対象会社の会計の混同がおこり，自らの資産を対象会社に貸し付けたり，反対に，対象会社から借入れをしたりする例が多い。

例えば，オーナー個人の飲食費・遊興費を対象会社の交際費としたり，対象会社が社用車という名目で自動車を購入し，オーナーが個人的に使用したりする例がみられる。また，会社の事業に必要のない資産（賃貸不動産，オーナーの趣味である絵画・美術品など）が対象会社保有となっている例も散見される。

反対に，会社の事業に必要な資産（社屋・工場の敷地など）をオーナー及び親族が保有し，対象会社に賃貸していることがある。

個人費用と会社経費の混同は，税務上のリスクとなり得るし，事業用資産にオーナーの個人資産が混ざっている場合には，事業承継型M&Aにあたって権利関係を整理する必要がある。

第4節　計算書類の正確性の問題

株式会社は，定時株主総会の承認後遅滞なく，貸借対照表又はその要旨を公告しなければならない（会社法440①）。公告を怠り又は不正の公告をした場合には，行政罰として100万円以下の過料に処される（会社法976二）。

税務申告や金融機関への提出用に計算書類を作成しているものの，実際に決算公告をしている中小企業は少ない[4]。また，計算書類については，監査法人等の専門家が監査しているわけではなく，会計処理の正確性・妥当性については検証されていない。

したがって，M&Aの際には，買主からデューディリジェンスで詳細に計算

4　それゆえ，M&Aで組織再編を利用する際には，債権者公告とともに決算公告をする必要があることが多い。

書類の正確性についての確認を求められることになる。

第3章

売主による企業価値向上のための「磨き上げ」

第2章で述べたように，オーナー系企業にはM&Aの成立を阻害する問題が山積みである。事業承継型M&Aを成功させるためには，これらの問題点を十分に把握した上で，事前に解決することが重要である。

自社の「磨き上げ」を行い，買主にとって魅力的な企業にしておくことは，M&Aの破談を防ぎ，かつ，自社の売却価格を上げることにつながる。

第1節　セラーズ・デューディリジェンス

1　「磨き上げ」のためのセラーズ・デューディリジェンス

企業価値向上のための「磨き上げ」を実施するに際し，まず重要となるのは対象会社に存在する問題点の把握である。売主であるオーナーが対象会社の問題点を十分に把握しているケースは別として，そうでない場合には，問題点の把握のために専門家によるセラーズ・デューディリジェンスを実施することも検討に値する。

デューディリジェンスとは，M&A取引の実施にあたり，関連当事者が対象会社の価値，リスク，問題点等を調査・分析する手続をいう。一般的には，買主がM&A取引の検討段階で対象会社について行うものであるが，売主がM&A取引の検討段階で行う場合もあり，これをセラーズ・デューディリジェンスという（これに対し，買主による法務デューディリジェンスの詳細は**第2部第4章**を参照）。

オーナーである売主は，対象会社の取締役を務めていることが多く，対象会社の日々の業務を通じて主要な問題をある程度把握しているのが通常であるため，専門家による詳細なセラーズ・デューディリジェンスが実施されることは，日本のM&A実務においてはそれほど多くはない。

しかし，対象会社の規模が大きく，子会社が複数存在するケースにおいては，オーナーである売主が対象会社グループの全ての問題を把握していないこともある。特に海外子会社が存在する場合，海外子会社は現地に任せていることがあり，オーナーが海外子会社の問題を詳細に把握していることはむしろ稀である。

このように，オーナーが対象会社グループの問題を十分に把握していない場合も想定されるところ，そのような状態のままM&A取引を実行すると，M&A取引の交渉・協議の過程で買主からオーナーが把握していない様々な問題点を指摘され，買収価格のディスカウントを要求されたり，場合によってはクロージングまでに問題の是正を求められたりすることで，想定していたスケジュールに大きな影響を与える可能性もある。さらに，売主と買主の双方とも問題を把握せずにM&A取引が実行され，M&A取引実行後に問題が顕在化した場合，買主から補償請求を受けるリスクもある。

この点，M&A取引の交渉・協議の前にセラーズ・デューディリジェンスを実行していれば，売主はあらかじめ問題を把握することができるため，買主との協議の前に当該問題を是正することができ，その結果，当該問題を理由として買主から買収価格のディスカウントを求められることはなく，買主との協議もスムーズに進むことが想定される。また，仮にセラーズ・デューディリジェンスで発見された問題を是正することができなかったとしても，当該問題を売主に対して開示することで，M&A取引実行後に買主から不測の補償請求を受けることもなくなる。

このようにセラーズ・デューディリジェンスは，対象会社の問題の有無及び顕在化のリスクをあらかじめ「見える化」し，M&A取引をスムーズに進めるために有用なものといえる。特にオーナー系企業においては，様々な問題が存在し，管理体制が脆弱であるためにその問題を把握していないことが多い。したがって，一定の規模以上のオーナー系企業はセラーズ・デューディリジェンスを行うことが検討に値する。

2　入札におけるセラーズ・デューディリジェンス

セラーズ・デューディリジェンスは，対象会社の売却のために入札を行うケースで利用されることがある。

事業承継型M&Aが入札形式で行われる場合には，一次入札においては，対象会社の概要や業績を記載したインフォメーション・メモランダム（IM〔information memorandum〕）のみを開示し，一次入札通過者に対してのみ，デューディリジェンスの機会を与えることが多い。このインフォメーション・メモランダムを作成するために，一定のセラーズ・デューディリジェンスが必要となることがある。

また，多数の入札参加者が存在する場合，対象会社が，入札参加者が個別に行うデューディリジェンスに対応する負担は大きく，また，秘密性の観点から対象会社の役職員のうち限定された者のみにM&A取引の存在を知らせている場合には，対象会社がデューディリジェンスの対応に割くことができる人員は限られている。そこで，対象会社の負担を軽減するため，入札前にセラーズ・デューディリジェンスを行って，その結果を入札参加者に対して提供することは有用な選択肢となる。

3　セラーズ・デューディリジェンスの進め方のポイント

専門家によるセラーズ・デューディリジェンスが日本で実施されるケースが少ない理由は，予算や時間の制約があることが少なくないと思われる。確かに，売主は対象会社の問題をある程度把握しているのが通常であるため，あえて専門家を起用してコストをかけてまでセラーズ・デューディリジェンスを実施する必要性が乏しいケースは多い。

また，特に法務のセラーズ・デューディリジェンスについて言えば，売主にとって，事業承継型M&Aにおいて最も重要なのは，買収価格であるところ，法務は，財務・税務と比較して買収価格に直接影響を与えるものではないことも多いため，売主が弁護士等を案件の初期段階から関与させる必要性を感じないこともセラーズ・デューディリジェンスが実施されるケースが少ない理由の１つといえる。

もっとも，セラーズ・デューディリジェンスの調査対象を，特にリスクが高いと思われる事項や子会社を中心にするなど，売主の負担とならない範囲で実施することも可能であり，セラーズ・デューディリジェンスは，事業承継型M&Aの準備作業として，１つの有用な選択肢である。

第２節　法務上の「磨き上げ」のポイント

セラーズ・デューディリジェンス等を通じて発見される法的問題点は様々なものがあるが，事業承継型M&Aにおいては，①対象会社をめぐる法律関係の整理と②資料の充実が法務上の「磨き上げ」のポイントとなることが多い。

第２章で述べたように，事業承継型M&Aの対象となるオーナー系企業では，M&Aの阻害要因として，株主構成の問題，コンプライアンス上の問題，オーナー及び親族と対象会社間の取引の問題などがあるが，これらは，正しい法律関係を確認し，それを反映した資料を充実することで解決される。

以下，本節においては事業承継型M&Aにおける典型的な問題点を解説するが，より詳細な内容については，**第２部**を参照されたい。

１　株主構成の問題の解決

株主構成の問題の解決は，まずは設立以降の株主の異動を確認することより始まる。しかし，社歴が長い場合には，株主の異動を全て確認することは容易ではない。設立時の定款や書類，株主名簿，株券台帳，株主総会及び取締役会の議事録，株主リスト等の登記関係書類，法人税申告書別表２等の資料を確認した上で，場合によっては，株主の関係者にヒアリングすることも必要となる。

このような作業を通じて正しい株主構成を確認した上で，過去の株式の異動に関する書類等に不備があればそれを是正することにより株主構成の問題は解決される。

２　コンプライアンス上の問題の解決

コンプライアンス上の問題の典型例としては重要な事項が文書化されていないことである。

例えば，定款に従った株主総会や取締役会の運営が行われていなかったり，登記用の議事録のみが作成されるにとどまり，その他の議事録が適法に作成されていなかったりすることがある。M&Aに際して買主が行う法務デューディリジェンスにおいては，対象会社の過去の重要な意思決定を把握する目的で，株主総会や取締役会の議事録を精査することが多い。このような各種議事録を作成していない場合，買主からは対象会社の管理運営に問題があると受け取られることになる。

また，定款の下位規範である社内規則や規程類（例えば，経営会議規程，社内権限規程，稟議規程，決裁規程，退職金規程，経理規程など）を整備しておくことも重要である。特に，税務上の効果も考慮し，M&Aの際に，オーナーが役員退職金を受領する場合には，過大な退職給与として否認されないように(法法34②)，役員退職金規程を整備しておくことも考えられる。

3　オーナー及び親族と対象会社間の取引の解決

オーナー及びオーナー親族と，対象会社との取引も事業承継型M&Aにあたって解決が必要な問題である。例えば，オーナーが保有する土地上に対象会社の工場が建設されている場合，事業承継型M&A後も対象会社はオーナーに対して土地賃料を支払う必要がある。このようなキャッシュ・アウトについて買主候補が難色を示すことがあるため，対象会社の事業運営に必要な資産を対象会社に集約させておくことが考えられる。また，資金面から対象会社がオーナーから資産を取得することが難しい場合には，賃貸借を継続する前提として，賃料等が近隣と比較して同水準であるかを確認しておくことが必要となる。

事業承継型Ｍ＆Ａにおいては，これらの取引関係を整理した上で，適切な内容の契約書等を作成することが重要となる。

第３節　会計・税務上の「磨き上げ」のポイント

1　会計帳簿・計算書類関係

対象会社の会計帳簿・計算書類は，対象会社の事業価値を算定する際の基礎的な情報となるため，買主候補は，詳細に会計処理等を確認することになる。オーナー系企業にとっては，監査法人による監査を受けたことはないことが多く，計算書類が適正な会計基準に従って作成されていなかったり，資産に不明な残高が計上されていたり，また債務を簿外処理されていたりするなど，正確性を欠くことが想定される。それゆえ，事前に専門家に依頼し，計算書類が適正であるかを確認してもらい，不備がある場合には決算の修正や，翌事業年度から正確な計算書類を作成するようにすべきである。買主候補のデューディリジェンスによって会計処理の誤りが顕在化した場合，買主候補がM&Aから手を引いたり，想定外のディスカウントを求められたりする可能性があるため，計算書類を事前に確認しておくことが必要である。

また，①仕訳帳，②総勘定元帳，③補助簿（現金出納帳，得意先元帳，仕入先元帳など），④請求書・領収書等の証憑も作成・保管し，デューディリジェンスに対応できるようにしておくべきである。

なお，デューディリジェンスで買主候補に開示が求められる計算書類は，ほとんどの場合，３年～５年分であるが，会計帳簿の保存期間は，会社法上10年とされており（会社法432②），法人税法上，原則として７年とされている点に注意が必要である（法法126①，法規59）。

2　税務申告書関係

税務についても，買主候補は，税務デューディリジェンスを実施し，潜在的な納税義務がないかを確認することがほとんどである。それゆえ，上記のとおり，計算書類を正確なものにするとともに，申告調整事項についても資料を整理した上，そのロジックを確認しておくことが必要である。また，過去に税務調査で指摘された事項についても，その後に対応できているかが買主候補によって質問されることが想定されるため，事前に確認しておくことが有益である。

さらに，オーナーが親族等の後継者に対して事業承継することを目的として，株価対策をしていたものの，状況が変わってM&Aにより対象会社を売却するという場面も考えられる。株価対策として，航空機・船舶等のオペレーティングリースを実行していたり，投資による減価償却資産の前倒し計上，役員報酬の増額などを実行したりしている場合，対象会社の利益水準を抑えていることもある。そのような場合，M&Aの対価が低くなったり，買主候補が税務調査リスクを懸念して特別補償を定めたり，そもそも買収を断念したりすることも考えられる。株価対策を実行している場合には，その処理も検討しておくことが望ましい。

3　保険関連

オーナー系企業においては，事業のリスクヘッジや税務対策の観点から，対象会社を保険契約者及び保険金受取人，オーナーを被保険者として，生命保険に加入していることが多い。生命保険に関する資料を整理した上，解約返戻金の評価，生命保険に関する会計処理などを確認しておく必要がある。

さらに，M&Aに際して，生命保険を解約するのか，又は，当該生命保険をオーナーが譲り受けるのか，という点も問題になる。オーナーの退職金支給に備えた保険に加入している場合，M&Aによってオーナーが退職する際に保険金が支給されるのか，といった点も検討事項となる。

第４章

時間，コスト，リスクを意識したストラクチャー

第１節　M&Aのストラクチャーの種類

M&Aの一般的なストラクチャーは，対象会社の株式を取得するのか，又は売主の事業を取得するのかによって，大きく分けることができる。さらに，株式取得又は事業取得を取引として行うのではなく，会社法で認められている組織再編成を利用して行うことも可能である。

【図表１－４－１　M&Aの一般的なストラクチャー】

株式の取得	株式譲渡
	新株発行又は自己株式の処分
事業の取得	事業譲渡
	事業の現物出資
組織再編成	合併
	会社分割
	株式交換
	共同株式移転

さらに，上記のM&Aの手法を組み合わせることも可能である（例えば，株式譲渡後に株式交換を行って100％子会社化する，会社分割後に株式譲渡を行うなど）。したがって，M&Aのストラクチャーは無数に考えられるところであるが，様々な観点を踏まえて，１つのストラクチャーを選択する必要があ

る[1]。

第２節では，事業承継型M&Aにおけるストラクチャーを選択する際の基礎を解説した後，**第３節**において事業承継型M&Aで典型的に用いられる株式譲渡を例にとって法務・税務上のポイントを説明する。

第２節　ストラクチャー選択の基礎

1　ストラクチャー構築の基本的視点

事業承継型M&Aの場合，他の通常のM&Aと同様に，法務及び税務の観点から，ストラクチャーを構築する必要性が高い。ここで重要な点は，法務と税務をバランスよく検討することである。例えば，法務の観点から，「A」というストラクチャーが法的手続は簡潔で，第三者から訴訟を提起されるリスクが少ないものの，多額の税負担が生じ，そもそも売主であるオーナーが納税資金を確保できないというものもある。

他方で，税務の観点からは「B」というストラクチャーがオーナーの税負担を最小化できるものの，他の少数株主や推定相続人から訴訟を提起されるリスクが高いというものもある。したがって，法務と税務の縦割りではなく，法務と税務を総合的に検討することが重要である。

2　ストラクチャリングの考慮要素と優先順位

通常のM&Aのストラクチャリングにおいては，①コスト，②時間，及び③リスクの３つの観点から検討される。

他方で，事業承継型M&Aの場合，同様の観点から検討することが有益であるとしても，優先順位は，買主の属性にもよるが，概ね，①時間，②コスト，

1　なお，新株発行又は自己株式の処分は，オーナーが保有する株式を承継させることができない。また，事業の現物出資は，対象会社が買主の株式を取得することになる。共同株式移転も対象会社と買主が完全子会社となる完全親会社を設立する手法であって，事業承継には適さない。したがって，これらのストラクチャーが事業承継型M&Aで利用されることは少ないため，解説は省略している。

及び③リスクとなる。

(1) 時　間

事業承継型M&Aのストラクチャリングにおける考慮要素の第1は，時間である。いつまでに事業承継型M&Aが完了するかは重大な関心事項となる。売主であるオーナー側にとって，オーナーが高齢であったり，疾病（認知症も含む）の問題を抱えていたりすることもある。また，相続税法上，一定の期間内に相続した株式を譲渡する場合に，相続税相当額を株式の取得費に加算することができる制度（措法39①）があり，当該期間内での効力発生や決済が必要となるような場合もある（**第2部第2章**参照）。さらに，事業再生の局面において事業承継型M&Aが実施される場合，資金繰り等の関係から，早期の決済が必要となる。

他方，買主側にとっては，会計，税務及び法務の面から，一定の時期までに決済を完了することが必須の条件である場合も多い。例えば，会計面については，買主として，事業年度末までに決済を完了し，当該年度の連結決算に対象会社の損益を取り込みたいという要望もある。また，税務面については，繰越欠損金の活用が困難になる場合や，税制改正により税率が高くなってしまうため，事業年度末までに決済を完了したいという事情もあり得る。

時間については，**図表1－4－2**のように，主に法律上の手続に要する時間の長さが問題となる。

事業承継型M&Aの場合，株主が同族であることがほとんどであるため，株主総会の開催には時間を要しないなど，通常のM&Aと比較すると，時間を要する手続はそれほどない。

時間を要するのは，法律上の手続ではなく，むしろ，オーナーによる対象会社の関係者，すなわち，オーナーの親族（特にオーナーが2代目や3代目である場合，叔父・叔母・大叔父・大叔母），従業員，取引先，加盟している同業者団体，地元経済界の重鎮，行政当局，地元政治家などに対する説明ではないかと思われる。事業承継型M&Aにおいては，通常の大企業間のM&Aと様相を異にしており，オーナーと関係者との人的関係への配慮が必要となる。

【図表１－４－２　時間を要する法律上の手続】

会社法上の手続	✓株主総会 ✓債権者異議申述公告（組織再編成の場合） ✓労働契約承継法等に基づく協議，通知（会社分割の場合）
契約上の手続	✓契約の相手方（金融機関や重要取引先）の承諾の取得 ※チェンジ・オブ・コントロール条項（支配権の異動があるときに，相手方に解除権が発生すること等を定めた条項）がある場合 ✓労働者の承諾の取得（事業譲渡の場合）
許認可関連の手続	✓事業に関する許認可の取得又は承継手続（道路運送車両法，警備法，古物営業法，食品衛生法，薬機法など） ✓独禁法，外為法の届出
外国法上の手続	✓海外グループ会社における株主名簿の書換え手続

(2)　コスト

(a)　事業承継型M&Aにおけるコスト

事業承継型M&Aにおける最大のコストは，通常のM&Aと同様，税金であると思われる。したがって，事業承継型M&Aにおいても，タックス・プランニングが必要となる。このタックス・プランニングにおいては，売主であるオーナー（及びその親族・資産管理会社）の所得税や相続税及び対象会社の法人税を中心として，どのような税務上の効果を伴うものであるのか，そして，想定される法的手法のうちどの手法が最も税務上のメリットを得られるかという観点から行われることが多い。

もっとも，その際に常に念頭に置いておくべきは，「税引き後利益の最大化」という観点である。税額を低下させることのみを目的として多額の専門家報酬を支払う場合，税引き後利益の最大化が図られないこともある。したがって，税金は最大のコストではあるものの，税金以外のコストにも十分に配慮する必要がある。

コストについては，取引時のコストと取引後のコストに分けて考えることができる。取引時のコストとは，案件の検討段階から契約の締結，そして効力発生に至るまでにかかるコストであり，取引後のコストとは，効力発生以降にかかるコストである。

税金を含め，その主要なコストをまとめると，それぞれ以下のとおりとなる。

【図表１－４－３ 事業承継型M&Aで要する主なコスト】

	取引時のコスト	取引後のコスト
買主のコスト	✓専門家報酬（金融機関，弁護士，税理士等）	✓買主の課税関係（減価償却，繰越欠損金） ✓買主の資金調達に伴う利払い等 ✓合併・分割の場合，労働条件の統一にかかるコスト
売主のコスト	✓対象会社への法人税・消費税 ✓株主であるオーナー（及びその親族・資産管理会社）への所得税・相続税 ✓専門家報酬 ✓会社法上の手続に要する費用	—
買主・売主共通のコスト	✓印紙税・登録免許税・不動産取得税など流通税	✓紛争処理コスト

売主であるオーナーとしては，コストのうち，税金と専門家報酬が多額になりがちである。専門家報酬については，**コラム５**で触れるとして，ここでは，株主であるオーナー（及び資産管理会社）の課税の税務コストについて解説する。

(b) 事業承継型M&Aにおけるオーナーの税務コスト

事業承継型M&Aにおいて，対象会社の株主にはオーナー及びその親族といった個人株主と，オーナーの資産管理会社といった法人株主の双方が含まれうる。しかし，個人株主と法人株主とでは税法上の取扱いが大きく異なる。

まず，個人株主に生じる所得（配当所得を含む）は，所得税法上，原則として総合課税の対象となり（所法21①），累進課税により，最高税率55.945％（地方税含む）となることから，課税負担は重い。他方で，個人株主が株式等を譲渡した場合，譲渡による所得は，「株式等に係る譲渡所得等」として，他の所得とは分離して課税され，その税率は，原則として，20.315％（地方税含む）である（措法37の10，復興財源確保法９①・13，地法71の49）。このため，個人株主にとっては，買主に対して対象会社株式を譲渡するストラクチャーが採用されやすい。

一方，資産管理会社のような法人株主に対しては，株式の譲渡益に対して通常の法人税率（実効税率＝約34％）が適用される。法人税法においては，所得税法と異なり，原則として所得は区分されず，譲渡益は益金の額に算入されて課税される（法法61の２①）。しかし，受取配当等に関しては，持株割合に応じて，益金不算入制度が設けられている（法法23）。

具体的には，持株割合が５％以下の場合には配当金額の20％，持株割合が５％超３分の１以下の場合には配当金額の50％，持株割合が３分の１超100％未満の場合には配当金全額（負債利子控除後），持株割合100％の場合には配当金全額がそれぞれ益金不算入となる。

そこで，法人株主においては，個人株主とは反対に，買主に対して株式を譲渡するストラクチャー（全額が株式の譲渡益）ではなく，対象会社と株主に対してそれぞれ株式を譲渡するストラクチャー（一部が配当，残りが譲渡益）が望ましい。但し，法人が自己株式の取得をさせる目的で対象会社の株式を取得し，対象会社の株式を取得した当該法人が対象会社に自己株式の取得をさせた場合，当該法人は配当益金不算入制度を利用できない点に注意が必要である（法法23③）。

【図表１－４－４　個人株主と法人株主の課税上の違い】

オーナー及びその親族（個人株主）	✓総合課税（原則） ✓株式譲渡の場面では申告分離課税 ◆個人株主には，総合課税の対象となる配当所得を，分離課税となる譲渡所得に転換できると有利になる
資産管理会社（法人株主）	✓常に法人税率が適用される ✓配当については，益金不算入制度が認められている ◆法人株主には，譲渡益を配当に転換できると有利になる

買主としては，資産管理会社（法人株主）が対象会社に自己株式を取得させる場合，その分，買主が買収資金を調達する必要がなくなる。したがって，オーナー及びその親族といった個人株主は買主に対して対象会社株式を譲渡し，資産管理会社は対象会社に対して自己株式の取得をさせるというストラクチャーが売主及び買主にとって税務面から最適解になることが多い。

【図表１－４－５　最適なストラクチャー】

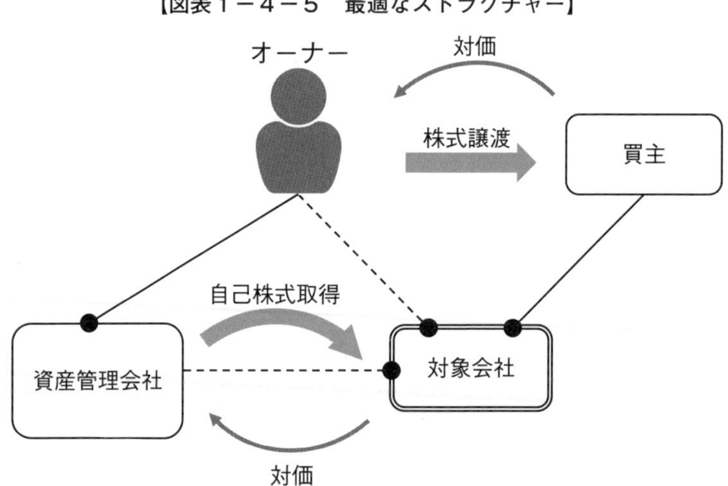

(3) リスク

事業承継型M&Aのストラクチャリングにおける考慮要素の最後は，リスクである。リスクについては，法務及び税務の双方について存在する。法務及び税務の紛争リスクを可能な限り回避できるようなストラクチャーを構築できるかが最大のポイントとなる。

法務のリスクは，対象会社の少数株主や債権者から組織再編成行為の差止訴訟を提起されるリスクが最も重要である。訴訟が提起された場合には，M&Aが成立しなくなるリスクがある。事業承継型M&Aの場合，対象会社を経営するオーナーを中心とする一族と，必ずしも経営の主流ではない傍流の少数株主一族との間に感情的な亀裂があることも想定され，M&Aを端緒に対立が表面化し，そもそも傍流の少数株主一族が株式譲渡に応じなかったり，オーナー一

【図表１－４－６　取引時・取引後のリスク】

取引時のリスク	法務リスク	✓組織再編成行為の差止めリスク ✓株式の帰属をめぐる紛争リスク ✓契約の相手方から同意が得られないリスク
取引後に顕在化するリスク	法務リスク	✓少数株主による訴訟 ✓簿外債務等表明保証条項違反に基づく補償請求訴訟 ✓遺留分侵害額請求訴訟
	税務リスク	✓対価が適正でないと認定されるリスク ✓名義株であったと認定されるリスク ✓取引の組合せによる租税回避と認定されるリスク （注）行為・計算の否認規定がある場合とない場合で税務リスクの程度は異なりうる

族と傍流一族との間でいわゆる訴訟合戦になったりするケースも散見される。さらに，社歴の長い会社においては，**第２章第１節**で解説したとおり，株主が分散し，真の株主が誰であるかが争われることもある。また，対象会社を売却したいオーナーと，経営者の変更を望まない有力な生え抜きの役員（株主かつ取締役）との間で対立が生じ，株主代表訴訟や差止訴訟に至るようなケースも想定される。

このような訴訟リスクをゼロにすることは困難であるものの，関係者への丁寧な説明と理解・協力を得るということに加えて，可能な限り訴訟リスクが少ないストラクチャーを検討する必要がある。

次に，税務リスクは，取引後，税務調査によって顕在化することとなる。事業承継型M&Aを実行すると，オーナー及びその親族に多額の所得が生じることから，税務調査の対象として選定されやすいように思われる。したがって，ストラクチャーを構築する際には，後に税務調査により資料を確認されるという前提で，調査官に見られたとしても誤解されることのない表現で資料を作成することが重要である。

(4) まとめ

売主であるオーナーからみて，事業承継型M&Aで利用可能性のあるストラクチャーを比較すると，**図表1－4－7**のとおりである。

【図表1－4－7　売主からみた各ストラクチャーの比較】

	時　間	コスト	リスク
株式譲渡	✓所要時間は少ない	✓税務メリットあり	✓株式の帰属に関するリスク ✓株主全員の同意を得られないリスク
事業譲渡	✓株主総会が必要 ✓契約の相手方からの同意が必要 ✓許認可の取得が必要	✓会社法の手続費用必要 ✓税務メリットなし	✓反対株主買取請求リスク ✓契約の相手方から同意が得られないリスク
合　併	✓会社法上の手続が必要 ✓許認可の取得が必要	✓会社法の手続費用必要 ✓税務メリットなし	✓反対株主買取請求・差止又は無効確認訴訟のリスク
会社分割	✓会社法上・労働契約承継法上の手続が必要 ✓許認可の取得が必要	✓会社法の手続費用必要 ✓税務メリットなし（但し，株式譲渡と組み合わせることで税務メリットあり）	✓反対株主買取請求・差止又は無効確認訴訟のリスク
株式交換	✓会社法上の手続が必要	✓会社法の手続費用必要 ✓税務メリットなし	✓反対株主買取請求・差止又は無効確認訴訟のリスク

(注) 各ストラクチャーの一般的な傾向であって，株主の属性や対象会社の課税ポジション等の事情によって異なる。なお，組織再編成の税務の詳細については，**第2部第3章第1節**参照。

上記の表から明らかなとおり，売主であるオーナーにとって，反対する株主がいない場合には，株式譲渡が時間，コスト及びリスクの観点から適切であり，実務上も，事業承継型M&Aにおいて株式譲渡が選択されていることが多い。したがって，**第３節**では，株式譲渡の法務・税務上のポイントを解説する。

第３節　典型的なストラクチャー―株式譲渡―

第２節で述べたとおり，事業承継型M&Aにおいては，株式譲渡が法務及び税務の観点からシンプルであり，かつ，オーナーの手元に現金が残るため，最もよく利用されている。本節では，この株式譲渡を例にとって，法務及び税務のポイントを解説する。

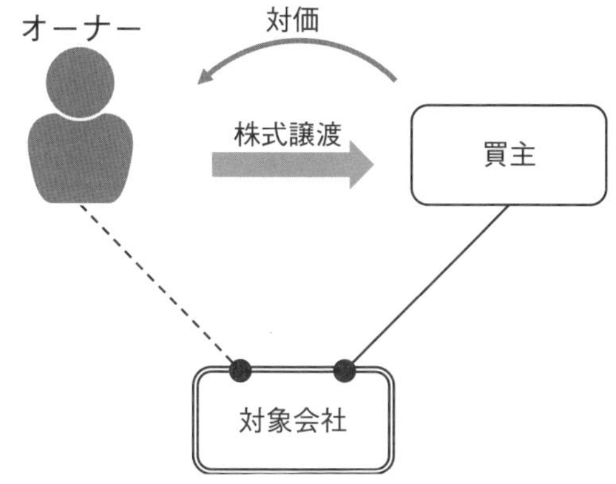

1　法務上のポイント

(1)　会社法上の手続

対象会社が株券発行会社である場合には，株式譲渡は，単純に株主であるオーナー（及びその親族，資産管理会社など）と買主との間で対象会社株式に係る売買契約を締結し，買主に対して株券を交付することにより効力が発生する（会社法128①本文）。対象会社が株券不発行会社である場合には，当事者間で合意した効力発生日に株式譲渡の効力が生じる。

また，事業承継型M&Aの場合，対象会社株式は譲渡制限株式（株式の譲渡の際に，株主総会や取締役会等の承認が必要とされる株式のこと。〔会社法107①一〕）であることがほとんどであるため，原則として，株式譲渡の前に売主側が対象会社に対して譲渡制限株式に係る譲渡承認の請求を行い，対象会社は，定款に規定された機関において譲渡承認をしておく必要がある（会社法136・139）。

さらに，株式譲渡に関しては，株主名簿の書換えによって株券発行会社においては対象会社に対抗できることとなり，株券不発行会社においては対象会社及び第三者に対抗できることになるため（会社法130），株主名簿の書換え（同133）も必須である。

(2)　契約上の手続

株式譲渡は，対象会社の株主が変更となるだけであるため，原則として，対象会社が締結している契約（仕入契約，販売契約及び労働契約等）に関して必要な手続はない。しかし，契約のうち，大株主の変更が解除事由となっていたり，事前通知事由となっていたりする契約もある。

そこで，対象会社株式の売却を検討する際には，重要な取引先との契約において，そのような条項が存在するかを確認しておくことが望ましい。もし，そのような条項が規定されている場合，買主は，株式譲渡契約において，売主であるオーナーが株式譲渡の効力発生日までに重要な取引から株式譲渡の同意を取得する旨のコベナンツ（誓約事項）を規定し（コベナンツの詳細な説明は，**第２部第５章第５節**参照），コベナンツを履行していることを効力発生の前提条件とすると考えられる。それゆえ，株主がオーナーから買主に変更されることについて，重要な取引先から同意が得られるかどうかを見極める必要がある。

(3)　許認可上の手続

株式譲渡の前後で対象会社の法人格や事業に変更はないため，対象会社が取得している許認可（道路運送車両法，警備法，古物営業法，食品衛生法，薬機法など）は，通常はそのまま存続する。

しかし，許認可によっては，大株主の変更が届出事由になっているケースもあり，例えば，「廃棄物の処理及び清掃に関する法律」は，大株主が変更された場合には，変更された日から10日までに届出が必要とされている（同法14条の２③にて準用する７の２③，同法施行規則10の10①二ハ）。これらの手続は，クロージング以後に買主が実行すべき手続であるものの，売主側でも把握しておくことが望ましい。

⑷　対象会社の潜在債務の承継

株式譲渡が行われたとしても，対象会社の法人格はそのままであるため，対象会社が負っている潜在債務（例えば，現時点では顕在化していない損害賠償債務，申告漏れになっている租税債務など）はそのまま存続することとなる。

この観点から，買主としては，対象会社に潜在債務がないかを法務及び税務デューディリジェンスで慎重に検討することになる。したがって，買主によるデューディリジェンスは深度のあるものになりやすく，資料の開示要求や関係者へのヒアリングも多数回になることがある。さらに，買主が潜在債務のリスクを売主側に負担させるため，広範な表明保証を求めてくることもある（表明保証に関する詳細は**第２部第５章第６節**参照）。

２　税務上のポイント

⑴　対象会社の課税関係

単に株主構成が変化するのみであるので，原則として，対象会社に課税関係は発生しない。ただし，対象会社の繰越欠損金の利用が制限される場合がある。具体的には，買収会社が第三者から繰越欠損金を有する対象会社（欠損等法人）の株式を取得し，特定支配関係（50％超の資本関係等）を有するに至った場合において，⒤対象会社に特定支配関係が生じる前に繰越欠損金を有し，かつ，(ii)特定支配関係が生じてから５年間に一定の事由が生じた場合には，当該一定の事由が生じた日の属する事業年度までに発生していた欠損金額について，特定支配関係が生じた後にその利用が制限される（法法57の２①）。

一定の事由とは，典型的には，対象会社が買収前に事業を営んでいない場合において，買収後５年以内に事業を開始したような場合（法法57の２①一）や，対象会社が買収前に営む事業（旧事業）の全てを買収後に廃止し，又は廃止することが見込まれている場合において，旧事業の買収直前における事業規模の概ね5倍を超える資金の借入れ又は出資による金銭その他の資産の受入れを行う場合（法法57の2①二）などである。この制度は，繰越欠損金を有する休眠会社を買収し，かかる休眠会社で新規に事業を開始することによって，当該事業から生じる所得と既存の繰越欠損金等を相殺する等の取引を防止する趣旨である。

なお，このような欠損等法人については，(i)上記の一定の事由が生じた日の属する事業年度開始の日から3年を経過する日又は(ii)特定支配関係が生じた日以後5年を経過する日のいずれか早い日までに特定支配関係が生じた日において有していた評価損資産を譲渡等することにより生じた譲渡等損失額を損金の額に算入しないという同趣旨のルールも別途存在する（法法60の3①）。

したがって，買主からデューディリジェンスで繰越欠損金の発生原因や含み損のある資産の有無等を確認される可能性が高い。

(2) 売主の課税関係

対象会社株主には，売却する対象会社株式について，原則として譲渡益又は譲渡損が実現して認識される。すなわち，対象会社株主が法人であり，譲渡の対価が株式であって適格現物出資の要件を満たすような例外的な場合を除き，課税繰延べを認める制度はない。

(a) 個人株主

個人株主の譲渡益に課せられる所得税等の税率は，株式が上場されているかどうかにかかわらず，原則として，20.315％（地方税含む）とされている（措法37の10①，復興財源確保法9①・13，地法71の49）。

個人株主の株式の譲渡損益は，申告分離課税となり，上記の一律の税率で課税される。

なお，株主であるオーナー（及びその親族）が対象会社の役員であった場合，株式譲渡を契機に対象会社の役員から退任する，又は，対象会社に残るとしても代表権のない役員や顧問等になるなど役職を変更する場合，対象会社が退職金を支給することでオーナーの税負担を軽減することができる。

退職所得の金額は，原則として，次のように計算する。

（収入金額〔源泉徴収される前の金額〕－退職所得控除額）$\times\frac{1}{2}$
　＝退職所得の金額

上記の式からわかるように，退職所得に該当すると，①退職所得控除額を利用でき，②所得金額も２分の１となる（〔所法30②〕。但し，役員等勤続年数が５年以下である人が支払を受ける退職金のうち，その役員等勤続年数に対応する退職金として支払を受けるものについては２分の１とならない)。また，退職所得は，他の所得とは分離して課税されるため（所法21①），他の所得と合算されることによる累進課税を免れることができる。

したがって，株式の譲渡所得の場合には20.315％（地方税含む）の税率で課税されるが，その一部を退職所得に転換することにより，20.315％（地方税含む）よりも低い税率となる可能性がある。

【図表１－４－８　退職金ストラクチャー】

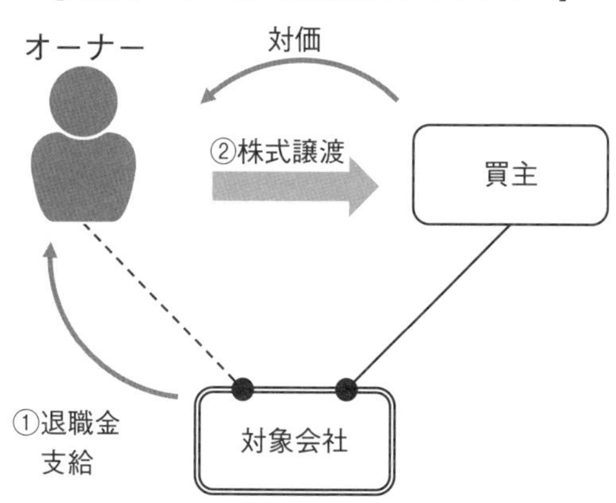

しかし，以下の２点に注意が必要である。

第１に，同業他社と比較して過大な役員退職金を支給した場合，対象会社において当該不相当に高額な部分については損金算入できない可能性がある（法法34②)。退職給与が不相当に高額であるかが問題となった最近の事案として，東京高判平成29年２月23日税務訴訟資料267号順号12981（いわゆる残波事件）

がある。また，オーナーの親族が従業員であり，株式譲渡の際に退職する場合に退職金を支給することによって税負担を下げることが考えられるが，退職金に不相当に高額な部分があると，その部分は対象会社の損金の額に算入できない（法法36）。

第２に，オーナーが株式譲渡後に分掌変更（代表取締役⇒平取締役，顧問など）により退職金の支給を受けるような場合には，実質的に退職したといえるかという点が争点になりやすい。退職所得に該当せず，給与所得と認定されると，株式の譲渡所得の税率20.315％（地方税含む）よりも税率が高くなる可能性がある。所得税法上，退職所得に該当するためには，①退職という事実によってはじめて給付されること，②従来の継続的な勤務に対する労務対価の一部の後払い的性質を有すること，そして③一時金として支払われること，という３つの要件を満たすことが必要とされている（最判昭和58年９月９日民集37巻７号962頁）。

もっとも，①の要件については，退職の事実がないとしても，勤務関係の性質，内容，労働条件等において重大な変動があって，形式的には継続している勤務関係が実質的には単なる従前の勤務関係の延長と見られないなどの特別の事実関係がある場合には，退職所得として認められる（同判決。所基通30－２，30－２の２参照）。したがって，職務内容や待遇に重大な変動があることを書類（委任契約書，権限規程，報酬規程など）として残しておくことが重要である。

(b) 法人株主

法人株主の譲渡益には，通常の税率（実効税率＝約34％）により法人税等が課され，個人株主と異なり，特段の優遇措置は認められていない。但し，売却する対象会社株式について譲渡損が認識される場合，個人株主は，株式等の譲渡益が別途存在しない限り，原則としてそれを他の所得と通算できないのに対し（損益通算の制限〔措法37の10①後段〕），法人株主には，そのような制限はなく，譲渡損を損金に算入でき，他の利益と通算できる。

なお，株式の譲渡は消費税については非課税取引とされているため，消費税が課されることはない（消法６①・別表第一②）。もっとも，株式を譲渡した場合の課税売上割合の計算においては，譲渡の対価の額の５％が分母に算入され，原則として仕入税額控除の額に影響が生じることに注意が必要である（消令48⑤・①一）。また，登録免許税や（株式譲渡契約書に対する）印紙税も課されない。

(3)　買主の課税関係

株式は減価償却資産ではないので（法令13参照），株式を減価償却して損金に算入することができず，買主は取得代金を損金化できない。また，買主は，デューディリジェンスの費用や専門家の報酬について，株式取得の意思決定後に支出した場合，支出した事業年度の損金の額に算入できず，株式の取得価額に取得に要した費用として加算しなければならない（法令119①一）。

第5章

事業承継型M&Aのプレーヤーとプロセス

本章では，事業承継型M&Aに登場するプレーヤーと，一般的な事業承継型M&Aのプロセスについて簡単に解説する。

第1節　事業承継型M&Aのプレーヤーとその役割

1　買主候補

事業承継型M&Aのプレーヤーの第1は，買主候補である。買主候補は，事業会社と事業承継ファンドに大きく分けることができる。

(1)　事業会社

事業会社が買主候補として事業承継型M&Aに興味を持つのは，同業他社か，対象会社の事業に新規参入を目指す会社である。同業他社の場合，対象会社の技術力，販売網・商流，優秀な従業員の獲得や，業界内でのシェアの拡大を狙って対象会社を買収する。他方，新規参入を目指す会社は，1から事業を立ち上げて新規参入するよりも，実績のある会社を買収することで新規参入までの時間を短縮することができる。特に，許認可を要する事業（例えば，旅館・ホテル業，産業廃棄物処理業，警備業，運送業，医薬品販売業など）については，許認可を有する会社を買収することが有力な選択肢となる。

また，買主候補である事業会社も，上場企業（上場を予定している企業も含む）か非上場企業かによって，M&Aにおける行動が大きく異なる。上場企業が買主候補である場合，多数存在する株主に対する責任の観点からも，対象会社の経営・事業状況，特にコンプライアンスに関し，深度をもって調査するため，デューディリジェンスに要する期間が長くなることが多い。非上場企業の場合，千差万別ではあるものの，社長がM&Aを決断するかが最も重要であり，デューディリジェンスは簡易なものとなりやすい。

(2)　事業承継ファンド

事業承継ファンドには，２つのタイプがある。１つは，公的な事業承継ファンドであり，もう１つは民間の事業承継ファンドである。公的な事業承継ファンドの例としては，中小企業基盤整備機構が出資するファンドが挙げられる。民間の事業承継ファンドとしては，銀行等の金融機関や独立系のファンド会社が組成するファンド（プライベートエクイティ〔PE〕ファンド）がある。事業承継ファンドは，対象会社を買収した後，数年かけて対象会社の企業価値を上げた後に売却やIPOによりエグジットして収益を上げることを目的としている。

事業承継ファンドは，一般的に，ファンドの投資家に対する責任を負っていることから，デューディリジェンスの深度が深く，契約交渉も厳しいものになりやすい。他方で，M&Aの知識及び経験が豊富であることから，実務の水準を超えて無理な要求をすることも少なく，合理的な交渉が可能というメリットもある。

なお，「ファンド」という語感のみで抵抗感を示すオーナーも存在する。しかし，近時は，事業承継という社会的な課題を解決したいという目的で設立され，対象会社の企業価値向上に尽力するファンドも多数存在する。また，事業会社が買主である場合，対象会社は，事業会社の経営・事業戦略に組み込まれ，これまでの独自の経営や事業運営ができなくなる可能性もあるが，これに対してファンドの場合，対象会社に対する取締役の派遣など一定の経営関与はあるものの，対象会社におけるこれまでの経営方針や事業は維持されることも多い。

近年では，事業承継ファンドが事業承継型M&Aの買主となることも増加している。

2　メインバンク

対象会社のメインバンクは，対象会社の事業内容・決算内容などの客観的な情報やデータを保有している。また，担当者が対象会社にしばしば訪問し，経営者や経理担当者との会話を通じ，オーナーの家族構成や親族内での悩み，対象会社内での派閥や勢力関係・人間関係を把握している。それゆえ，オーナーが事業承継やM&Aを考える場合，真っ先に相談する相手としてメインバンクの担当者が選ばれる傾向にある。金融機関側も，地方銀行を中心として，低金利を背景に金利を中心とする収益構造から，コンサルティング等のフィーを収益の柱とすべく，金融業から総合コンサルティング業への脱皮を積極的に図っている例も少なくない。さらに，事業承継型M&Aを実行する際に，経営者保証や担保の処理，経営陣の変更による弁済計画への影響など，メインバンクと交渉・調整しなければならない事項は多い。

また，銀行が，買主側で登場する場合，すなわち，買主に対して買収資金を融資する立場に立つこともある[1]。

以上のとおり，メインバンクが事業承継型M&Aを主導しているか否かにかかわらず，メインバンクは事業承継型M&Aのキープレーヤーの１人である。

3　M&Aアドバイザリー会社

メインバンクと並んで事業承継型M&Aのキープレーヤーとして挙げられるのが，M&Aアドバイザリー会社である。M&Aアドバイザリー会社は，売主及び買主間を仲介する仲介型と，売主又は買主のいずれかの立場でアドバイスを行うFinancial Adviser（FA）型がある。仲介型の場合，M&Aアドバイザリー会社は，中立的な立場でM&Aの成立に向けた当事者間の交渉を仲介するという機能を果たす。他方，FA型の場合，売主又は買主の一方に立ち，クライアントの利益最大化（M&Aを成立させないことも含む）のために業務を行うこととなる。

以上のように，仲介型とFA型ではM&Aアドバイザリー会社の立ち位置が異なる。仲介型の場合には，売主と買主との間に立って価格を調整することが

1　もっとも，売主であるオーナーのアドバイザリー業務をしつつ，買主に対して買収資金を融資することについては，利益相反の問題も指摘されている（八木崇典＝和仁亮裕「M&Aで売手・買手の双方にアドバイザーとして就任する場合」金法1850号34頁以下）。

主な業務となる[2]。他方，FA型のM&Aアドバイザリー会社は，一方当事者の立場で，主として，次のような業務を担当する。

①　M&Aの戦略（ストーリー等）の構築
②　買主候補の選定
③　対象会社の企業価値の算定
④　各種デューディリジェンスの進捗管理・支援
⑤　買主候補との価格交渉戦略の立案・実行
⑥　専門家の起用・アドバイスの取りまとめ

Column３：アドバイザーと善管注意義務

FA型の場合，売主又は買主の一方のみとアドバイザリー契約を行い，当該一方から報酬を得る。したがって，FA型のM&Aアドバイザーは，自らのクライアントに対し，善管注意義務を負い（民法644），クライアントの利益を最大化するように業務を行う。例えば，買主側のFAとなった場合，深度をもったデューディリジェンスを行い，対象会社のリスクの洗い出しを行い，買主のリスクを最小化し，買収対価も低くすべく，売主側と契約交渉を行う。

仲介型のM&Aアドバイザーの場合，売主と買主のマッチングが重要な業務であり，売主及び買主の双方とアドバイザリー契約を締結し，双方から報酬を得る。M&Aにおいては，売主と買主の利害は対立するため（売主は対象会社を高く売りたい，買主は対象会社を安く買いたい），両方に対して善管注意義務を負う仲介型のM&Aアドバイザーでは，善管注意義務を果たすことができず，構造的に利益相反の問題を抱えているのではないか，との指摘がある。

もっとも，仲介型の場合，売主と買主のいずれのニーズも汲み取ることが可能であり，迅速なM&Aの成立に資するという見方もある。また，仲介型のM&Aアドバイザリー会社においても，利益相反の観点から，売主と買主

2　仲介型の場合，売主と買主の両方の代理人となるため，利益相反にもなりうる。仲介型で起用する場合，M&Aアドバイザリー会社において，売主側の担当者と買主側の担当者で区別しているかどうかを確認しておくことが有益であろう。

の担当者を分けて，情報を遮断している例もあるようである。
いずれにせよFA型と仲介型のメリット・デメリットを十分理解した上で，信頼できるM&Aアドバイザリー会社を選択することが重要である。

M&Aアドバイザリー会社のスタッフは，証券会社や投資銀行などの金融機関出身者，公認会計士・税理士・中小企業診断士・弁護士等の有資格者であることが多い。現在，M&Aアドバイザリー業務を行うための法規制（ただし，弁護士法・税理士法等による制約はある）や許認可は存在しないため[3]，業務の質・クオリティを担保する制度はない。そのため，M&Aアドバイザリー会社を起用する場合，報酬の多寡のみならず，当該会社の実績や業界内での評価を確認することは重要である。

なお，M&Aアドバイザリー会社の手数料の一般的な相場については，**コラム５**参照。

Column４：M&Aマッチングサイト

M&Aにおいて，買主候補を探すことは最も重要かつ難しい課題である。M&Aアドバイザリー会社や仲介会社に依頼して探索することは可能であるが，それなりの報酬を支払う必要がある。他方，オーナー自らの人脈等には限界があり，自力で買主候補を探索することは容易ではないし，オーナー自身が探索活動を行う場合，対象会社の売り出し情報が漏洩するリスクがある。そこで，買主候補を探すために，M&Aマッチングサイトを利用することも検討に値する。M&Aマッチングサイトとは，インターネットにおけるプラットフォーム上でM&Aを望む売主と買主候補先をマッチングしていくサイトのことをいう[4]。

対象会社を売却したいオーナーとしては，M&Aマッチングサイトに情報を掲載することにより，興味をもつ買主候補先がコンタクトしてくれるとい

3 M&Aアドバイザリー会社は，金融商品取引法の規制を受けるものではないことについて，有吉尚哉＝大越有人「M&Aアドバイザリー業務の位置づけ～金融商品取引業との関係を中心に～」旬刊商事法務2241号56頁参照。

4 小木曽正人『税理士のためのマッチングサイトを利用した事業承継M&A』（中央経済社，2020年）51頁。

う点でメリットがある。但し，M&Aマッチングサイトの登録者のみが閲覧できるというクローズドな状況ではあるものの，自社の基本的な情報を多数の者に公開することになる点には注意が必要である。

また，仲介会社やFAを利用する場合には，買主候補が選別されるのに対し，M&Aマッチングサイトの買主候補がどのような企業・個人であるかは自らが調査し，自社を委ねてよい相手なのかを見極める必要がある。このようなメリットとデメリットを考慮した上で，M&Aマッチングサイトを利用するかを決定すべきであろう。

4　M&Aの専門家

(1)　弁護士

事業承継型M&Aにおいては，事前の法的な分析・検討や実行における法的手続が必要となる。弁護士は，主として法務面から事業承継型M&Aを行うオーナーのサポートを担当することになる。

まず事前のサポートの内容としては，以下のような点が挙げられる。

- 株式集約のストラクチャー（相対交渉かスクイーズ・アウトか）の検討
- 名義株主や所在不明株主への対応
- 事業承継型M&Aのストラクチャー検討
- 事業再生の局面における整理手続の選択
- オーナーの親族・対象会社の役職員等に対するM&Aの内容の説明
- 金融機関と経営者保証の解除に向けた説明及び交渉
- 対象会社の事業磨き上げに対する法務面からのサポート（セラーズ・デューディリジェンスや契約書・規程の作成等）

また，事業承継型M&Aの実行段階でのサポート内容としては，以下のような点が挙げられる。

- 買主による法務デューディリジェンスへの対応
- 契約書（株式譲渡契約書や事業譲渡契約書等）の作成

- 買主との契約交渉
- クロージングや組織再編成手続の実行及び登記
- 事業再生の局面の場合には，特別清算，民事再生又は破産手続の実行

オーナーが弁護士を選択する場合，対象会社の実情やオーナーの意向を理解している顧問弁護士に依頼することが考えられる。しかし，M&Aは，複雑な取引であり，実務経験のない弁護士に依頼した場合，M&Aの一般的な契約条項についての理解不足や，長時間の工数を要するなど，M&Aを円滑に行うことの障害にもなりかねない。そこで，原則として，実務経験のある弁護士に依頼した方が，円滑なM&Aには資することが多い。

(2)　税理士

対象会社の顧問税理士は，月次の記帳作業などを通じてオーナーとの接触回数が多く，オーナーにとっては最も身近な専門家であるといえる。また，顧問税理士は，月次の記帳や申告書作成を通じて対象会社の経営状況等の実態を把握していることが多い。それゆえ，オーナーが事業承継を考えた際に最初に相談する先として顧問税理士が選択されることがある。もっとも，顧問税理士としては，顧問先がM&Aで売却されると，顧問先を失う可能性が高いことから，M&Aに関して消極的である傾向にある。過去の税務申告の状況把握には，顧問税理士の関与・協力が必須であることから，顧問税理士に対して，どのようにM&Aに協力を求めるかを慎重に検討する必要がある場合も考えられる。

また，事業承継型M&Aにおいては，オーナー（及びその親族，資産管理会社）における課税額のシミュレーションや，ストラクチャーの税務面からの分析・検討が必要となるため，税務の専門家である税理士が大きな役割を果たすことになる。さらには，対象会社の事業の磨き上げに対する税務面からのサポートも期待できる。

なお，税理士が株式価値や事業価値の算定を担当することもある。非上場会社の株式価値や事業価値の算定については，大きく，純資産価額方式，収益方

式及び配当方式のようなアプローチがあり，そのうち，財産評価基本通達に基づいた評価を用いる場合もある（後記**第２部第１章第２節２**参照）。かかる財産評価基本通達に基づいた評価は，税理士が担当することもある。しかし，第三者とのM&Aの場合，財産評価基本通達に基づく評価はやや形式的であり，実際の企業価値よりも低い評価となることもあることから，当該評価をベースに交渉することは稀であり，M&Aアドバイザリー会社や公認会計士による評価額をベースに売主と買主が交渉することが多い。

⑶　公認会計士

非上場の中小企業の場合，会計監査人を設置していることはほとんどなく，監査業務を担当する公認会計士と接点を有していることは少ない。ただし，公認会計士は税理士登録が可能であることから，特に地方において，公認会計士が税理士登録をして，監査業務ではなく税務業務を担当しているケースもある。

事業承継型M&Aにおいて，公認会計士は，財務会計面からのセラーズ・デューディリジェンスに加えて，対象会社の事業磨き上げに対する財務会計面からのサポート，特に財務情報の信頼性向上を目的とした事業計画の策定・内部統制システムの構築などのアドバイスが期待できる。

また，株式価値や事業価値の算定は，財務会計の知識・経験が基礎であることから，公認会計士が担当することが多い。

Column５：専門家の報酬

事業承継型M&Aにおいて，専門家の関与は必須である。専門家を起用する場合，オーナーはまずは専門家の報酬額に関心を有するであろう。専門家の報酬は，事業承継型M&A実行後のオーナー等の手取額に直結する。専門家の報酬は，案件の内容や各社・各事務所によって千差万別であって，一般論として語ることは困難であるが，おおよそ以下のような傾向にあると思われる。

①弁護士・税理士・公認会計士等

弁護士・税理士・公認会計士については，タイムチャージ方式であることが多い。すなわち，単価に稼働した時間を乗じて請求金額が算出される。単価については各専門家の考え方に応じて様々である。また，単価の大小に目を奪われがちであるが，知識・経験が不足している専門家の場合，単価が安かったとしても，知識・経験不足のために調査や段取りに時間を要し，単価×時間で請求金額を計算すると，結局，知識・経験が豊富で単価が高い専門家を起用した方が請求金額を抑えられ，かつ，円滑に手続を進めることができる。事業承継型M&Aは，オーナーにとって一生に一度あるかないかという局面であるため，目先の単価よりも，信頼に足る知識・経験を有しているかという観点から起用する専門家を検討した方が，結果として満足のいくサービスを受けられることが多い。

②M&Aアドバイザリー会社

M&Aアドバイザリー会社の報酬は，上記の有資格者の報酬よりも多様であって，各社ごとに大きく異なる[5]。報酬体系としては，着手金，月額報酬，中間金，成功報酬及びこれらの組合せである。

ここでは，一般的に用いられているレーマン方式について，簡単に触れる。レーマン方式とは，「基準となる価額」に応じて変動する各階層の「乗じる割合」を，各階層の「基準となる価額」（譲渡対価，対象会社の純資産が基準とされることが多い[6]）に該当する各部分にそれぞれ乗じた金額を合算して，報酬を算定する手法とされている[7]。基準となる価額としては，譲渡対価の額，譲渡対価の額に負債の額を加算した移動総資産額，対象会社の純資産額などが考えられる。また，例えば，「乗じる割合」は，以下のように設定されている。

基準となる価額（円）	乗じる割合（%）
5億円以下の部分	5
5億円超10億円以下の部分	4
10憶円超50億円以下の部分	3
50億円超100億円以下の部分	2
100億円超の部分	1

5 中小企業庁「中小M&Aガイドライン」（2020年3月）44頁以下参照。

6 レーマン方式の基準となる価額が対象会社の純資産額か総資産額かが争点となった事案として，東京地判令和2年9月23日判例集未登載がある。

7 中小企業庁「中小M&Aガイドライン」（2020年3月）46頁以下参照。

また，最低保証額を設定していることも多い。M&A費用のうち，M&Aアドバイザリー会社に対して支払う報酬が最も高額であることが一般的であるため，報酬の算定方式や支払時期については，アドバイザリー契約を締結する前に理解しておく必要がある。

第２節　M&Aのプロセス

典型的なM&Aの流れは，**図表１－５－１**のとおりであり，大企業間のM&Aと大きく異なるところはない。もっとも，事業承継型M&Aでは，売主となるオーナーは，従業員に対して会社を売却しようとしていると察知されることは避けたいことから，オーナーその他ごく少数の会社幹部がデューディリジェンスや契約交渉に対応しなければならず，マンパワーの関係でスケジュー

【図表１－５－１　M&Aのプロセスの例】

各ステップ	具体的な内容
買主候補の選定	M&Aの仲介会社やFAといったM&Aのアドバイザリー会社等から情報等の提供を受けて選定
守秘義務契約の締結	買主候補との間で守秘義務契約締結
基本合意締結	基本的な契約条件について合意書を締結 ※　基本合意は締結されないケースも少なくない。
デューディリジェンスの実施	買主は，財務・税務・法務・ビジネス等の観点からターゲットである対象会社を調査・査定及び対象会社の企業価値の分析 ※入札案件等においては，売主側があらかじめ実施したデューディリジェンスの報告書を買主側に配布することもある。
契約交渉・締結	M&Aに関する契約条件を交渉し，最終契約を締結する
クロージング	代金の決済，株券その他書類の引渡し
ポストクロージング	クロージング後の行為（競業避止，雇用義務など）

ルが遅れることも少なくない。事業再生の局面を除き，通常の事業承継型M&Aであれば，買主候補が選定されてから，クロージングまでに6か月から1年程度を要することが多い。

1　買主候補の選定

(1)　買主候補の選定作業の実施主体

オーナーが対象会社の売却を考える際には，まずは融資を受けていたり，当座預金をしたりしているメインの金融機関やM&Aアドバイザリー会社に相談することになる。相談を受けた金融機関等のアドバイザーは，オーナーに対して，M&Aアドバイザリー業務を説明し，ストラクチャーや買主候補等を提案し，オーナーとの間で，守秘義務条項が規定されたアドバイザリー契約を締結することになる。

(2)　買主候補先の選定手続

アドバイザーは，対象会社の買主候補先に提示するための資料を作成する。そこで，オーナーは，アドバイザーに対して，直近3年分程度の計算書類・税務申告書，会社の概要（社歴・本社・支店・従業員数・主な取引先など）を記載したパンフレット，対象会社の登記簿謄本及び定款を交付する。

アドバイザーは，オーナーから資料の交付を受け，対象会社の概要や業績を記載したインフォメーション・メモランダム（IM）を作成し，リストアップした潜在的買主候補先に提示して，対象会社の買収に興味があるかのサウンディングを行い，買主候補先を探索する。

なお，インフォメーション・メモランダム（IM）を作成する過程で，売主が一定のデューディリジェンス（セラーズ・デューディリジェンス）を実施することもある。

2　守秘義務契約の締結

対象会社の買収に興味を示した買主候補先に対し，対象会社の更なる情報を提供するために，オーナーと買主候補先との間で，開示される情報の取扱いに関して守秘義務契約を締結する。オーナーとしては，提供した情報の目的外利用の禁止や，M&Aが行われないことになった場合には，買主候補先が提供した情報を確実に返還又は廃棄することを確保する必要がある。

3　基本合意の締結

最終的な契約を締結する前の中間的な合意として，オーナーと買主候補先との間で，ストラクチャー，対価の予定額，役員・従業員の処遇及びスケジュールなどを盛り込んだ基本合意を締結することがある。基本合意は，一般的には，守秘義務や独占交渉等の条項を除き，法的拘束力を有しない形で締結されることが多い。

ただし，法的拘束力がないとしても，買主候補先は，基本合意を信頼して時間及びコストをかけてM&Aの検討を行うことになるため，オーナーから一方的に交渉を破棄すると，損害賠償責任が生じる可能性があるため[8]，注意が必要である。

4　デューディリジェンスの実施

次に，買主候補先は，対象会社の企業価値の正確な算定，対象会社の財務・法務・税務リスクの把握，M&A実行の際に障害となる事項の顕出を目的として，専門家を起用してデューディリジェンスを実施する。

【図表１－５－２　主なデューディリジェンスの種類】

種　類	担当者
財務デューディリジェンス	公認会計士
法務デューディリジェンス	弁護士
税務デューディリジェンス	税理士
ビジネスデューディリジェンス	M&Aアドバイザー

デューディリジェンスにおける調査の深度や範囲については，対象会社の業種，買主候補先の属性，ストラクチャー等によって異なる。デューディリジェ

8　森・濱田松本法律事務所編『M&A法大系』（有斐閣，2015年）186頁以下。

ンスの詳細については，**第２部第４章**参照。

なお，入札案件等においては，売主側があらかじめ実施したデューディリジェンスの報告書を買主側に配布することもある。

5　契約交渉・締結

買主候補先のデューディリジェンスが終盤に近づく頃になり，最終契約の諸条件に関する交渉が行われることになる。契約交渉においては，デューディリジェンスの結果も踏まえて，対価や契約条件が話し合われることになる。契約内容については，ある程度の規模のM&Aとなると，契約内容の精査やリスクの分析が必要となるため，オーナー及び買主候補先のいずれも弁護士に依頼し，弁護士を通じて交渉が行われることが多い。契約内容の詳細については，**第２部第５章**参照。

当事者が諸条件に合意できた段階で，最終契約が締結されることになる。

6　決済（クロージング）

最終契約が締結されるとしても，契約の実行日は，契約の締結日とは別の日とされることが多い。具体的には，株式譲渡の場合には，株券の引渡し，株主名簿の書換えに関する書類の引渡し，代金の送金手続等が行われる。また，最終契約において，前提条件が設けられている場合や，誓約条項が規定されている場合には，それらの諸条件が満たされているかを確認することになる。

7　ポストクロージング

クロージング後，最終契約において合意がある場合には，クロージング日の計算書類に基づいて対価を調整したり，アーンアウト条項に基づく調整金の支払をしたりすることもある（対価の調整やアーンアウトについては，後記**第２部第５章第２節**参照）。また，オーナーが対象会社に役員等として残る場合，オーナーは，最終契約で合意した条件に従い，対象会社に役務提供を行うことになる（後記**第２部第６章**参照）。

第 2 部

事業承継型M&Aの実務問題

第1章

株式の整理・集約（MBOを含む）

第1節　株式の整理・集約の必要性とその手法

第1部第2章第1節1で述べたとおり，オーナー系企業においては，オーナーのみが株主である場合にだけでなく，様々な事情から株式が分散し，**【基本事例】**（6頁）のように，オーナーの親族や会社の取引先等が少数株主として存在する場合がある。このように，株式が分散している会社においては，契約の交渉過程において（又はM&A取引の効力発生の前提条件として）買主候補から株式の整理・集約を求められることが多い。そのため，売主としては，事業承継型M&Aの準備段階として，あらかじめ株式の整理・集約をしておくことが考えられる。

買主候補において，株式をオーナーに集約するよう求めるのは，主として以下のような理由による。

- 事業承継型M&Aによってオーナーから株式の全て（又は大部分）を買い取ることができ，一度に対象会社の支配権を確実に得ることができる
- オーナーのみを契約交渉窓口とすることが可能となり，個々の少数株主を相手に契約交渉をする必要がなくなるため，契約交渉コストを下げることができる
- 売主であるオーナーに，表明保証違反に基づく補償義務を含め，契約上の義務の一切を負わせることができる（一般に，経営に参加していない少数株主に表明保証をさせることは困難である）

第1部第2章第1節でも述べたとおり，株主・株式に関する事項は買主候補

において最大の関心事である（最大の法務リスクであるとの認識を持つ）ことから，オーナーとしては，事業承継型M&Aを見据え，あらかじめ株式の状況を正確に把握し，整理・集約の対応（ないしその限界を把握）しておくことが，買主候補を選別・確保する観点（特に，ディールブレイクによって優良な買主候補を極力逃さない観点）から重要である。

株式の整理・集約の方法としては，大きく，少数株主から相対で株式を取得する方法（以下**第２節**）と強制的に株式を取得するスクイーズ・アウトの方法（以下**第３節**）に分かれる。

相対での取得は当事者の合意に基づく株式の整理・集約であり，後の紛争リスクが比較的小さいため，まずは相対での取得を検討すべきであろう。

もっとも，少数株主が相対での取得に応じない場合や，相対での取得において法的論点が存在する場合（以下**第２節３**参照）には，少数株主の意思にかかわらず，強制的に株式を整理・集約する方法としてスクイーズ・アウトを検討することも考えられる。もっとも，スクイーズ・アウトは少数株主の同意を得ずに強制的に株式を取得する方法であり，紛争リスクが相対的に高いため，スクイーズ・アウトの実施には慎重であるべきである。なお，スクイーズ・アウトの手法は様々存在するが，本書においては，主に事業承継型M&Aの文脈で用いられる株式等売渡請求と株式併合について解説する（以下**第３節**）[1]。

第２節　相対取引による整理・集約

１　相対取引による整理・集約の方法

(1)　オーナーによる取得

相対取引による整理・集約の方法として，オーナーが少数株主から株式を譲り受ける方法が挙げられる。

1　なお，仮に会社が新株予約権や新株予約権付社債を発行している場合には，それら潜在株式の整理・集約も同様に必要となるが，本書においては株式に焦点を当てて解説する。

この場合，オーナーと少数株主との間で株式譲渡契約を締結することに加え，本書が対象とする全株式譲渡制限会社においては，株式譲渡に係る会社法上の手続として，定款に別段の定めがない限り，株主総会（取締役会設置会社においては取締役会）決議による譲渡承認手続が必要となる（会社法139①・136・137①）。なお，譲渡承認決議を欠く場合の譲渡の効力については，下記**3**(2)(c)を参照されたい。

(2)　自己株式の取得

相対取引による整理・集約の方法として，オーナーではなく，対象会社が少数株主から自己株式を取得し，対象会社以外の株主をオーナーのみとする自己株式の取得といった方法も挙げられる。

特定の株主から自己株式の取得を行う場合には，取得株式数や対価等の取得枠を授権する旨の株主総会の特別決議（会社法309②二・156①・160①）や具体的な取得条件に関する取締役会決議（〔会社法157①②〕。取締役会非設置会社の場合には取締役の決定）が必要となる[2]。

これに加えて，全ての株主に対して売主追加請求の機会を付与しなければならず，売主追加請求を行った株主からも株式を買い取る必要がある（会社法160②③）。

なお，この売主追加請求は，定款変更により排除することも可能であるが，既発行の株式について売主追加請求を排除する場合には，当該株式を有する株主全員の同意を得て定款を変更する必要があるため（会社法164），留意を要する。

(3)　方法選択上の注意点

相対取引による整理・集約の方法として，オーナーによる取得と対象会社による自己株式の取得のいずれの方法によるかは，以下のとおり，資金拠出者，株式譲渡人の課税関係及び財源規制の有無に注意して，各事案ごとに適切に判

2　この他，非上場会社においては，全ての株主に通知又は公告を行い，申し込まれた株式（申込総数が取得する株式数を超えるときは，按分された数の株式）を取得するという自己株式の取得方法（いわゆるミニ公開買付け。会社法156～159）をとることもできる。

断すべきである。

(a)　資金拠出者

オーナーによる取得の場合，オーナー自身にキャッシュ・アウトが生じるため，通常，譲渡代金相当額の資金を調達することが必要となる（対価の支払方法に関する問題については，下記２(3)参照）。

他方，自己株式の取得の場合，譲渡代金は対象会社が支払うため，オーナー自身にはキャッシュ・アウトは生じないが，対象会社からのキャッシュ・アウトは生じるため，対象会社の余剰手元資金の範囲内で行う必要がある（下記(c)参照）。

(b)　株式譲渡人の税務

オーナーによる取得の場合と自己株式の取得の場合では，株式譲渡人（少数株主）の課税関係が異なる。

株式譲渡の場合，個人株主の譲渡益に課せられる所得税等の税率は，株式が上場されているかどうかにかかわらず，原則として，20.315％（地方税を含む）とされている（措法37の10①，復興財源確保法９①・13，地法71の49）。他方，法人株主の譲渡益には，通常の税率（実効税率＝約34％）により法人税等が課される。

自己株式取得の場合は，少数株主（個人・法人）について，みなし配当と譲渡損益についての課税が生じる可能性がある。法人株主については，その持株割合に応じ，受取配当額の20％～100％が益金不算入となる（法法23）（**第１部第４章第２節２(2)(b)**参照）。

したがって，個人である少数株主にとっては，一般的に株式譲渡を選択した方が有利な場合が多く，法人である少数株主にとっては，みなし配当が生じる場合には，自己株式取得を選択した方が有利である。かかる税務上の差異を利用し，個人株主からはオーナーが取得し，法人株主（取引先や資産管理会社など）からは会社が自己株式の取得をすることが考えられる。

(c)　財源規制

会社は，自己株式の取得をする際に，株主に対して交付する金銭等の帳簿価額の総額が，その効力を生ずる日における分配可能額[3]を超えてはならないとされている点に注意する必要がある（〔会社法461①二・三〕。いわゆる財源規制）。

分配可能額を超える金銭等を交付した場合，当該金銭等の交付を受けた者（すなわち株式を会社に譲渡した株主）や自己株式取得を提案した代表取締役等は，会社に対し，連帯して，交付した金銭等を支払う義務を負う（但し，対価の交付を受けた者以外の者については，その職務執行につき注意を怠らなかったことを証明したときは除く〔会社法462①一・二②〕）。つまり，会社に対して株式を売却した株主は，受領した譲渡代金を会社に返還する義務を負い，また，この自己株式取得を主導した代表取締役であるオーナーも連帯して返還義務を負う。

また，財源規制に違反した自己株式取得の効果は，それ自体は有効とする会社法の立法担当者の見解があるが[4]，学説では無効とする見解もある[5]。

2　対価の問題

相対取引を行う際に検討を要する点として，株式の対価をいくらに設定するかという問題がある。これに関連して，株主ごとに対価が異なることの税務上のリスクや対価の支払い方法も問題となる。

そこで，本項では，まず，事業承継型M&Aにおける株価算定の必要性について概観した後，一般的に，株式譲渡の際に用いられる株式評価を簡単に解説したうえで，対価の決定の税務リスク及び対価の支払方法について解説する。

3　分配可能額とは，最終事業年度の剰余金の額をベースとして，一定の調整をして算出される金額をいう（会社法461②）。

4　相澤哲編著『立案担当者による新・会社法の解説（別冊商事法務295号）』（商事法務，2006年）135頁。

5　江頭憲治郎『株式会社法〔第８版〕』（有斐閣，2021年）262頁。

(1)　株式の評価

(a)　株式評価の必要性

オーナーが株式を集約するに際し，以下の理由から，株価を適正に評価する必要がある。

①　少数株主の納得感を得ること

少数株主が株式譲渡に応諾してくれるよう，提案している対価が妥当なものであることを示すことが有用である。

②　税務上，低額・高額譲渡の問題を生じさせないようにすること

対価の額が時価と乖離している場合，贈与税が課されたり，みなし譲渡所得課税が生じるなど，課税上の不利益が生じうる（詳細については，下記(b)(イ)(ii)を参照されたい）。したがって，税務調査において，対価の額が時価（客観的な交換価値）であるという根拠を示す必要がある。

なお，すでに事業承継型M&Aの買主候補との間で対象会社株式の譲渡が具体化し，その前提として株式の集約が必要であるとき，あるいは，すでに株式譲渡契約が締結され，そのクロージング前の義務として株式の集約が売主に義務付けられているときには，買主との間で合意された対価の額と同額で取得する必要があるケースも想定されうる（下記(2)(b)参照）。

(b)　株式の評価手法

株式評価は，会社法上の必要性となる場合と税法上の必要性により実施される。会社法上の必要性とは，典型的には，少数株主が対象会社等に対して株式買取請求を行う場合に株価評価が必要となる（会社法144等）。税法上必要となる場合とは，贈与税や譲渡所得税を計算する場合である。過去には，会社法上の株式評価の方法として，税法上の株式評価の方法（財産評価基本通達に従った評価）が利用されていたところ，以下で述べるとおり，近時，会社法上の株式評価において，税法上の株式評価の方法とは異なる評価方法も認められている。そして，会社法上認められた株式評価の方法を利用すれば，税法上の株式評価の方法と異なったとしても，税務当局から否認される可能性は高くないと思われる。

そこで，まず，会社法上認められる株式評価の方法を解説した上，税法上の株式評価の方法を解説する。

㈠ 会社法における非上場株式の評価

非上場株式の評価については，M&Aや組織再編成，裁判等の場面において，専門家による株価算定が行われる。この場合において，一般的に株価算定の手法として用いられる方法として，インカムアプローチ（DCF法，収益還元法等），マーケットアプローチ（マルチプル法，市場株価法等），ネットアセットアプローチ（修正時価純資産法等）といった手法が用いられることが多い。

各方法の主なメリット・デメリットは**図表２－１－１**のとおりである[6]。

【図表２－１－１　株式評価の各手法のメリット・デメリット】

	メリット	デメリット
インカムアプローチ	将来の収益獲得能力及び固有の性質並びに市場での取引環境を評価結果に反映させることができる。	恣意性の排除が難しく，客観性に乏しい。
マーケットアプローチ	類似会社比較法やマルチプル法等があり，客観性に優れている。	類似取引や類似会社が存在しない場合には評価が困難である。
ネットアセットアプローチ	客観的な数値を基礎として評価できる。	将来の収益獲得能力や市場での取引環境を反映させることができない。

6　日本公認会計士協会編『企業価値評価ガイドライン（改訂版）』（日本公認会計士協会出版局，2013年）27，28頁参照。

財産評価基本通達の定めにより算定される価額ではなく，一般的な非上場株式の評価手法により算定される価額を用いる場合は，上記のメリット・デメリットを踏まえた検討を行う必要があると考えられる。

実際に近時，会社法の非上場株式の評価が争われた裁判例では，これらの評価方法が用いられていることが多い。例えば，東京高決平成20年４月４日判タ1284号273頁は譲渡制限株式の買取価格の決定（会社法144）において収益還元法を，東京高決平成22年５月24日金判1345号12頁は，旧商法下の営業譲渡に反対する株主の株式買取請求においてDCF法を採用している。なお，複数の評価方法を折衷することによって株価の評価が行われることもある。例えば，大阪地決平成25年１月31日判時2185号142頁は，譲渡制限株式の買取価格の決定において，株式の価値を収益還元方式80％，配当還元方式を20％の割合で加重平均した価格とすべきと判断した[7]。

㈠　税法における非上場株式の評価

(i)　相続税法上の株式評価

相続税においては，財産評価基本通達178から189－７に非上場株式の評価方法を定めている。非上場株式の評価は株主の属性に着目し，当該株主が支配株主と少数株主のいずれに該当するかにより，それぞれ異なる評価方法を採用することとしている。支配株主であるオーナーと持株会等の少数株主では，その保有する株式の評価額が異なることとなる。

①　原則的評価方式

オーナー（同族株主）にとっての非上場株式を評価するにあたっては，発行会社の規模を判定する必要がある。財産評価基本通達は，発行会社の業種，従業員数，総資産価額，取引金額をもとに会社規模を，大会社，中会社（中会社はさらに３区分に分類），小会社に分類し，それぞれ異なる評価方法を

7　もっとも，このように複数の評価方法を組み合わせる手法につき，１つ１つが信頼に値しない数値を複数寄せ集めたからといって信頼できる数値が算出できるものではないとの指摘もある（江頭憲治郎『株式会社法〔第８版〕』（有斐閣，2021年）16頁）。

定めている（財基通178）。

原則的評価は，会社区分に応じて，**図表２－１－２**に掲げる方式に基づき評価される（財基通179）。なお，資産の保有状況，営業の状態等が一般の評価会社と異なる特定の状況にある会社は，適正な評価を行うことができないため，別途それぞれに定める評価方法のみが適用される点に注意が必要である。

【図表２－１－２　会社区分と評価方式】

会社区分	評価方式	
大会社	類似業種比準価額と純資産価額いずれか少ない方	
中会社	大	類似業種比準価額（※１）×0.90＋純資産価額（※２）×0.10
	中	類似業種比準価額（※１）×0.75＋純資産価額（※２）×0.25
	小	類似業種比準価額（※１）×0.60＋純資産価額（※２）×0.40
小会社	類似業種比準価額（※１）×0.50＋純資産価額（※２）×0.50と純資産価額（※２）のいずれか少ない方	

※１　類似業種比準価額に代えて純資産価額をとることが可。ただし，※２とは異なり，純資産価額の80％で評価することは不可。

※２　議決権割合50％以下の株主グループに属する株主は，純資産価額の80％で評価可。

【類似業種比準方式】

類似業種比準価額とは，評価会社と類似する上場株式の株価並びに１株当たりの配当金，年利益金額及び純資産価額（帳簿価額によって計算した金額）を基とし，次の算式によって計算した金額をいう（財基通180）。

算　式

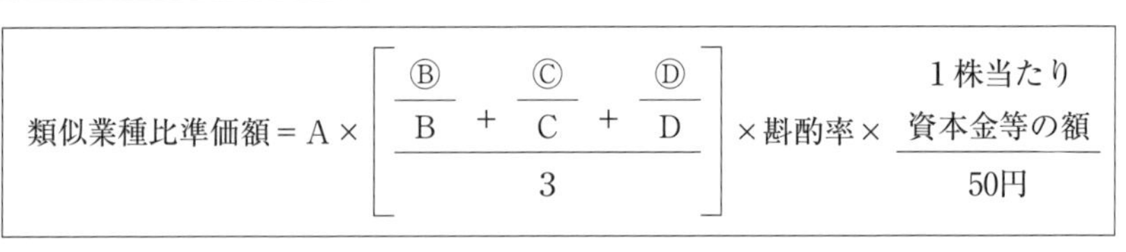

$$\text{類似業種比準価額} = A \times \left[\frac{\frac{Ⓑ}{B} + \frac{Ⓒ}{C} + \frac{Ⓓ}{D}}{3} \right] \times \text{斟酌率} \times \frac{\text{1株当たり資本金等の額}}{\text{50円}}$$

「A」＝類似業種の株価

「Ｂ」＝類似業種の１株当たりの年配当金額
「Ｃ」＝類似業種の１株当たりの年利益金額
「Ｄ」＝類似業種の１株当たりの純資産価額
「Ⓑ」＝評価会社の１株当たりの年配当金額＝直近２期の配当金額の平均額（臨時的な配当を除く）
「Ⓒ」＝評価会社の１株当たりの年利益金額＝直近１期又は直近２期の平均額のいずれか低い方を選択（課税所得金額をベース）
「Ⓓ」＝評価会社の１株当たりの純資産価額＝直前期末の税務申告書別表５（一）の金額
「斟酌率」＝大会社0.7，中会社0.6，小会社0.5

【純資産価額方式】

純資産価額方式による１株当たりの純資産価額とは，課税時期において評価会社が有する各資産を財産評価基本通達の規定に基づいて評価した総資産価額から各負債の合計額及び評価差額に対する法人税額等に相当する金額を控除した金額を発行済株式数で除して計算した金額をいう（財基通185）。

なお，株式の取得者が属する株主グループの有する議決権割合が50％以下であるときは，１株当たりの純資産価額の80％相当額の金額によって評価することができる。

② 特例的評価方式

支配株主以外の者が株式を取得した場合には，配当還元価額による評価が認められている（財基通188－２）。配当還元価額とは，類似業種比準方式における「年配当金額」と同様に，直前期末以前２年間の配当金額の合計額の２分の１に相当する金額を，直前期末における発行済株式数（資本金等の額を50円で除して計算した数とする）で除して計算したものである。

具体的には以下の算式で求められる。なお，直前期末以前２年間の配当金額の計算上，将来毎期継続することが予想できない配当金を除く点は，類似業種比準方式における「年配当金額」と同様である。

直前期末以前2年間の配当金額 / 2	÷	1株当たりの資本金等の額を50円とした場合の発行済株式数（資本金等の額÷50円）	＝	年配当金額（2円50銭未満の場合は，2円50銭とする）

(ii) 所得税・法人税法上の株式評価

所得税法・法人税法上，「時価」とは，一定時における客観的交換価値をいい，当該財産につき，不特定多数の当事者間において自由な取引が行われる場合に通常成立すると認められる価額をいうものと解されている。しかし，所得税法・法人税法において，非上場会社の株式の評価額については，かかる「時価」の具体的な評価方法について何ら定められておらず，一般的抽象的な評価の考え方を定めているだけであり，これだけで具体的に上場有価証券等以外の株式の時価を算定することは容易ではない。

そこで，所得税・法人税においては，未上場株式の「株式の価額」につき①売買実例がある株式，②公開途上にある株式で，公募等が行われるもの，③売買実例のないもので類似会社がある株式，④①～③に該当しない株式に区分して，①②以外の株式につき，課税上の弊害がない限り，相続税の評価方式を準用し，一定の留保条件を付した上で財産評価基本通達の定めにより算定することを認めている（所基通59－6，法基通9－1－13）。

譲渡人，譲受人別の売買における税務上の評価方法をまとめると，次の**図表2－1－3**のようになる。

【図表2－1－3　譲渡人，譲受人別の税務上の評価方法】

譲渡人	支配株主	原則的評価方式
	非支配株主	特例的評価方式
譲受人	支配株主	原則的評価方式
	非支配株主	特例的評価方式

なお，譲渡人が個人の場合，当該譲渡人が支配株主かどうかは，譲渡直前を基準に判定されることになる（所基通59－6）。他方，譲渡人が法人の場合には，譲渡直前を基準に判定されるかどうかは現時点では明らかではない。

また，税務上，低額・高額譲渡による取引が行われた場合は，課税の問題が生じる場合がある。適正な時価以外での取引が行われた場合には，「時価」と「対価」との差額について，個人は所得税や贈与税，法人は法人税の課税が生じる。

適正な時価以外による取引の課税関係をまとめると，**図表２－１－４**のようになる。

【図表２－１－４　適正な時価以外による取引の課税関係の概要】

	低額取引の場合		高額取引の場合	
	譲渡人	譲受人	譲渡人	譲受人
個人間の売買	課税されない	時価と対価との差額につき，贈与税課税（相法７）	時価を超える部分につき，贈与税課税（相法７）	課税されない
個人から法人への売買	時価課税（所法59①二） ＊時価の２分の１以上で譲渡する場合にはみなし譲渡所得課税は生じないが（所令169），同族会社の場合には時価の２分の１以上で譲渡した場合であっても，同族会社の行為・計算否認規定が適用される可能性がある点に注意（所基通59－３）。	受贈益課税（法法22②） ＊譲受法人が同族会社であり，無償又は低額の譲渡により株式の価値が増加したときは，既存株主（個人）は，譲渡人から贈与を受けたとして取り扱われる点に注意（相基通９－２（一）（四））	時価の部分は譲渡所得が発生する（所法33） 時価を超える部分につき，給与所得課税又は一時所得課税（所基通34－１（五））（東京高判平成26年５月19日裁判所ウェブサイト）	時価を超える部分は，給与・役員報酬（法法34）又は寄附金（法法37）となる 時価を超える部分は取得価額を構成しない
法人から個人への売買	時価課税（最判平成７年12月19日民集49巻10号3121頁） 時価と対価との差額につき，原則，給与・役員報酬（法法34）又は寄附金（法法37）となる	時価と対価との差額につき，給与所得課税又は一時所得課税（所基通34－１（五）） 贈与税は課税されない（相法21の３①一）	益金（対価の額がそのまま益金の額）	課税されない
法人間の売買	時価課税（上記最判平成７年12月19日） 時価と対価との差額につき，原則，寄附金（法法37）となる	受贈益課税（法法22②）	益金（対価の額がそのまま益金の額）	時価を超える部分は，原則，寄附金（法法37）となる 時価を超える部分は資産の取得価額を構成しない

⑵　対価の決定

⒜　はじめに

オーナーが株式の整理・集約をするにあたって株価算の評価を行った場合には，それに基づき株式の買取価格を決定すればよい。もっとも，事業承継型M&Aの買主との間で譲渡価格がすでに決定されている場合や従業員持株会から株式を取得する場合においては，以下のとおり注意すべき点がある。

⒝　事業承継型M&Aの買主への譲渡価格との均衡

上記のとおり，すでに事業承継型M&Aの買主候補との間で対象会社株式の譲渡が具体化し，その前提として株式の集約が必要であるとき，あるいは，すでに株式譲渡契約が締結され，そのクロージング前の義務として株式の集約が売主に義務付けられているときには，少数株主から株式を取得する際の価格は，事業承継型M&Aにおける買主の提示価格を考慮する必要がある。

少数株主としては，時価（すなわち事業承継型M&Aにおける買主の提示価格）で株式を売却することを期待していることが通常であるところ，それよりも不当に低い価格で少数株主から株式を買い取った場合には，事後的に少数株主から錯誤（民法95①②）や詐欺（民法96①）を主張される法務上のリスクがある。

また，近接した時期に同一銘柄の株式の譲渡が複数存在する場合に，それぞれ譲渡価格が異なると，いずれかの譲渡価格が時価ではないとして，株式の低額・高額譲渡に伴う税務上の問題が生じるリスクも存在する（その詳細については，上記⑴⒝(イ)(ii)を参照されたい）。

したがって，事業承継型M&Aの買主への譲渡価格がすでに決定されている場合には，その価格をベースに少数株主からの買取価格を決定することが望ましい。

⒞　従業員持株会からの取得

従業員持株会は，一般に民法上の組合として組成されており，会員たる個々の従業員が従業員持株会を通じて株式を保有している[8]。持株会からの取得方法は，従業員持株会規約において，会員の退会，持株会の解散，払戻しの手続・

内容についてどのような規定が設けられているかを確認した上，各事案ごとに適切な方法をとることとなる[9]。

この点，従業員持株会規約においては，「従業員が退会する場合には，従業員持株会が当該会員の持分に相当する株式を額面（取得価額）で買い取る」旨の条項（売渡強制条項）[10]が規定されていることが多い。かかる売渡強制条項が存在する場合は，退会によっても会員に対して株式自体は払い戻されないことから，従業員持株会から株式譲渡を受ける方法は，従業員に，いったん株式を払い戻し，各従業員から譲渡を受ける方法ではなく，従業員持株会から直接譲渡を受ける方法によることになる。従業員持株会規約に売渡強制条項が存在する場合，退会する場合には額面で買い取る旨の条項との均衡上，この方法によって従業員持株会から直接株式譲渡を受ける際の譲渡価格を額面とするのか，時価とするのかについては難しい問題が存在する。特に，従前退会時に額面によって株式を買い取られた退職者がすでに存在する場合には，譲渡価格を時価とすることにつき，当該退職者から不公平感を示される可能性も想定される。

もっとも，額面での取得価額が時価と乖離している場合には，税務上の低額・高額譲渡の問題を生じうる（上記(1)(b)(イ)(ii)参照）。また，このような売渡強制条項の趣旨は，退会に端を発した株式の拡散を防止するとともに，買取価格についての紛争を防止する点にあると考えられる。この点，オーナーによる株式の集約に際しては，株式の分散を考慮する必要はなく，また，合意に基づき

8　法人格を有しない組合には株式が帰属しないため，各従業員は，理事長に対して株式を信託し，理事長を介して会社から受領した配当金を受け取ることとなり，税務上もパススルーにより，（組合ではなく）各会員に対し配当課税がなされる（配当控除の対象となる）。

9　従業員持株会規約において解散規定がない場合の解散決議の可否について，東京地判平成18年6月26日判時1958号99頁は，規約上，「理事の選任及び規約の変更については，理事会が文書を作成の上会員に交付し，会員から一定数の書面による異議がない場合に，理事が選任され又は規約が変更される」とされていた事案において，規約を変更し，解散規定を明文化し，それに基づき解散するという二段階の手続による解散をすることができることは明らかであり，さらに進んで，そのような迂遠な手続を踏むまでもなく，規約の変更に準じた手続により解散することも許されないわけではないとしている。

10　最判平成7年4月25日集民175号91頁は，一定の事実関係の下で，従業員が退会する場合には，従業員持株会が当該会員の持分に相当する株式を額面で買い取る旨の合意を有効であるとしている。もっとも，そのような定めの有効性につき疑問を呈する見解もある（江頭憲治郎『株式会社法〔第8版〕』（有斐閣，2021年）247～248頁等）。

一括して株式の譲渡をする場面であるから，買取価格についての紛争防止を考慮する必要もないため，時価で株式譲渡を受けたとしても売渡強制条項を規定した趣旨に反することにはならないように思われる。

したがって，従業員持株会規約に売渡強制条項が存在する場合でも，企業価値算定に即した時価で株式譲渡を受けることが妥当と思われる。

(3) 対価の支払方法

少数株主との間で取得価格が合意され，株式譲渡が行われる場合，オーナーに十分な資力があるときには，少数株主に対する対価の支払方法について特段の問題は生じない。また，事業承継型M&Aにおける買主が確定している場合も，買主からの譲渡代金の一部をもって，少数株主に対して譲渡代金を支払うことが可能であり，問題ない。

一方，事業承継型M&Aがまだ具体化していない状況で少数株主から株式を買い取る場合には，手元に十分な資力が確保できないオーナーは，少数株主への譲渡代金を支払うための資金調達が必要となり，銀行等の第三者や対象会社から借入れを行うことが考えられる。

なお，オーナーが株式の取得資金として対象会社から借入れを行った場合に，形式的にはオーナーによる株式の集約ではあるが，実質的には対象会社が自己の資金により少数株主から自己株式を取得しているものとして，自己株式取得規制に該当しないか否かは一応問題となり得る。この点，会社法上，他人名義による自己株式の取得が当該会社の計算による場合には，自己株式取得規制が及ぶと解されている[11]。そして，この「会社の計算による」取得に該当するか否かは，大要，①取得に用いる資金の出所，②取得のための取引に関する意思決定の所在（取引相手方の選択，買付価格の決定，買付時期の決定等），③取得した株式に関する支配の所在（株式の処分や株主権行使に関する権限の所在，配当や売買差損益の帰属）により判断すべきものと考えられている[12]。会社が株式の取得のための経済援助として単に貸付をしたのみでは会社の計算におい

11 江頭憲治郎『株式会社法〔第8版〕』（有斐閣，2021年）253頁。

12 経済産業省「新たな自社株式保有スキームに関する報告書」（https://www.meti.go.jp/policy/economy/keiei_innovation/keizaihousei/esop_houkoku.pdf）13頁参照。

てするものとはいえないが，貸付が形ばかりで債権を回収する予定もない場合や無利息又は極端な低利である場合は，実質的に会社の計算による取得に該当するという見解もあるため[13]，自己株式取得規制に抵触しないよう，借入に関する契約書等を整備して法律関係を明確化し，配当等の利益をオーナー名義で受領して税務処理する等，オーナー自身による株式の集約であることを示すことも考えられる。

3　株式の整理・集約における法務上の諸論点

(1)　はじめに

オーナーが株式の整理・集約を行う場合，ⅰ）株主名簿上の株主は真の株主であるか，ⅱ）オーナーは有効に株式を譲り受けることができるか，といった点が法務上問題となる。具体的には，以下の点が主として問題となる。

ⅰ）株主名簿上の株主は真の株主であるか
- 名義株主の問題
- 株券交付の問題
- 譲渡承認決議の問題

ⅱ）オーナーは有効に株式を譲り受けることができるか
- 意思能力・行為能力の問題
- 所在不明株主の問題
- 少数株主に相続が生じている場合の問題

(2)　株主名簿上の株主は真の株主であるかの問題

(a)　名義株主の問題とその対策

名義株とは，他人の名義を借用して株式の引受けや払込みがなされた株式をいい，その名義人となっている者を名義株主という。例えば，**【基本事例】**（6頁）において，前オーナーがオーナーの弟の名義を借りて（前オーナーが資金を拠出して）会社を設立していた場合，オーナーの弟が株主として株主名簿に記載されることになる。このような場合は当該オーナーの弟が名義株主に当たる。

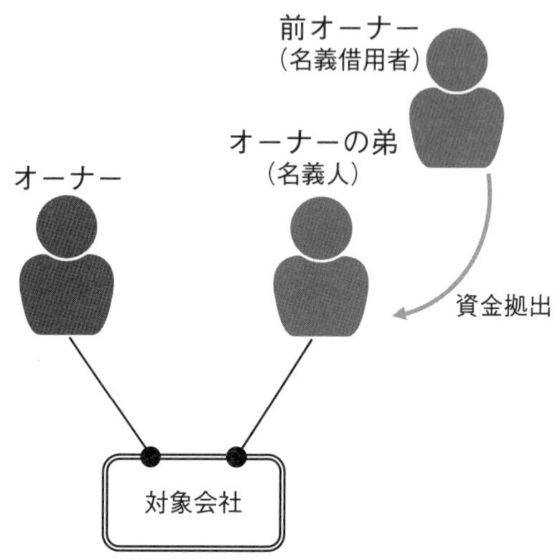

このような名義の借用が行われた背景には，旧商法における発起人の人数に関する規制が存在する。すなわち，平成２年改正前の商法においては，会社設立の際の発起人が最低７人必要であった。この要件を満たすため，発起人となる意思のない者の名義（冒頭の例ではオーナーの弟）を用いて形式だけ発起人とし，名義借用者（冒頭の例では前オーナー）において株式の払込金を実質的に負担するケースが存在した。

また，そのような発起人の人数要件とは別に，贈与税・相続税対策として，親が子供を発起人として会社を設立させたり，親族外の者を形式的な株主にさせたりすることにより，支配株主以外の者が株式を取得した形式を整え，特例的評価方式である配当還元方式による株価評価の適用を受けることを目的として名義株が用いられることもある。

13　酒巻俊雄＝龍田節『逐条解説会社法第２巻　株式・１』（中央経済社，2008年）366頁〔龍田節〕，龍田節「会社の計算による自己株式の取得」法学論叢第138巻第４・５・６号１頁以下。

このような名義株主が存在する場合に，会社法上，名義人（冒頭の例ではオーナーの弟）と名義借用者（冒頭の例では前オーナー）のいずれに株式が帰属するのかが問題となる。この点，名義人（冒頭の例ではオーナーの弟）が株主であるとする見解（形式説）も存在するが，判例は，「他人の承諾を得てその名義を用い株式を引受けた場合においては，名義人すなわち名義貸与者ではなく，実質上の引受人すなわち名義借用者がその株主となるものと解するのが相当である。」として，名義借用人が株主であるとする見解（実質説）を採用している（最判昭和42年11月17日民集21巻9号2448頁，最判昭和50年11月14日金法781号27頁等）。その理由につき，当時の旧商法においては，名義人を株主とする規定は存在しないため，株式の引受け及び払込みについては，一般私法上の法律行為の場合と同じく，真に契約の当事者として申込をした者が引受人としての権利を取得し，義務を負担するものと解すべきであると判示している。

このように，一般論としては，名義株の株主は名義借用者（実質上の引受人）であるとしても，次に，実質上の引受人が実際に誰であるのかをどのように判断するのかが問題となる。この問題について，東京地判平成23年7月7日判タ1377号164頁は，原告が，株主名簿に記載されていない実質株主の地位を相続したことを前提として会社に対して損害賠償請求をした事案において，一般論として，「実質株主の認定は，一方当事者（名義貸与者又は借用者）の認識のみによってされるべきものではなく，その株式取得資金の拠出者，株式取得の目的，取得後の利益配当や新株帰属等の状況，貸与者及び借用者と発行会社との関係，名義借用の理由の合理性及び株主総会における議決権の行使状況等を総合的に考慮してされるべきものであり，このことは，その一方当事者が当該企業の経営権を掌握している場合であっても同様というべきである。」とし，当該事案の具体的事実関係を精査した上，原告が株主の地位を有していないと認定した。

他方，札幌地判平成9年11月6日判タ1011号240頁は，家業を法人化した際，長男・長女名義の株式払込金を先代が支出したという事案において，長男・長女が家業を継ぐために会社の業務に専念していたこと等から，先代は，長男らの株式の払込義務を長男らに代わって履行したものと認めるのが相当であるとして，先代ではなく，長男・長女が株主であると判断した。

このように，実質的な株主（名義借用者，実質上の引受人）が誰であるかは，個々の事例に即した判断となり，一律，明確に判断することは困難である。

そこで，まず，オーナーとしては，他の少数株主が名義株主に該当しないか否かを過去の資料等を調査して確認し，仮に名義株主が存在した場合には，真の株主へ株主名簿の名義書き換えを行った上，当該真の株主から株式を譲り受けるべきことになる。具体的には，設立時点の株主を確認した上，株主の異動・変遷を丁寧に追跡する必要がある。

もっとも，社歴が長い会社など，株式の引受から相当期間が経過している場合には，当時の経緯を調査すること自体に限界がある。また，当時の株主総会や取締役会の議事録や契約書等の資料が入手できたとしても，上記のとおり，実質的な株主（名義借用者，実質上の引受人）が誰かという判断は個別事情に大きく左右されることから，当該株主が名義株主に該当しないか否かを判断することができないという場合も存在することが考えられる[14]。このような場合には，当該株主が名義株主であるとされるリスクの程度に応じ，相対取引ではなく，必要に応じてスクイーズ・アウト（下記**第3節**）や組織再編成によるキャッシュ・アウト（下記**第3章**）によって，株式を集約することも考えられる。

⒝ 株式譲渡と株券の交付の問題とその対策

株券発行会社の株式の譲渡は，当該株式に係る株券を交付しなければ，その効力を生じず（会社法128①本文），また，株券の発行前にした譲渡は，株券発行会社に対し，その効力を生じない（会社法128②）。したがって，株券発行会社において株式の譲渡を行う場合には，株券を実際に発行した上でそれを交付

14 株式の名義の変更があった場合において対価の授受が行われていないとき又は他の者の名義で新たに不動産，株式等を取得した場合においては，これらの行為は，原則として贈与として取り扱うものとされる（相基通9－9）。株式の名義変更が，名義株主から真の株主への名義変更ではなく，真の株主から第三者への名義変更とみなされる場合には，個人間においては贈与税の問題が生じうる。当該株主が名義株主であるか真の株主であるかの認定は，税務上の取扱いも異にするため，重要となる。

しなければ，原則として無効である[15]。

オーナー系企業においては，株券発行会社であるにもかかわらず，過去の株式の譲渡に際して株券が交付されていなかったり，そもそも株券自体が発行されていない事例が散見される。特に，現在の会社法においては定款で定めない限り株券発行会社とはならないが（会社法214），平成18年の会社法制定前においては株式会社は定款で定めない限り株券発行会社であって，株式譲渡には株券の交付が必要とされていたことから（平成17年改正前商法205①），旧商法下における譲渡については株券交付の問題が存在するケースが多い。

株券発行会社において，過去の特定の株式譲渡について株券の交付がなされていなければ，譲受人は株式を有効に取得していないこととなり，当該譲受人やその者からさらに株式を譲り受けた者から株式を取得したとしても，株式を有効に取得することはできない。

この問題を是正するためには，本来は株券の交付をやり直す必要がある。

しかし，過去の株式譲渡から時間が経っており，株式の元所有者が死亡していたり，所在不明になっていたりする場合には，株券の交付をやり直すことが現実的でないケースも少なくない。そのような場合には，名義株主の問題と同様に，必要に応じてスクイーズ・アウト（下記**第３節**）や組織再編成によるキャッシュ・アウト（下記**第３章**）によって，株式を集約することも考えられる。

(c)　譲渡承認決議の問題とその対策

オーナー系企業においては，**【基本事例】**（６頁）のように，株式に譲渡制限が付されていることが一般的である。しかし，オーナー系企業においては，株主総会や取締役会が実際に開催されておらず，株式譲渡承認決議も行われていない場合がある（但し，会社が譲渡を承認したとみなされる場合もある〔会社法145〕）。

15　なお，株券発行会社が株券の発行を不当に遅滞し，信義則に照らしても株式譲渡の効力を否定することを相当としない状況に至った場合においては，株主は，意思表示のみによって有効に株式を譲渡でき，会社は，もはや，株券発行前であることを理由としてその効力を否定することができないとされている（最判昭和47年11月８日民集26巻９号1489頁）。

株式譲渡承認決議が行われていない場合の株式譲渡の効力については，判例上，当事者間（譲渡人と譲受人間）では有効であるが，会社との関係では無効であるとされている（最判昭和48年6月15日民集27巻6号700頁）[16]。

そのため，株式譲渡承認決議が欠けていることが発見された場合には，改めて株式譲渡承認決議を行うことが考えられる（もっとも，そのような決議が有効であるかについて，理論的な問題は残る）。

(3) オーナーによる株式譲受けの有効性

(a) 意思能力・行為能力の問題とその対策

意思能力とは，一般に，法律行為をすることの意味を理解する能力をいい，意思能力を欠く法律行為は無効とされる（民法3の2，大判明治38年5月11日民録11輯706頁）。例えば，泥酔，薬の作用，病気等のために一時的に意識を失っているような場合には意思能力がないとされる[17]。

したがって，例えば，少数株主の中に認知症の患者がおり，契約を締結することの意味について理解できないおそれがある場合，かかる少数株主との間で締結した株式譲渡契約は無効となる可能性がある。株式譲渡契約が無効となることを防ぐためには，例えば，当該少数株主に法定代理人を選任してもらい，当該法定代理人との間で契約を締結することが考えられる。

民法上，本人の事理を弁識する能力（事理弁識能力）の程度に応じ，家庭裁判所の審判に基づき，自然人の行為能力（単独で法律行為を行う能力）を制限する制度が存在する。具体的には，①成年後見制度，②保佐制度及び③補助制度がある。このうち，成年後見人は選任されると法定代理人となるが，保佐人及び補助人は，被保佐人や被補助人の行為に対する同意権しか有しておらず，家庭裁判所の審判によって特定の法律行為に係る代理権が付与されることになる。そこで，被保佐人や被補助人から株式を譲り受ける場合，保佐人又は補助人に株式譲渡の同意を得るか，審判によって代理権を付与してもらった上で，

16 これに対して当事者との関係でも会社との関係でも有効であるとの見解も存在する（山下友信編『会社法コンメンタール3・株式(1)』（商事法務，2013年）383頁〔山本爲三郎〕）。
17 潮見佳男＝千葉惠美子＝片山直也＝山野目章夫編著『詳解 改正民法』（商事法務，2018年）13頁。

保佐人又は補助人が代理人として株式譲渡を行うことになる。

なお，成年後見人，保佐人，補助人の選任のためには家庭裁判所の審判が必要であるが，その審判の請求は，一定の親族等，一部の者しか行うことができない（民法7・11・15）。したがって，この方法をとるためには，それらの者の協力が必要である。さらに，選任のための審判には，通常，2～3か月は要するため，M&Aのスケジュールとの関係で注意が必要となる。

また，利益相反行為にも注意する必要がある。利益相反行為とは，法定代理人（成年後見人）や特別の代理権を付与された保佐人又は補助人と，制限行為能力者（被成年後見人，被保佐人，被補助人）の利益が相反する行為をいう。例えば，**【基本事例】**（6頁）において，オーナーが，自身の妻の成年後見人になっている場合に，成年後見人であるオーナーが，成年被後見人であるオーナーの妻から株式を買い取ろうとする行為である[18]。

そのような行為は，法定代理人の利益の下に制限行為能力者の利益が害される可能性があるため，当該取引について制限行為能力者を代理するための特別代理人，臨時保佐人，臨時補助人の選任を家庭裁判所に請求しなければならない（民法860本文・826・876の2③本文・876の7③本文）[19]。これらの規定に違反して行われた利益相反行為は，無権代理として無効であると解されている（最判昭和49年7月22日家月27巻2号69頁）。したがって，例えば，上記の通りオーナーが自身の妻の成年後見人となっている場合に，妻から会社の株式を買い取る行為は，利益相反行為に該当するため，成年後見監督人がいない場合には，特別代理人の選任が必要となる。上記のとおり特別代理人等の選任には家庭裁判所の関与が必要であり一定の期間を要することから，それを踏まえた取引のスケジュール策定，又は，利益相反行為とならないようなスキームの策定をする必要がある。

18　また，法定代理人が代表者を務める会社と制限行為能力者との間の取引も利益相反行為に該当すると考えられている（於保不二雄＝中川淳編『新版　注釈民法（25）　親族(5)〔改訂版〕』（有斐閣，2004年）154頁〔中川淳〕）。

19　成年後見監督人，保佐監督人又は補助監督人が選任されている場合には，それらの者が変わって制限行為能力者を代理することから（民法851四・876の3②・876の8②），これらの選任は不要である（民法860但書・876の2③但書・876の7③但書）。

(b) 未成年者との取引の問題とその対策

未成年者（20歳未満の者〔民法4〕。但し，令和4年4月1日に施行される民法において，成年年齢は18歳に引き下げられる）も制限行為能力者として，法定代理人（親権者又は未成年後見人）の財産管理に服する。以下，代表的な例である親権者を前提に述べる。

親権は，父母が婚姻中は，原則として父母が共同して行使するが（民法818③本文）[20]，父母が婚姻関係にない場合には，その一方が行うことになる（民法819）。

親権者は，子の財産を管理し，かつ，その財産に関する法律行為についてその子を代表することから（民法824本文），仮に株主の中に未成年者が存在する場合に，当該未成年者から株式を買い取る場合には，その親権者（父母ともに親権者である場合には，その双方）との間で契約を締結する必要がある。

また，未成年者との取引においても，上記(a)と同様，利益相反行為は禁止され，これを行う場合には特別代理人の選任が必要となる（民法826）。例えば，**【基本事例】**（6頁）において，オーナーが，その子ども（未成年）から株式を買い取る場合である[21]。上記(a)と同様，この規定に反して行われた利益相反行為は無効であると解されている（最判昭和43年10月8日民集22巻10号2172頁）。したがって，未成年者との取引が存在する場合には，利益相反行為の有無を検討し，それを踏まえた取引のスケジュール策定，又は，利益相反行為とならないようなスキームの策定をする必要がある。

(c) 所在不明株主の問題とその対策

株主の中には，所在不明の株主が存在する場合もある[22]。

所在不明株主については，会社法上，強制的にその株式を買い取ることのできる制度がある。以下の要件を満たす場合には，会社は，所在不明株主の株式

---

20 父母の一方が親権を行うことができないときは，他の一方が行う（民法818③但書）。

21 なお，父母の一方のみに利益相反関係がある場合であっても特別代理人の選任が必要であり，その場合には，特別代理人と利益相反のない親権者が未成年者を代理することとなる（最判昭和35年2月25日民集14巻2号279頁）。

22 株主名簿には，株主の氏名又は名称及び住所が記載されるが（会社法121一），住所の変更が適時に反映されていない場合もしばしば見受けられる。

について，市場価格のない株式については裁判所の許可を得て，強制的に買い取ることができる（会社法197①～④）。

①　株式会社が株主に対してする通知又は催告が５年以上継続して到達しないこと ②　株主が継続して５年間剰余金の配当を受領していないこと

なお，所在不明株主は，所在が不明であり，所在不明株主に対して対価を支払うことはできないことから，株式の代金については，供託するか（民法494②），会社で管理し，所在不明株主が現れた場合には交付することになる。

このように，所在不明株主の問題を処理する場合，少なくとも５年を要することになるため，早期に問題解決に着手するか，時間的制約があるときには，スクイーズ・アウト（下記**第３節**）や組織再編成によりキャッシュ・アウト（下記**第３章**）することにより，会社法上，強制的に株式を100％取得することにより，この問題を解消することも検討に値する（詳細は，下記**第３節**参照）。なお，令和３年に国会に提出された「産業競争力強化法等の一部を改正する等の法律案」によれば，株式の集約化手続の短縮化のため，中小企業が認定を受けることにより，上記の「５年間」との要件を「１年間」に短縮することができる特例が制定された（改正後の経営承継円滑化法15①）。

(d)　少数株主に相続が生じている場合の問題とその対策

株主に相続が発生した場合，当該株主が保有する株式は共同相続人間で準共有（民法264）となる（相続分に応じて株式が分割して取得されるわけではない）。

共有物の譲渡は「共有物の変更」として，他の共有者の同意を得なければ行うことができない（民法264・251）。そのため，株式が相続人間で準共有となっている場合には，当該株式を譲り受けるためには共有者全員の同意を得なければならず，仮に１人でも反対者がいれば買い取ることができない。

そこで，株式に相続が発生している場合には，相続人に遺産分割（民法907）をしてもらった上で，株式を相続した相続人から株式を買い取るのが通常である。

また，会社の定款に相続人に対する売渡請求に関する定めがあれば，これを利用することもできる。相続人に対する売渡請求とは，相続その他の一般承継により株式（譲渡制限株式に限る）を取得した者に対し，相続その他の一般承継があったことを知った日から1年以内に，当該株式を会社に売り渡すよう請求することができる制度である（会社法174）。

もっとも，相続人売渡請求を利用するためには，会社の定款にその定めがあることが必要であり[23]，また，会社が相続その他の一般承継があったことを知った日から1年以内に行使しなければならないため，売渡請求を利用することが難しいことも少なくない[24]。

第3節　スクイーズ・アウト取引

1　総　論

スクイーズ・アウトは，少数株主から強制的にその保有する株式をすべて取得する方法である。典型的には上場会社を非公開化する場合に用いられる手法であるが，それだけではなく，非上場会社の事業承継型M&Aにおいても，分散している株式を整理集約するために用いられることがある。非上場会社においては株主が所在不明になっているなど，オーナーが少数株主から株式を買い取ることが難しいこともあるが，スクイーズ・アウトは，強制的に少数株主からその保有する株式を取得することができる手法であり，株主が所在不明である場合等に株式の整理集約の手段として利用されることがある。また，過去の株式譲渡に治癒できない瑕疵がある場合に，会社法上，100％の株式取得を達

23　なお，会社法174条が定款の定めを設けることができる時期について限定していないことから，相続発生後に定款変更をして当該定めを置いたとしても，売渡請求は可能であるという見解（東京地決平成18年12月19日資料版商事法務285号154頁）と，それは認められないという見解（山下友信編『会社法コンメンタール4－株式⑵』（商事法務，2009年）121頁〔伊藤雄司〕）が存在する。

24　上記の他，自己株式を取得するのに十分な分配可能額も必要となる（会社法461①五）。

成するための手段として利用されることもある[25]。

しかし，事業承継型M&Aの文脈におけるスクイーズ・アウトは，法務・税務の両方の観点から，上場会社のスクイーズ・アウトとは異なる問題点があることに十分に注意する必要がある。

まず，スクイーズ・アウトを検討する非上場会社においては，対象会社の経営に関して多数株主と少数株主の意向が対立しており（その多くは親族間の感情的な対立も含まれている），少数株主は，仮に売却条件が合理的であっても，株式の継続保有を望む（感情的にオーナーの意向には従いたくない）ことがある。このような少数株主が存在する非上場会社においては，少数株主の意思に反してスクイーズ・アウトを実施すると，後述のとおり，少数株主からスクイーズ・アウトの差止め，無効の訴えや株主総会決議の取消訴訟，価格決定の申立て，役員に対する損害賠償請求の訴え等を提起されるリスクが高い（株式等売渡請求，株式併合の各類型に係る少数株主が行使できる権利の概要については，後述２(2)(c)，３(2)(c)を参照）。そして，これらの少数株主の訴え等が認められた場合，スクイーズ・アウトの効力は認められず，また，仮に効力が認められたとしても，オーナー又は対象会社は少数株主に対して追加的な金銭を支払わなければならない可能性がある。

なお，株式等売渡請求又は株式併合によるスクイーズ・アウトを実施する場合，株式等売渡請求の場合にはオーナーが会社の総議決権の10分の９以上を有している必要があり，また，株式併合の場合には，株主総会の特別決議を行うため，オーナーが会社の総議決権の３分の２以上を有している必要がある。そのため，スクイーズ・アウトは，オーナーが十分な議決権を有している場合にのみ利用可能な手法である。

本節では，オーナーが，分散している株式を整理集約する場合に利用が検討される株式等売渡請求と株式併合について紹介する。

25　なお，買主が株式譲渡を行った後にスクイーズ・アウトを実行することもある。

2　株式等売渡請求の利用

(1)　概　要

株式等売渡請求は，株式会社の総株主の議決権の10分の９以上を有する特別支配株主が，他の株主の全員に対し，その有する当該株式会社の株式の全部を特別支配株主に売り渡すことを請求する制度である（会社法179①）。

株式等売渡請求は，後述する株式併合と異なり，株主総会決議が不要であることや端数売却許可の裁判所の手続（会社法235・234）が不要であることから，株式併合より簡易に実施することができる。もっとも，株式等売渡請求は，特別支配株主が少数株主に対して株式の対価を支払う必要があり，特別支配株主に買取りのための資金が必要となる点に注意する必要がある（これに対し，株式併合の場合，少数株主が所有する株式に相当する端数を会社が買い取ることもできるため〔会社法234④〕），必ずしもオーナーが資金を有している必要はない）。なお，少数株主が売買価格に不満がある場合，株式等売渡請求では特別支配株主であるオーナーに対して差止請求（会社法179の７），無効の訴え（会社法846の２）が提起される可能性がある。株式併合では，会社に対して差止請求（会社法182の３）や株主総会決議の取消訴訟等が提起されることと比較すると，少数株主との紛争が見込まれる場合においては，株式等売渡請求の方がオーナーの手続的な負担は重いとも評価し得る。

なお，株式等売渡請求は，単独の株主が総株主の議決権の10分の９以上を有している必要があるため，**【基本事例】**（６頁）のようにオーナーが所有している議決権が60％にすぎない場合には，仮にオーナーの親族と合わせて議決権の10分の９以上を有していたとしても株式等売渡請求を利用することはできない。そのような場合には，株式等売渡請求を実施する前にオーナーは少数株主から株式を譲り受ける等の方法により議決権を10分の９以上確保しておく必要がある。また，会社が新株予約権を発行している場合，株式の売渡請求と同時に新株予約権者に対して新株予約権の全部（新株予約権付社債権者に対して新株予約権付社債の全部も含む）の売渡しを請求することもできる（会社法179②③）。

(2) 法務上のポイント

(a) 株式等売渡請求のスケジュール

非上場会社における株式等売渡請求手続のスケジュールの例は，**図表２－１－５**のとおりである。

株式等売渡請求は，株式併合において必要となる株主総会決議や裁判所の関与が必要となる端数処理手続が不要であり，簡易な手続でスクイーズ・アウト

【図表２－１－５　非上場会社における株式等売渡請求手続のスケジュール例】

No.	日程	手続	備考
①	３／１	特別支配株主から対象会社に対する売渡請求通知（会社法179の３①）	－
②	同上	対象会社における承認（会社法179の３①）	• 対象会社が取締役会設置会社である場合には，取締役会決議が必要（会社法179の３③）。
③	同上	対象会社から特別支配株主に対する承認の有無に係る通知（会社法179の３④）	－
④	同上	対象会社から売渡株主等に対する通知・公告（会社法179の４①，②）	• 取得日の20日前までに行う必要 • 対象会社は上記No.②の「承認をしたとき」に通知・公告を行う必要がある（会社法179の４①）
⑤	同上	事前備置書類の備置き（会社法179の５①・会社規33の７各号）	• 通知又は公告の日のいずれか早い日から取得日後１年（公開会社の場合は６か月）を経過する日までの間
⑥	３／22	取得の効力発生日（会社法179の９①）	－
⑦	遅滞なく	事後備置書類の備え置き（会社法179の10①・会社規33の８各号）	• 取得日から１年間（公開会社の場合は６か月）

を実行することができる。

(b) 株式等売渡請求の効力不発生のリスク

株式等売渡請求に反対する少数株主がいるケース等においては，株式等売渡請求の効力が発生しないリスクがある。

第1に，売渡株式等の取得日の前においては，少数株主より差止請求が行われるリスクがある。少数株主は，株式等売渡請求が法令に違反する場合，会社が少数株主に対する通知や事前備置書類の規定に違反した場合又は対価の額等が会社の財産の状況その他の事情に照らして著しく不当である場合であり，少数株主において不利益を受けるおそれがあるときは，特別支配株主に対して株式等売渡請求の差止めを請求することができる（会社法179の7①一～三）。特に非上場会社の内紛に起因する少数株主の締出しについては，当該締出し自体が「目的の不当な特別支配株主の行為」として法令違反（権利濫用）となる可能性もあるため，注意が必要である[26]。

第2に，売渡株式等の取得日の後においても，少数株主より売渡株式等の無効の訴えが提起されるリスクがある（会社法846の2）。少数株主は，取得日から1年以内（公開会社の場合は6か月）であれば，売渡請求による取得の無効の訴えの提起が可能であり（会社法846の2①），無効事由としては，取得者の持株要件の不足，対価である金銭の違法な割当て，会社の取締役会・種類株主総会の決議の瑕疵，売渡株主等に対する通知・公告・事前備置書類の瑕疵・不実記載，取得の差止仮処分命令への違反，対価である金銭の交付の著しい不履

---

26 江頭憲治郎『株式会社法〔第8版〕』（有斐閣，2021年）285頁。非上場会社において，本制度を含めキャッシュ・アウトの制度の利用可能な範囲を制限すべきであると主張する見解として齊藤真紀「キャッシュ・アウト」ジュリスト1439号57頁。また，非上場会社において，そもそもキャッシュ・アウトの制度を認めることを批判するものとして原田裕彦「特別支配株主の少数株主に対する株式等売渡請求制度と全株式譲渡制限会社（閉鎖会社）」北村雅史=高橋英治編『グローバル化の中の会社法改正・藤田勝利先生古稀記念論文集』（法律文化社，2014年）148頁以下。その他，非上場会社によるキャッシュ・アウトの制度の利用を認めた上で，利用を反対する会社がある場合には，株主間契約で対応する工夫をしたり，定款でキャッシュ・アウトの制度をオプト・アウトすることを認める解釈などの検討が必要とする見解として飯田秀総「平成26年改正会社法の論点⑹—特別支配株主の株式等売渡請求」旬刊商事法務2063号37頁。

行，対価の額の著しい不当等が挙げられる[27]。

これらに加えて非上場会社における少数株主の締出しについても，差止めと同様，「締出し目的の不当」が無効事由になるかは慎重な検討を要する[28]。この点，非上場会社における全部取得条項付種類株式を用いたスクイーズ・アウト[29]に係る株主総会決議の取消が争われた事案としてインターネットナンバー株主総会決議取消請求事件（東京地判平成22年9月6日判タ1334号117頁）があり，同事件においては，株主間に対立のある非上場会社のケースにおいてスクイーズ・アウトに係る株主総会決議の取消が否定されている[30・31]。この裁判例からすれば，非上場会社における株式等売渡請求によるスクイーズ・アウトについても少数株主排除の目的があるというだけでは，その効力が否定されない可能性はある。

しかし，この裁判例も，濫用目的が実際に証明された場合には無効を認める余地があることを否定しているわけではないとする見解があり[32]，その他非上場会社におけるスクイーズ・アウトについて慎重な見解を示す立場も少なくな

27　江頭憲治郎『株式会社法〔第8版〕』（有斐閣，2021年）286頁。

28　江頭憲治郎『株式会社法〔第8版〕』（有斐閣，2021年）286頁。その他の文献については，脚注26内を参照されたい。

29　全部取得条項付種類株式によるスクイーズ・アウトは，株主総会の特別決議によって，既発行の普通株式に全部取得条項（取得対価は特定の種類株式）を付した上，取得対価として交付される特定の種類株式の数をそれぞれ1株未満に設定し，端数につき金銭を交付することにより，少数株主のキャッシュ・アウトを実現するものである。平成26年会社法改正の前はスクイーズ・アウトの手法として活用されていたが，平成26年会社法改正により，株式併合における株主保護の手続が整備されたこと，株式等売渡請求の制度が創設されたことから，現在では，株式併合や株式等売渡請求を利用したスクイーズ・アウトが一般的である。

30　同事件においては，スクイーズ・アウトに係る株主総会決議が「決議について特別の利害関係を有する者が議決権を行使したことによって，著しく不当な決議がされたとき」（会社法831①三）に該当するかが問題となったところ，裁判所は，全部取得条項付種類株式制度が，多数決により公正な対価をもって株主資格を失わせることを予定していることを踏まえて，「単に会社側に少数株主を排除する目的があるというだけでは足りず」，「少なくとも，少数株主に交付される予定の金員が，対象会社の株式の公正な価格に比して著しく低廉であることを必要とすると解すべきである」と判示している。

31　同様に非上場会社における全部取得条項付種類株式によるスクイーズ・アウトの事案で，少数株主の排除目的のみでは著しく不当な決議とはいえないと判示する裁判例として東京地判平成28年9月21日LLI／DB L07133681がある。

32　田中亘「キャッシュ・アウト」ジュリスト1472号44頁参照。

いため，売渡株式等の取得の無効の訴えとの関係においても事後のリスクとして注意しておく必要がある。

なお，株式等売渡請求につき，株式の取得日から１年（公開会社の場合は６か月）を経過した場合，株式等売渡請求が無効になることはなく，オーナーが100％株主であることに瑕疵はないこととなる。それゆえ，過去の株式譲渡に治癒できない瑕疵がある場合には，株式等売渡請求を利用することで，当該瑕疵を治癒することも考えられる。

第３に，少数株主が反対している場面ではないが，特別支配株主が売渡株式等の対価を支払わなかった場合，少数株主は，民法の一般原則により債務不履行等を理由とする売買の解除が可能であると考えられている[33]。

(c) 追加的な金銭の支払リスク等

株式等売渡請求には，オーナーに追加的な金銭の支払リスクもある。

まず，株式の売買価格に不満がある少数株主は，売買価格の決定の申立てを行うことができる（会社法179の８①）。この売買価格の決定の申立ては，取得日の20日前の日から取得日の前日までの間に，会社の本店の所在地を管轄する地方裁判所に対して行われる（会社法179の８①・868③）。当該申立てにより，売買価格が裁判所により定められた場合には，取得日後の法定利息（年３％[34]）とあわせて，裁判所が定めた価格を少数株主に支払う義務が生ずる（会社法179の８②）。もっとも，オーナーが公正な売買価格と認める額をあらかじめ支払った場合には，当該支払額相当分については法定利息が発生しない（会社法179の８③）。

また，少数株主が株式等売渡請求の実行により損害を被った場合，少数株主は，取締役に対して，会社の取締役の職務に関し悪意若しくは重過失があること，又は取締役の加害行為について故意若しくは過失があることを主張し，損

33 坂本三郎編著『一問一答 平成26年改正会社法〔第２版〕』（商事法務，2015年）283～284頁。

34 民法の一部を改正する法律（平成29年法律第44号）により，令和２年４月１日から３年間は法定利率は年３％となる。それ以後は，過去５年間における短期貸付けの平均利率に応じて３年ごとに１％単位で法定利率が変動する可能性がある（民法404②～⑤）。

害賠償を請求する可能性もある（会社法429，民法709）。

(3)　税務上のポイント

特別支配株主の株式等売渡請求に基づく株式の異動は，特別支配株主であるオーナーとその他の少数株主との間の株式譲渡として取り扱われ，株式の譲渡人である少数株主において，譲渡益課税が生じる（株式譲渡に関する課税関係は**第１部第４章第２節２**を参照）。

また，株式等売渡請求によるスクイーズ・アウトは組織再編成そのものではないが，法人税法上，一定の要件を満たす株式等売渡請求は，「株式交換等」に含まれており（法法２十二の十六ハ），株式交換と同様に株式等売渡請求が税制適格要件（法法２十二の十七）を満たさなければ，対象会社において時価評価課税が生じることになる（法法62の９①）。この点につき，個人であるオーナーが特別支配株主である場合，個人による株式等売渡請求は「株式交換等」に含まれていないことから，その株式等売渡請求は，そもそも「株式交換等」に該当せず，時価評価課税の対象外である。

他方，資産管理会社のような法人が特別支配株主である場合には，原則として，株式等売渡請求は「株式交換等」に該当し，スクイーズ・アウトの時点で第三者への株式売却が具体的に見込まれる場合には，税制適格要件のうち株式継続保有要件（法令４の３⑲一）を満たさないため，対象会社において時価評価課税が生じると考えられる。

譲受人である特別支配株主については，株式を譲り受けるのみであることから，課税は生じない。

3　株式併合の利用

(1)　概　要

株式併合とは，会社において数個の株式を合わせてそれよりも少数の株式にすることをいう（会社法180）。株式等売渡請求とは異なり，スクイーズ・アウト以外の局面（出資単位の引き上げなど）でも株式併合は利用されるが，平成26年改正により，株式併合の手続として情報開示，少数株主保護の規定が整えられたことによって，現在においてはスクイーズ・アウトを目的とした株式併合も制度上想定されている。

株式併合がスクイーズ・アウトに利用される場合，少数株主が保有する株式は株式併合により1株未満の端数となり，当該端数部分に相当する金銭が少数株主に支払われることで少数株主は株主ではなくなる[35]。

株式併合では，オーナーが会社の総議決権の3分の2以上の議決権を有していれば，実施可能であるため，株式の集約等を進めるオーナーが，総議決権の10分の9の議決権を有していないものの，3分の2以上の議決権を保有している場合には，株式併合は選択肢となる。なお，**【基本事例】**（6頁）ではオーナーが所有している議決権が60％にすぎないため，オーナー単独での株式併合の実施はできず，オーナーの意向に賛同する親族と合わせて3分の2以上の議決権を確保する必要がある。

(2) 法務上のポイント

(a) 株式併合のスケジュール

非上場会社における株式併合のスケジュールの例は，**図表2－1－6**のとおりである。

株式併合の場合，端数に相当する株式を売却するための端数処理手続（会社法235・234②～④）を行う必要があるが，裁判所の許可を得て任意売却を行う場合，任意売却の許可申請から裁判所の許可決定まで，2週間から1か月程度必要となる可能性がある。

なお，株主への通知は，公告でも代替可能であるが（会社法181②），以下のスケジュールでは，株主への通知を行う場合を想定している。また，本スケジュールは，会社が端数を買い取るケースを想定しているが，オーナーが買い取ることも可能である。その場合，No.⑨の取締役会決議は不要となる（会社法235①②・234②④参照）。いずれが買手となった場合でも，会社を完全子会社

35 例えば，10,000株の発行済株式が存在し，そのうちオーナーが8,000株，残りの2,000株を200株ずつ，10人の少数株主が保有している場合，まず1株未満となるような併合割合（例えば400分の1）を設定すると，株式併合後はオーナーが20株，10名の少数株主は各0.5株となり，1株未満の端数が生じる。端数部分は，その合計に相当する数の株式（0.5株×10名＝5株）を裁判所の許可を得て売却（又は競売）し，売却代金はそれぞれ少数株主に交付される（会社法235・234②～④）。

【図表２−１−６　非上場会社における株式併合のスケジュール例】

No.	日程	手続	法的期間等
①	3／1	株主総会招集決定・取締役会決議（会社法298①④）	−
②	同上	事前備置書類の備え置き（会社法182の２①）	•株主総会の日の２週間前又は通知若しくは公告のいずれか早い日から効力発生日後６か月を経過する日までの間
③	3／9	招集通知の発送（会社法299①）	•株主総会の日の１週間前（公開会社の場合は２週間前）
④	同上	株主への通知（会社法182の４③・181①）	•効力発生日の20日前まで
⑤	3／17	株主総会特別決議（会社法180②・309②四）	−
⑥	3／29	反対株主の買取請求期限（会社法182の４①②④）	•効力発生日の20日前から前日までの間
⑦	3／30	効力発生日（会社法182）	−
⑧	同上	事後備置書類の備え置き（会社法182の６①②）	•効力発生日から６か月間
⑨	同上	取締役会決議（会社法235①②・234④⑤）（会社が買い取る場合）	−
⑩	同上	許可申立てに関する全取締役の同意（会社法235①②・234②③） 裁判所への許可申立て	−
⑪	４月中旬〜５月上旬頃	裁判所による端数相当株式任意売却許可決定	−
⑫	同上	端数相当株式の譲渡の実行 端数株主への金銭精算	−

化することが可能[36]であるため，端数の買手を判断するにあたっては，主に下記(3)記載の税務上の観点から，決定されることが多い。

(b)　株式併合の効力不発生のリスク

株式併合に反対する少数株主がいる場合，株式併合の効力が発生しないリスクがある。

第１に，株式併合の効力発生前は，少数株主による差止請求のリスクがある。少数株主は，株式併合が法令又は定款に違反する場合で，株主が不利益を受けるおそれがあるときは，株式併合の差止めを請求することができる（会社法182の３）。法令・定款違反の例（差止事由）としては，株主総会決議の瑕疵，通知・公告の瑕疵・虚偽記載，併合割合の不平等取扱い等が挙げられる[37]。

特に非上場会社の内紛に起因する少数株主の締出しについては，当該締出し自体が「目的の不当な会社の行為」として，株主総会決議の取消事由を構成し，その結果として差止事由にも該当する可能性もあるため，注意が必要である[38]。

第２に，株式併合に係る株主総会決議について，少数株主による株式併合に係る株主総会決議の不存在または無効確認の訴えのリスク，同決議の取消訴訟が提起されるリスクがある（会社法830，831）。特に株主総会決議取消訴訟における決議の取消事由については少数株主の締出しのような株主間の紛争がある場合，株式併合に係る株主総会決議は，特別の利害関係を有する者（多数株主）の議決権行使による著しく不当な決議（会社法831①三）に該当する可能性がある[39]。

この点，非上場会社における全部取得条項付種類株式によるスクイーズ・ア

36　但し，会社が買い取る場合は，会社に端数合算株式相当金額分の分配可能額があることが前提となる（会社法155九・461①七）。

37　江頭憲治郎『株式会社法〔第８版〕』（有斐閣，2021年）293頁等。

38　江頭憲治郎『株式会社法〔第８版〕』（有斐閣，2021年）293頁，162頁等。その他，非上場会社におけるスクイーズ・アウトの利用一般について慎重に検討すべきとする見解については，脚注26内を参照されたい。なお，株主総会決議の瑕疵が直ちに差止事由に該当するか（すなわち，当該決議の取消訴訟を提起した上で，取消判決の確定を待つまでもなく差止めが可能であるか）については，異なる見解がある（岩原紳作編『会社法コンメンタール・平成26年改正・補巻』（商事法務，2019年）236～237頁〔飯田秀総〕。

39　前掲注38参照。

ウトにおける事案において，株主総会決議の取消を否定した裁判例（前掲インターネットナンバー株主総会決議取消請求事件〔東京地判平成22年９月６日判タ1334号117頁〕）があり，株式併合によるスクイーズ・アウトについても同様の考え方が当てはまる可能性がある。しかし，非上場会社におけるスクイーズ・アウトについて慎重な見解を示す立場も少なくないことから，株式併合によるスクイーズ・アウトにおいても，事後のリスクとして注意しておく必要がある。

なお，株式併合の株主総会の決議取消訴訟は，決議の日から３か月以内に提起しなければならないため，決議の瑕疵が決議取消事由のみにとどまる場合には，当該期間を徒過すると，株式併合の効力を争うことができないことになる。それゆえ，過去の株式譲渡に治癒できない瑕疵がある場合には，株式併合を利用することで，当該瑕疵を治癒することが考えられる。しかし，株主総会決議の不存在確認・無効確認の訴えは，出訴期間の制限がないため，決議が不存在である場合や無効事由がある場合には，継続して株式併合の効力が失われるリスクがあることに注意する必要がある。

(c)　追加的な金銭の支払のリスク等

また，株式併合は，会社に追加的な金銭の支払リスクもある。

株式の売買価格に不満がある少数株主は，株主総会に先立って当該株式の併合に反対する旨を会社に通知し，当該株主総会において当該株式の併合に反対する等の会社法上の要件を満たした場合には，少数株主が有する株式を「公正な価格」で買い取ることを会社に請求（「株式買取請求」）することができる（会社法182の４）。

この場合，会社との間で株式の価格について協議が整った場合には，会社は，効力発生日から60日以内にその支払をしなければならない（会社法182の５①）。

これに対し，効力発生日から30日以内に協議が整わない場合には，少数株主又は会社は当該期間の満了の日後30日以内に，裁判所にかかる「公正な価格」の決定の申立てをすることができる（会社法182の５②）。当該申立てにより，売買価格が裁判所により定められた場合には，株式併合の効力発生日から60日を経過した日以降の法定利息（年３％[40]）とあわせて,「公正な価格」を少数株主に支払う義務が生ずる（会社法182の５④)。もっとも，会社が公正な売買価格と認める額をあらかじめ支払った場合には，当該支払額相当分について法定利息は生じない（会社法182の５⑤)。

また，少数株主がスクイーズ・アウトの実行により損害を被った場合，会社の取締役の職務に関し悪意若しくは重過失があること，又は取締役の加害行為について故意若しくは過失があることを主張して取締役に対して損害賠償請求を提起する可能性もある（会社法429，民法709)。

(3)　税務上のポイント

株式併合の場合，株式併合の結果生じた端数処理については上述のとおり，現金が対価として交付されるところ，株式併合の結果，端数を保有することとなった株主において譲渡益課税が生じることとなる（譲渡益課税の詳細は**第１部第４章第２節２**を参照。ただし，会社が買い取った場合でもみなし配当課税は生じない)。なお，株式併合は全株式を対象として行うため，オーナー自身にも端数が生じる可能性があり，対象会社が当該端数を買い取る場合にはオーナー自身にも課税が生じ得る点において，特別支配株主の株式等売渡請求の場合とは異なっている。しかし，オーナーが端数を買い取る場合には，オーナーの保有株式に生じる端数について課税はない（自らが売主及び買主であるため)。そこで，オーナーの保有株式に端数が生じ，多額の課税が生じることが見込まれる場合には，対象会社ではなくオーナーが端数を買い取ることを検討すべきである。

また，株式等売渡請求と同様に，一定の株式併合は「株式交換等」（法法２十二の十六ロ）に該当し，対象会社に時価評価課税が生じ得る（法法62の9①)。もっとも，株式併合の効力発生により，個人であるオーナーのみが株主となる場合は「株式交換等」に該当せず，時価評価課税は生じない。

40　前掲注34参照。

Column６：特例有限会社における法務上の異なる取扱い

対象会社が特例有限会社（平成18年会社法施行時点において，旧有限会社法に基づく有限会社であった会社）に該当する場合には，株式の整理集約の場面における法務上の取扱いが，通常の株式会社と異なるため，注意が必要である。

１点目として，特例有限会社においては，その性質上，全株式に譲渡制限が付されているが，法律上，特例有限会社の定款には，株主間における株式譲渡について，これを会社が承認したものとみなす旨の定めがあるとみなされることから（整備法９①），オーナーによる株式の整理集約の場面において，会社における都度の譲渡承認が不要となる点が挙げられる。その趣旨は，旧商法下においては，有限会社が比較的小規模な経営形態の会社であることが想定され，株主間の関係性が緊密なものという前提があり，この名残である。譲渡制限に係るこの特例は，事後的な観点からみれば，株主間の株式譲渡については，譲渡承認決議に係る資料が存在しないことを意味するため，第４章で詳述するデューディリジェンス（特に，株主変遷との関係）の場合にも注意が必要となろう。

２点目として，オーナーがスクイーズ・アウトに踏み切る場合も，特例有限会社においては，その必要となる決議要件が異なる。具体的には，特例有限会社においては，株主総会特別決議の要件が過重されており，ⅰ総株主の半数以上であって，ⅱ当該株主の議決権の４分の３以上の賛成が必要とされている（整備法14③）。特に総株主の半数以上という頭数要件が課されている点で，オーナー単独でも議決権保有割合さえクリアしていれば実行可能であった株式併合の実現は相当厳しいものとなっている。

以上のように，対象会社が特例有限会社に該当する場合には，株式の整理集約の局面において，法務上の取扱いが異なるため，注意が必要である。

なお，株式会社以外のものとして，特例有限会社の他，合同会社もあり得る。しかし，合同会社は平成18年会社法改正によって導入された制度であり，現在，事業承継型Ｍ＆Ａにおいて見かけることは少ないため，本書での解説は省略する。

第2章

オーナーに相続が生じた場合のM&A

第1節　はじめに

対象会社株式の大半を保有するオーナーが死亡し，相続人が株主となった際に，その相続人が対象会社の経営に興味がない事案も往々にして存在する。このような場合には，株主となった相続人が対象会社の売却を検討することも考えられるが，オーナーに相続が生じた場合には，原則として共同相続人間で株式を共有することになる。そのため，共同相続人が対象会社を売却するかどうか，売却するとしても，買主や対価等に納得できるか等の点について意思統一が図れない結果，事業承継型M&Aに支障が生じる可能性もあり，株式が共有となった場合に事業承継型M&Aをどのように達成するかについて考える必要がある。

他方，このような支障を回避するためには，予めオーナーが対象会社の株式を遺言や生前贈与により特定の後継者に承継させて株式の共有化を避けることも考えられるが，株式を１人の相続人に集中させた場合には，他の共同相続人との関係で遺留分の問題が生じ得る。相続法の改正により，遺留分制度が事業承継型M&Aの支障となるケースは限定的となった（後述の通り，遺留分制度によって株式が共有化されることは解消された）が，なお存在する遺留分に関する紛争リスク（具体的には，遺留分侵害額相当の金銭の支払）に備える必要がある。

さらに，事業承継型M&Aを実行する局面において，オーナーの相続に係る法務及び税務を考慮し，相続人の法務及び税務リスクを最小化したスキームを検討することが求められる。

以下では，上記を念頭に，オーナーに相続が生じた場合の法務上の問題点（**第2節**）及び税務上の問題点（**第3節**）について解説する[1]。

第2節　相続法・会社法上の問題

本節においては，相続法及び会社法の観点から，オーナーに相続が発生した場合の原則的な取扱い及びその事業承継型M&Aへの影響を解説した上，オーナーが後継者に対して生前贈与又は遺言により株式を承継させた場合の事業承継型M&Aへの影響を説明する。

1　原則的な取扱い

(1)　株式の所有関係

オーナー（被相続人）に相続が生じた場合，相続人が複数いるときは，原則として，相続財産はその共有に属し（民法898），その相続分に応じて被相続人の権利義務を相続する（民法899）。この「共有」は，民法249条以下の「共有」とその性質を異にするものではないと解されている（最判昭和30年５月31日民集９巻６号793頁）。

したがって，対象会社の発行済株式のすべてを保有しているオーナー甲に配偶者乙及び子２人（丙・丁）がおり，甲が死亡した場合には，相続分が配偶者２分の１，子がそれぞれ４分の１となり，その持分割合によって発行済株式の全てが共有（準共有）となる（発行済株式が相続分により当然に分割されるわけではない）。

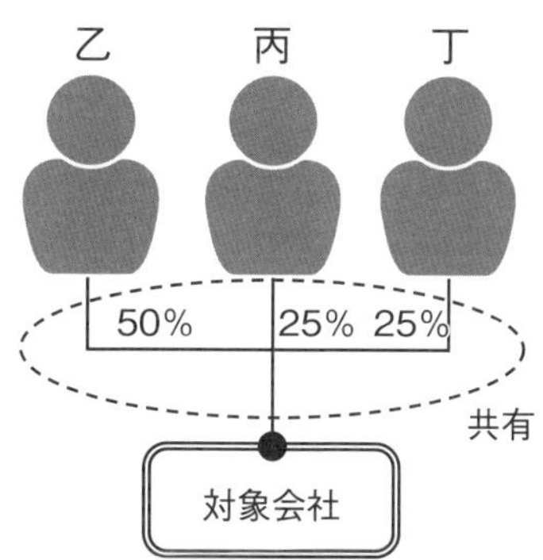

株式が準共有となった場合には，他の共有者の同意を得なければ共有物に変更を加えることができないため（民法264・251），当該相続の対象となった株式を第三者に譲渡するためには，共有者全員の同意が必要となる。

(2)　会社に対する権利行使

株式が２以上の者の共有に属するときは，共有者は，当該株式についての権利を行使する者１人を定め，株式会社に対し，その者の氏名又は名称を通知しなければ，原則として，当該株式についての権利を行使することができない（会社法106本文）。この権利行使者については，相続分に応じた持分の過半数で決定することとなる（最判平成９年１月28日判時1599号139頁）。もっとも，会社に対する通知がなかったとしても，会社法上，株式会社が当該権利を行使することに同意した場合はこの限りでないと規定されている（会社法106条但書）。判例は，会社法106条但書の会社の同意があったとしても，議決権の行使は民法の共有の規定に従う（したがって，持分の過半数で決せられる）必要があると判示している（最判平成27年２月19日民集69巻１号25頁）。

上記(1)の例では，単独で過半数の持分を有している者は存在しないため，権利行使者を決定するためには，複数の共有者の同意が必要となり，同意が得られなければ，共有される株式について議決権が行使できないという自体が生じることとなる。

(3)　事業承継型M&Aにおける問題点及びその対応策

上記のとおり，オーナーに共同相続が発生した場合は，株式の譲渡や株主としての権利行使において複数の共有者の同意が必要となる場面がある。

共同相続人が友好な関係であれば，共有者全員が同意することによって第三者に対し株式を売却することが可能であり，事業承継型M&Aにおいて大きな問題は生じない。

1　なお，民法の相続法については，近時，民法及び家事事件手続法の一部を改正する法律（平成30年法律第72号）により改正がなされ，一部の規定を除き，令和元年７月１日に施行されている。以下では，当該改正後の法律に基づき解説を行う（但し，相続欠落や廃除の場合は代襲相続人が遺留分権利者となる）。

他方，共同相続人が対立関係にある場合には，一部の者が事業承継型M&Aを希望したとしても，他の共同相続人が株式譲渡に反対することはあり得る。

このような相続人間での意思不統一を避けるためには，遺産分割協議（民法907①）によって，事業承継型M&Aを希望する相続人にのみ株式を帰属させることで，それらの者のみで事業承継型M&Aを実行できるようにすることが考えられる。

この点，一部の共同相続人が事業承継型M&Aに反対する理由が経済的な条件（より高額で売却可能であると考えているような場合）ということであれば，株式以外の遺産を多めに売却に反対する相続人に相続させることにより遺産分割協議を成立させることも考えられる。また，株式以外に十分な遺産がない場合には，株式の全部を一部の相続人が相続することと引き換えに，売却に反対する相続人に対して代償金を支払う方法による遺産分割（いわゆる代償分割）をすることも考えられる。この代償金は株式を相続する相続人が自己の財産から拠出することとなるが，事業承継型M&Aを望みつつも，遺産分割時に当該相続人の手元に十分な資金がない場合には，別途の方法で支払原資を確保して代償金を支払わざるを得ない場合もある。具体的には，①事業承継型M&Aによる売却代金の受領後に代償金を支払うことができるようにする，②会社に分配可能額及び手元資金が十分に存在するときには，株式の一部を会社に買い取ってもらった上で代償金を支払う，又は，③事業承継型M&Aを望む相続人がブリッジローンなどで資金調達して代償金を支払う等，工夫が必要である。また，代償金を受領する側の相続人としては，万が一事業承継型M&Aがクローズしないリスクも想定されることから，早期の決済を求めることが多く，遺産分割に当たってはその点を考慮する必要がある。なお，共同相続人のみで遺産分割協議が調わない場合には，調停・審判によって分割の内容を決することも可能であるが（民法907②），特に審判では，他の遺産の状況や評価によっては株式が分散する結果となる可能性もあり，不確実性が残る。

他方で，事業承継型M&Aに反対する理由が経済的な理由ではなく対象会社株式を保有し続けたいというものである場合，事業承継型M&Aを希望する相続人が株式を相続する旨の遺産分割協議を成立させて事業承継型M&Aを実行することは困難となる。

2 生前贈与又は遺言がある場合の取扱い

(1) はじめに

上記のように，オーナーに相続が生じ，株式が共同相続となった場合，共同相続人の関係性によっては対象会社の株式の権利行使や株式譲渡に関して大きな障害が生じ得る。かかる障害を回避するため，オーナーとしては，株式の生前贈与，又は遺言を作成して特定の相続人に対し株式を遺贈して，株式を単独で承継させることも考えられる。もっとも，その場合には別途遺留分に注意する必要がある。以下では，前記1(1)の事例において，オーナーが，子の丙に対してA社株式のすべてを遺贈したケースを基に，遺留分について解説する。

(2) 遺留分

(a) 遺留分の概要

被相続人は，その所有する財産を自由に使用収益し，処分できる権利があるため，相続人以外の第三者に全財産を遺贈したり，複数の相続人のうちの１人だけに全財産を承継させることもできる。しかし，その一方で，相続人の生活保障や相続期待権の保護の観点から，相続財産の一定割合を遺留分として相続人に付与する遺留分制度が設けられている[2]。

遺留分の割合は，直系尊属のみが相続人である場合には，被相続人の財産の３分の１，それ以外の場合には被相続人の財産の２分の１とされている（民法1042①）。兄弟姉妹には遺留分はなく，その代襲者である甥や姪にも当然に遺留分は与えられない。

前記1(1)の事例では，オーナー甲の相続につき，配偶者乙の相続分は２分の１，丙・丁の相続分がそれぞれ４分の１であることから，配偶者乙は１／２×１／２＝１／４，子である丙・丁は１／４×１／２＝１／８の遺留分を有することになる。

2 このように，遺留分は相続人の生活保障等の観点から設けられている制度であるため，相続放棄，相続欠格，相続廃除により相続人でなくなった場合には，遺留分も当然に失われることになる。

(b) 遺留分の算定方法

遺留分を算定するための基礎となる被相続人の財産（遺留分算定の基礎財産）は，以下の算式により求められる。

> 遺留分を算定するための財産の価額＝
> ＋（相続開始時における被相続人の積極財産の額）
> ＋（第三者に対する生前贈与の額〔原則として１年以内のもの〕）
> ＋（相続人に対する生前贈与の額〔原則として10年以内のもの〕）
> －（被相続人の債務の額）

生前贈与は，相続開始前１年以内にされたものに限り，遺留分算定の基礎財産に加算されるが，相続人に対する生前贈与については，相続開始前10年以内にされたものまで遡って加算される。また，不相当な対価で有償譲渡が行われた場合には，各当事者が遺留分権利者に損害を与えることを知っていたものに限り，その譲渡した財産の価額と対価の差額相当額が遺留分算定の基礎財産に加算される（民法1045）。

平成30年度改正前民法下では，判例法理により相続人に対する特別受益は，期間の制限なく遺留分算定の基礎財産に加算するとされていたが（最判平成10年３月24日民集52巻２号433頁），現行法では10年間に限り加算することを明確に規定された（民法1044③）。もっとも，当事者の双方が，遺留分権利者に損害を与えることを知って贈与したときは，期間の制限なく，過去に行われた生前贈与の価額が遺留分算定の基礎財産に加算される点に注意を要する（この点は平成30年度改正前民法における取扱いから変更はない）。

実務上問題となり得るのは，「損害を与えることを知って」いたことの意義である。判例では，「当事者双方において贈与当時財産が残存財産の価額を超えることを知っていたのみならず，将来相続開始までに被相続人の財産に何らの変動もないこと，少なくともその増加のないことを予見していた事実があることが必要」であると解されている（大判昭和11年６月17日民集15巻1246頁）。

また，遺留分算定の基礎とされる財産の価額は，相続開始時を基準に算定されると解されている（最判昭和51年３月18日民集30巻２号111頁）。つまり，被相続人の相続財産は相続開始時の時価で評価されることと同様に，生前贈与された財産についても，贈与時の時価ではなく，相続開始時の時価により評価されることになる。この点は，相続税における相続時精算課税制度[3]と異なるため，注意が必要である。

なお，遺留分侵害に関し非上場株式の「価額」について争われた裁判例が採用する株式の評価方法は様々である。例えば，東京地判平成27年４月24日文献番号2015WLJPCA04248010は，時価純資産価額法とDCF法の平均値を，東京地判平成27年２月４日文献番号2015WLJPCA02048020は，簿価純資産価額と配当還元方式を参考にした方式を概ね２：１の割合で考慮した金額を，それぞれ株式の価額と認定している。

他方，「経営承継法における非上場株式等評価ガイドライン」においては，経営承継円滑化法における遺留分算定の固定合意（下記(b)）に係る非上場株式の評価方法として，①収益方式（収益還元方式，DCF法，配当還元方式），②純資産方式，③比準方式（類似会社比準方式，類似業種比準方式，取引事例方式），④国税庁方式（財産評価基本通達評価方式），⑤これらの併用方式を紹介している。

(b) 遺留分侵害額請求

遺留分権利者は，受遺者又は受贈者に，遺留分侵害額に相当する金銭の支払を請求することができる（民法1046①。遺留分侵害額請求権）。遺留分侵害額の計算は，次のとおりである。

遺留分侵害額＝
　＋（遺留分）
　－（遺留分権利者の特別受益の額※）
　－（遺留分権利者が遺産分割において取得すべき財産の価額）
　＋（遺留分権利者が相続によって負担する債務の額）
※特別受益の額：遺贈又は生計の資本等として生前贈与を受けている場合の額

平成30年度改正前民法においては，遺留分権者には，遺留分侵害額請求権ではなく，遺留分減殺請求権という権利が認められていた。遺留分減殺請求権が行使されると，原則として，金銭の支払義務が生じるのではなく，相続財産そのものについて共同相続人間での共有となるため，権利関係が複雑になるという問題が生じていた。特に，事業承継の局面では，相続財産に株式が含まれていると，遺留分減殺請求権の行使により，後継者と遺留分権利者とのあいだで当該株式が共有となり，円滑な承継が阻害されるという問題が指摘されていた。

そこで，現行法では，遺留分権利者は，遺留分侵害額に相当する金銭の支払を請求できるとされ，遺留分義務者が支払請求に即座に応じられない場合の遺留分義務者の保護規定として，その支払について，裁判所が相当の期限を設けることができるという規定が置かれている（民法1047⑤）。これにより，遺留分減殺請求とは異なり，当然に株式に共有関係が生じるということはなくなった。

もっとも，後継者（丙）に他にみるべき財産が存在しない場合に，他の相続人から遺留分侵害額請求を受けた場合には，株式を代物弁済することにより弁済するしか方法がないことも一応は考えられる。このような場合にあっては，（共有にはならないにせよ）株式の一部が他の相続人の所有となることとなり，株式の分散が生じることとなる。

このような場合に備え，遺留分侵害の対策としては，以下のような方法があり得る。

①　オーナーに株式の他に十分な資産が存在する場合には，株式を相続しない相続人に対し十分な資産を贈与又は遺贈し，遺留分侵害が生じないようにする。

3　相続時精算課税の制度とは，原則として60歳以上の父母又は祖父母から，20歳以上の子又は孫に対し，財産を贈与した場合において選択できる贈与税の制度であり（相法21の２），その贈与税の額は，贈与財産の価額の合計額から，複数年にわたり利用できる特別控除額（限度額は2,500万円である。ただし，前年以前において，すでにこの特別控除額を控除している場合は，残額が限度額）を控除した後の金額に，一律20％の税率を乗じて算出される。相続時精算課税に係る贈与者が亡くなった時に，それまでに贈与を受けた相続時精算課税の適用を受ける贈与財産の価額（贈与時の価額）と相続や遺贈により取得した財産の価額とを合計した金額を基に計算した相続税額から，すでに納めた相続時精算課税に係る贈与税相当額を控除して算出することになる。

②　株式を相続しない相続人に遺留分の放棄をしてもらう。
③　経営承継円滑化法に基づく合意（除外合意や固定合意）[4]を行う。

しかし，遺留分の放棄は，家庭裁判所の許可が必要であり（民法1049），かつ，許可の要件として，①本人の自由意思に基づくこと，②放棄の理由に合理性・必要性があること（代償措置があることも含む）が要求されるため，それなりにハードルは高い。また，経営承継円滑化法についても，手続が複雑であり，かつ，相続人全員の同意が必要であることから（経営承継円滑化法４①），利用は進んでいない。

このように，遺留分侵害自体を解消することは困難である。したがって，遺留分侵害の問題に対処する１つの方法として，事業承継型M&Aによって株式をまとめて現金化し，遺留分侵害額請求がなされた場合の支払に充てることは有用な手段であると思われる。

3　その他の問題

さらに，オーナーがM＆Ａの手続中に死亡した場合，対象会社が弔慰金や死亡退職慰労金を支給するかという点も問題となる。対象会社からキャッシュ・アウトが生じるため，買主との間で支給の有無及び金額を調整する必要がある。また，オーナー系企業においては，対象会社を保険契約者兼保険金受取人，オーナーを被保険者として保険を掛けている例もしばしばみられる。対象会社が保険金を受け取る場合には，対象会社の企業価値にも影響するため，この点も買主との調整が必要となる。

4　「除外合意」とは，オーナーが前オーナーからの贈与等により取得した特例中小企業者の株式等の全部又は一部について，その価額を，遺留分を算定するための財産の価額に算入しないという合意をいう（経営承継円滑化法４①一）。「固定合意」とは，オーナーが前オーナーからの贈与等により取得した特例中小企業者の株式等の全部又は一部について，遺留分を算定するための財産の価額に算入すべき価額を当該合意の時における価額に固定する合意をいう（経営承継円滑化法４①二）。

第３節　相続税上の問題

オーナーに相続が発生した場合，相続人は，相続税を申告納付する必要がある。本節においては，相続税額を計算する際の基礎となる株式評価のポイント及び相続した株式を売却し，又は，会社が自己株式として取得する際の相続税の特例について説明する。さらに会社から，オーナーの死亡により相続人等が弔慰金や死亡退職慰労金の支給を受ける場合があるが，これらの支給について相続税の取扱いについても説明する。

1　株式の評価実務

相続税及び贈与税において，株式及び株式に関する権利は，実務上，財産評価基本通達に基づいて評価されており，①上場株式，②気配相場等のある株式，③取引相場のない株式，④株式の割当てを受ける権利，⑤株主となる権利，⑥株式無償交付期待権，⑦配当期待権，⑧ストックオプション，⑨上場新株予約権の区分に従い，それらの銘柄の異なるごとにその１株又は１個ごとに評価することとされている（財産評価基本通達168)。

(1)　時価の意義

相続税及び贈与税の課税価格の計算の基礎となる財産の価額は，相続税法22条において「当該財産の取得の時における時価による」としか定義されておらず，実務上は財産評価基本通達に依拠している。財産評価基本通達１(2)では時価の意義につき，以下のとおり定めている。

> （時価の意義）
>
> 財産の価額は，時価によるものとし，時価とは，課税時期（相続，遺贈若しくは贈与により財産を取得した日若しくは相続税法の規定により相続，遺贈若しくは贈与により取得したものとみなされた財産のその取得の日又は地価税法第２条《定義》第４号に規定する課税時期をいう。以下同じ。）において，それぞれの財産の現況に応じ，不特定多数の当事者間で自由な取引が行われる場合に通常成立すると認められる価額をいい，その価額は，この通達の定めによっ

て評価した価額による。

前半部分は，いわゆる「客観的交換価値」を意味しており，時価の意義としては判例や学説において広く支持されているものである。

その一方で，全ての財産について，納税者が何の指針もなく客観的交換価値を算定することは極めて困難であり，課税実務上は，財産評価基本通達の定めに従って，画一的に時価を算定することは一定の合理性があるといえる。しかし，この財産評価基本通達に基づく評価の適法性については，納税者と税務当局の間で幾度となく紛争が生じている（後記**第８章**参照）。税務通達は行政組織内の職務命令に過ぎず，税務職員に順守義務を課すものであり[5]，納税者を直接的に拘束するものではないものの，税務通達が税務職員に順守義務を課す以上，納税者が税務通達とは異なる税務処理を行った場合には，税務職員はその税務処理を是正する義務を課されており，その意味で，税務通達は納税者を間接的に拘束しているともいえる。この点，多くの裁判例は，財産評価基本通達の定めにより画一的に規定することの意義について，①納税者間の課税の公平，②納税者の便宜，徴税費用の節減の見地から合理的であると判示している。

⑵　取引相場のない株式の評価

取引相場のない株式（以下，「非上場株式」という）は，その評価について困難な問題を生じやすい財産の１つである。非上場株式について財産評価基本通達は，178から189-7において原則的評価方法を定めている。原則的評価方法は支配株主の株式を評価する方法であり，支配株主以外については，同通達188から188-2において，特例的評価方法が定められており，これを株式評価として用いることが認められている（具体的な内容については，**第１章第２節２⑴⒝㈠(i)**参照）。

原則的評価方法による非上場株式については，「類似業種比準方式」や「純資産価額方式」などを用いて評価を行うこととされている。具体的な方法は，

5　国家公務員法98条１項は，「職員は，その職務を遂行するについて，法令に従い，かつ，上司の職務上の命令に忠実に従わなければならない」と規定している。

取引金額，総資産価額，従業員数に基づく会社規模により，大会社，中会社，小会社の区分ごとに細かく定められている。

実務上，類似業種比準方式を適用する場合には，純資産価額方式を適用する場合に比べて，評価額が低くなることが多いという点が重要である。過去に，かかる評価方法の差異を利用して株式評価額を圧縮することによる相続税回避策が行われたこともあり，保有している資産に著しく偏りがある会社や，特殊な経営状況にある会社については，別途，特別な評価方法が定められている。

そのような定めの中でも，実務上その適用がしばしば問題となるのが，株式等保有特定会社（課税時期における資産の評価額の合計額のうちに占める株式等の合計額の割合が50％以上である評価会社）に関するものである。株式等保有特定会社の株式は，原則として純資産価額方式によって評価されるため，株式等保有特定会社に該当すると，株式の評価額が高くなり，結果的に相続税の負担が重くなる。

また，支配株主以外の株主等が取得した株式については，前述の特例的評価方法である配当還元方式で評価することができる。この点，一定の同族株主で，その取得後の株式数がその会社の発行済み株式数の５％未満である者の株式の評価についても，例外的に配当還元方式を適用することとしており，かかる規定は，裁判例においても承認されている。配当還元方式を用いる場合は，通常，株式の評価が非常に低くなるため，実務上は，配当還元方式を用いることができるか否かが重要な意味を持つことが多い。

以上のように，株式の評価については，財産評価基本通達が様々な定めを置いており，うまく利用することにより株式の評価額を下げることも可能であるものの，不当に相続税の負担を軽減するようなスキームを利用すると否認される場合があり得る。この点の詳細については，後記**第８章**参照。

２　相続後に株式を売却・自己株式取得する場合の課税の特例

相続した株式が非上場株式の場合，相続税の納税資金を確保するために売却しようとしても（相続税の納付期限は，原則として相続開始から10か月以内），早期に第三者に対して売却することは容易ではないため，対象会社による自己株式の取得によって相続人が納税資金を調達する方法が検討されることもある。

通常，個人が発行会社に対して株式を譲渡した場合，原則として，株式を譲渡した株主に対してみなし配当課税が生じ，みなし配当は総合課税となることから累進課税により最高税率55.945%（地方税含む）で課税される。

しかし，相続により取得した株式の場合には，以下の自己株式の取得に対する課税の特例及び相続税の取得費加算制度があるため，税負担が軽減され，納税資金を確保しやすくなる。

(1)　みなし配当に係る課税の特例

(a)　概　要

相続又は遺贈により財産を取得して相続税を課税された個人が，相続した非上場株式を相続開始日の翌日から３年10か月以内に発行会社に対して譲渡した場合には，その個人が株式の譲渡の対価として発行会社から交付を受けた金銭の額が，その発行会社の資本金等の額のうちその譲渡株式に対応する部分の金額を超えるときであっても，その超える部分の金額について，みなし配当課税は行われず，その全てが株式の譲渡所得として取り扱われる（措法９の７，措令５の２）。このため，この特例の適用を受ける場合には，譲渡所得の金額に対して20.315%（地方税含む）の税率で課税されるにとどまる。

なお，この特例の適用を受けることができる個人は，相続又は遺贈により相続税を課税された個人とされており，譲渡する個人に納付すべき相続税額がない場合にはこの特例の適用を受けることができない点に注意が必要である。

(b)　適用手続

特例の適用を受ける個人は，その非上場株式を発行会社に譲渡する時までに「相続財産に係る非上場株式をその発行会社に譲渡した場合のみなし配当課税の特例に関する届出書（譲渡人用）」を発行会社を経由して，発行会社の本店又は主たる事務所の所在地の所轄税務署長に提出する必要がある（措令５の２②）。この届出書が譲渡する個人から発行会社に提出された場合には，発行会社が受け付けた時に，発行会社の本店又は主たる事務所の所在地の所轄税務署長に提出されたものとみなされる（措令５の２⑤）。

当該発行会社は「相続財産に係る非上場株式をその発行会社に譲渡した場合

のみなし配当課税の特例に関する届出書（発行会社用）」を，その譲り受けた日の属する年の翌年１月31日までに「相続財産に係る非上場株式をその発行会社に譲渡した場合のみなし配当課税の特例に関する届出書（譲渡人用）」とあわせて本店又は主たる事務所の所轄税務署長に提出し，この届出書の写しを作成し，５年間保存しなければならない（措令５の２③④，措規５の５②）。

⑵　相続財産を譲渡した場合の取得費の特例

⒜　概　要

株式の譲渡による譲渡所得金額を計算するにあたり，譲渡所得課税の特例として，相続開始日の翌日から３年10か月以内に相続により取得した株式を譲渡した場合には，相続税額のうち譲渡する株式に対応する部分の金額として以下の算式により計算した金額を，その株式の取得費に加算して譲渡に係る収入金額から控除することができる（所法33・38，措法39，措令25の16，措規18の18）。これにより，譲渡所得税の計算上，課税所得が圧縮されることとなり税負担が抑えられる。なお，取得費に加算される金額はこの加算をする前の譲渡所得金額が限度となる。

（算　式）

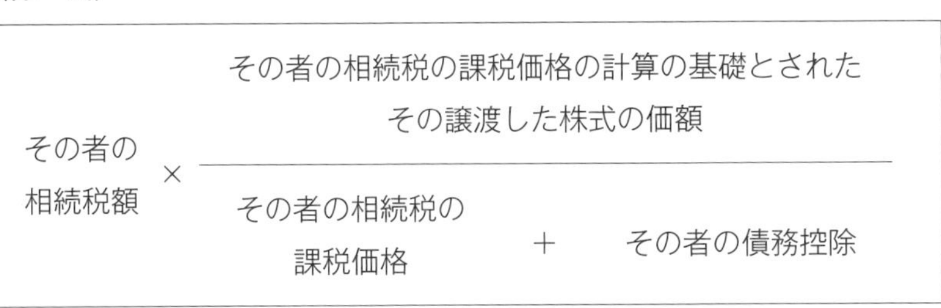

なお，本特例は，自己株式の取得のみならず，土地，建物，株式などの財産を，相続開始日の翌日から３年10か月以内に譲渡した場合に，相続税額のうち上記の算式により計算した金額を譲渡資産の取得費に加算することができる。したがって，オーナーの相続開始後，相続人が事業承継型M&Aにより第三者に対して対象会社株式を譲渡した場合においても，期間要件等の要件を満たすと，本特例を適用することができる。

(b)　適用手続

相続財産を譲渡した場合の取得費の特例を受けるためには，相続財産の取得費に加算される相続税の計算明細書，譲渡所得の内訳書（確定申告書付表兼計算明細書【土地・建物用】）や株式等に係る譲渡所得等の金額の計算明細書などを添付した確定申告書を提出する必要がある（措法39②）。

3　その他の問題

オーナーの死亡により，相続人が会社から死亡退職慰労金や弔慰金の支給を受けることがある。死亡退職慰労金や弔慰金は，被相続人の本来の相続財産ではないが，死亡退職慰労金及び弔慰金のうち一定の金額は相続税法上，相続財産とみなして相続税の課税対象とされている（相法３①二）。

(1)　被相続人の死亡により相続人等が受ける退職手当金等・弔慰金等

(a)　退職手当金等

被相続人の死亡により相続人その他の者がその被相続人に支給されるべきであった退職手当金，功労金その他これらに準ずる給与（以下「退職手当金等」という）で，被相続人の死亡後３年以内に支給が確定したものの支給を受けた場合には，当該退職手当金等は相続財産とみなされて相続税が課税される（相続税法３①二）。

(b)　弔慰金

被相続人の死亡により相続人その他の者が弔慰金，花輪代，葬祭料等（以下「弔慰金等」という）を受けた場合には，実質的に退職手当金等に該当すると認められるものを除き，次に掲げる金額は弔慰金等として相続税は課税されず，超える部分の金額は退職手当金等に該当するものとして扱う（相基通３－20）。

業務上の死亡の場合：被相続人の死亡当時の賞与以外の普通給与の３年分
業務上の死亡でない場合：被相続人の死亡当時の賞与以外の普通給与の半年分

(c)　非課税金額

上記(a)の退職手当金等又は(b)で退職手当金等とみなされる金額のうち，相続人が受け取ったものについては，次の算式により計算した部分の金額は非課税とされ相続税は課税されない（相法12①六）。

非課税限度額＝500万円×法定相続人の数

第4節　まとめ

オーナーに相続が発生すると，相続人は，相続税を納付する原資を調達する必要があること，対象会社の経営に興味がないこと等の理由から，事業承継型M&Aを検討することがある。その場合には，民法及び相続税法など，法務・税務の観点からストラクチャーを構築する必要がある。一般的には，遺産分割により，オーナーの配偶者等，オーナーの相続人の中でも中心的な相続人に対象会社株式を集約した上，対象会社に自己株式として取得してもらうことにより，他の相続人に対する代償金や相続税の納付資金を調達することが有力な選択肢になろう。

第3章

組織再編成を利用した事業承継型M＆A

第1節　事業承継型M&Aと組織再編成の利用可能性

一般的なM&Aにおいては，株式譲渡のみならず，事業譲渡や組織再編成（吸収合併，会社分割，株式交換，株式移転又は株式交付[1]）など，ビジネス・法務・税務・会計の観点から，様々な手法が利用されている。

手法	特　徴
事業譲渡	対象会社の事業の全部又は一部を買主に譲渡する。
吸収合併	対象会社の有する資産・負債の全てを買主に承継させ，対象会社の法人格は消滅する。
吸収分割	対象会社の全部又は一部の事業を買主に承継させ，対象会社の法人格は存続する。 分社型分割は，分割により現金その他の資産（対価）が分割会社に交付され，分割型分割は，当該対価が分割会社から分割会社の株主に分配されるものをいう（詳細は後記第2節1参照）。
株式交換	対象会社の全株式を買主に取得させ，対象会社を買主の完全子会社とする。
株式移転	対象会社と買主を完全子会社とする会社を設立する。
株式交付	対象会社の株式の一部を買主に取得させ，対象会社を買主の子会社とする（対象会社の株主に交付される対価は買主の株式）。

事業譲渡や組織再編成は，株式譲渡と異なり，会社法上の手続を行うことにより，株主の個別の同意を得ることなく，対象会社の事業を承継させることが

可能である。また，一定の要件を満たすと，税制適格の組織再編成として，対象会社や株主の課税が繰り延べられる。

しかし，事業承継型M&Aにおいて，通常，事業譲渡や組織再編成を用いるストラクチャーは採用されることは少ない。理由は次のとおりである。

まず，事業承継を考えているオーナーは，事業承継型M&Aにより現金を取得したいと考えるのが一般的であり，対象会社株式の代わりに買主の株式を取得することを望むことはほとんどない。そこで，組織再編成の対価は現金とならざるを得ず，対価全部を現金とすることができない株式移転や株式交付は採用されることはない[1]。また，組織再編成の対価が現金である場合，税務上，税制適格の組織再編成に該当せず，対象会社で課税が生じることになる。さらに，吸収合併や分割型分割の場合，対象会社の株主であるオーナーは対象会社株式の代わりに対価として現金を取得することになる。その場合，オーナーには，配当所得が生じ（所法25①一・二），単純な株式譲渡による譲渡所得よりも税負担が重くなる可能性が高い。また，事業譲渡に関しても，対象会社に対して課税が生じることに加えて，対象会社が取得した事業譲渡の対価をオーナーに対して配当する場合には，配当所得となり，やはり単純な株式譲渡よりも税負担が重くなる可能性が高い。

他方で，買主側としても，組織再編成を利用する場合，会社法上の債権者異議手続などを経る必要があるため，取締役会での意思決定から効力発生まで１か月半程度を要する。

したがって，事業承継型M&Aにおいて，事業譲渡や組織再編成が選択されることは少ない。但し，事業再生の局面では，対象会社が繰越欠損金を有しており，かつ，株式がほぼ無価値であることから，オーナー及び対象会社の税務の問題は原則として生じず，早期の事業承継を目指して事業譲渡が選択されることもある。この点については，**第２部第７章第５節３**を参照。

1　令和３年３月１日に施行された改正会社法（「会社法の一部を改正する法律」〔令和元年法律第70号〕）により，会社法上の組織再編成行為として新設された制度である。なお，税法上，株式交付は，合併，分割，株式交換等の組織再編成とは別の行為類型として規定されている。

【図表２－３－１　株式譲渡と組織再編成の法務・税務上の違い】

	株式譲渡	組織再編成
法　務	✓会社法上の組織再編成の手続は不要 ✓契約条件を当事者間で自由に設定できる ✓対象会社を完全子会社化するには，株主全員の個別の同意が必要	✓会社法上の組織再編成の手続が必要 ✓契約条件を当事者間で自由に設定しにくい ✓対象会社を完全子会社化するためには株主全員の個別の同意は不要
税　務	✓オーナーは株式に係る譲渡所得として，20.315％（地方税含む）の分離課税となる ✓対象会社に課税は生じない	✓組織再編成の対価をオーナーが取得する場合，配当所得として総合課税となる ✓現金対価の場合に，対象会社に課税が生じる

しかし，例外として，会社分割と株式譲渡を組み合わせた，いわゆるカーブアウト型のストラクチャーについては，事業承継型M&Aにおいても利用される可能性がある。一部のカーブアウト型ストラクチャーの場合，会社分割が税制適格の組織再編成に該当し，対象会社に課税が生じない場合があることに加えて，株主であるオーナーも株式譲渡の税メリットを享受することが可能である。

そこで，以下，会社分割と株式譲渡を組み合わせたカーブアウト型のストラクチャーについて解説する。

第２節　カーブアウト型ストラクチャー

カーブアウト型ストラクチャーは，会社分割と株式譲渡の組合せであることから，以下では会社分割の法務・税務上のポイントを解説した上で，カーブアウト型ストラクチャー固有の注意点について説明する。

1　会社分割の法務・税務上のポイント

(1)　会社分割の特徴と種類

会社分割とは，株式会社がその事業に関して有する権利義務の全部又は一部を分割後他の会社に承継させる手法をいう（会社法２二十九）が，そのうち，承継先の会社が新設会社ではなく，既存の会社である場合を「吸収分割」という（他方，株式会社がその事業に関して有する権利義務の全部又は一部を新設会社へ承継させる場合は，「新設分割」という）。

そして，会社分割は，分割対価を分割会社の株主に分配するかという観点から，さらに２つの類型に分かれる。

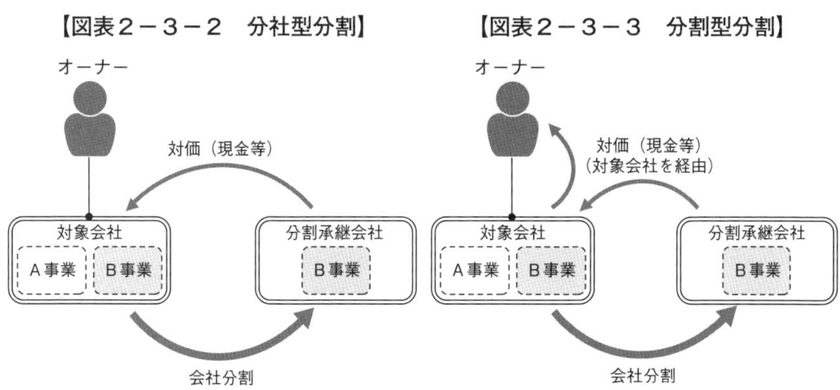

上の**図表２－３－２**は，Ａ事業とＢ事業を営む対象会社（分割会社）が，そのうちＢ事業のみを吸収分割により切り出して買収会社（分割承継会社）に承継させ，買収会社が，その対価として現金その他の資産を対象会社に交付するというケースである。このように，分割により現金その他の資産が分割会社に交付される吸収分割は，一般的に分社型分割又は物的分割と呼ばれる（会社法758）。

これに対し，上の**図表２－３－３**は，対象会社（分割会社）が，買収会社から受け取った現金その他の資産を，対象会社の株主に分配するケースである（会社法758八ロ参照）。このように，分割により分割会社が受け取った現金その他の資産全てが，分割会社の株主に分配される分割を，分割型分割又は人的分割という。

分社型分割と分割型分割の違いは，特に税務面（課税関係）を検討する際に重要になる。すなわち，分社型分割は，分割対価を取得するのは対象会社（分割会社）であるため，課税関係を検討する上では，対象会社（分割会社）と買収会社（分割承継会社）という二者の課税関係を検討することになる。これに対し，分割型分割の場合は，分割対価を最終的に取得するのは対象会社の株主であるため，対象会社（分割会社），買収会社（分割承継会社），売主（分割会社の株主）という三者の課税関係を検討することになる。

(2) 法務上のポイント

会社分割を行う上での法務上のポイントについては，**図表２－３－４**のとおりである。

【図表２－３－４　会社分割の法務上のポイント】

内　容	ポイント
会社法上の手続	✓株主総会決議が必要 ✓債権者保護手続あり ✓反対株主の株式買取請求権あり
契約の相手方からの承諾の取得	✓原則として不要
労働者の承継	✓労働契約承継法等に基づく協議，通知が必要
対象会社の許認可の承継	✓原則として不可
事業の切り出し	✓分割契約において承継すべき財産・負債を特定することにより，事業の一部の承継が可能

会社分割では，前述のとおり，対象会社の事業の一部を切り出して，その一部のみを買収会社へ承継することができる点に特徴があるが，買収会社からみれば，対象会社の潜在債務の承継リスクを極力負わないよう，潜在債務を負っているリスクの少ない資産・負債のみを承継したいと考えることになる。したがって，承継対象をどの範囲にするかという点は，買収会社・対象会社間での

重要な交渉事由となる。

また，対象会社において，会社分割を行う場合，会社法上の手続に加え，労働承継法等の手続も行う必要がある点に注意が必要である。例えば，対象会社は，承継事業に主として従事する労働者（①）とそれ以外の労働者のうち買収会社に承継される労働者（②）に対して買収会社に承継されるか否か等につき個別に通知した上で，①の労働者のうち買収会社に承継されない労働者と②の労働者に対し異議申出権を与えねばならない（労働契約承継法２①・４③・５①）。また，上記の事前通知日までに，対象会社は，労働者全体（正社員・パートタイマーを問わない）の理解と協力を得るための手続として，労働組合又は労働者代表等と承継内容等につき協議することが求められ（労働承継法７，労働承継規則４，労働承継指針第２・４⑵ニ），当該協議後，対象会社は，当該労働者等に対し，買収会社（分割承継会社）の概要等を説明した上で，当該労働者等との間で，個別に当該労働者等に係る労働契約の承継の有無，承継するとした場合又は承継しないとした場合の当該労働者等が従事することを予定する業務の内容，就業場所その他の就業形態等について協議しなければならない（平成12年商法等改正法附則５条１項（平成12年５月31日法律第90号））。

さらに，対象会社が保有する許認可が会社分割により買収会社に承継されるかという点も注意が必要である。買収会社が対象事業に係る許認可を有する場合には問題とならないが，これに対して買収会社が新たに対象事業を展開する場合には，許認可を承継できるのか，買収会社で新たに許認可を取得するのかという点が問題になる。例えば，建設業法17の２条第３項は，一定の要件のもと，会社分割によって一般建設業の許認可を承継できることを規定している（その他，旅館業の許可も会社分割によって承継可能である〔旅館業法３の２①〕）。

⑶　税務上のポイント

会社分割を行う上での分割会社及び分割会社の株主の税務上のポイント（現金を対価とする税制非適格の会社分割）については，**図表２－３－５**のとおりである。

【図表2－3－5　会社分割の税務上のポイント】

内　容	ポイント
分割会社に対する課税	✓時価で譲渡したものとして，資産及び負債の譲渡損益に課税 ✓消費税は不課税
（分割型分割の場合）分割会社の株主に対する課税	✓みなし配当課税あり ✓株式に係る譲渡損益に課税

前述のとおり，分割対価である現金その他の資産の全てが対象会社の株主に直接に交付される分割型分割の場合では，分割会社，分割会社の株主及び買収会社の三者の課税関係を検討する必要がある。事業承継を行う局面において，分割会社及び分割会社の株主の課税関係を中心に，税務上のポイントを挙げると以下のようになる。

まず，非適格分割の場合，分割会社においては，買収会社に移転される分割会社の資産・負債を時価で譲渡したものとして，譲渡損益を認識することになる（法法62①第１文）。分割型分割の場合には，分割会社は，買収会社から対価を受領し，直ちに分割会社の株主に対してその対価を分配するものとして課税される（法法62①後段，法令122の15）。なお，会社分割は包括承継であるため，消費税は不課税となる。

分割会社の株主においては，分割会社の株主に交付される資産の価額のうち，分割会社の資本金等の額（法法２十六）に対応する金額を超える金額が，みなし配当とされ（所法25①二，法法24①二），個人株主においては原則配当所得として総合課税の対象となり，法人株主においては，受取配当等の益金不算入の適用対象となる（詳細は**第１部第４章第２節２⑵ⓑ**参照）。そして分割会社の株主において，分割対価として，現金等の交付を受けた場合は，分割会社株式を時価で譲渡したものとして譲渡損益が生ずることになる。この場合，交付を受けた現金等の価額からみなし配当の金額を減算した金額を譲渡対価として，譲渡損益が認識される（措法37の10③二，法法61の２①④）。

他方，**図表２－３－６**の税制適格の要件（法法２十二の十一，法令４の３⑤～⑧）を満たす場合，分割会社及び分割会社の株主に課税は生じない。しかし，事業承継型Ｍ＆Ａにおいては，上記のとおり，対価が現金であることが多く，その場合には，対価の要件を満たすことができず，税制非適格となる。

【図表２－３－６　税制適格の要件】

<table>
<tr><td rowspan="2">100%の出資関係（完全支配関係）がある場合</td><td>対価の要件</td><td>分割承継会社又はその直接又は間接の完全親会社株式以外の資産が分割会社の株主に交付されないこと（※）</td></tr>
<tr><td>株式継続保有要件</td><td>完全支配関係の継続が見込まれること</td></tr>
<tr><td rowspan="5">50%超100％未満の出資関係（支配関係）がある場合</td><td>対価の要件</td><td>分割承継会社又はその直接又は間接の完全親会社株式以外の資産が分割会社の株主に交付されないこと（※）</td></tr>
<tr><td>株式継続保有要件</td><td>支配関係の継続が見込まれること</td></tr>
<tr><td rowspan="3">分割事業に係る要件</td><td>分割事業に係る主要な資産及び負債が分割承継会社に移転すること</td></tr>
<tr><td>分割事業に係る分割直前の従業者の概ね80%以上に相当する数の者が分割承継会社の業務（(a)分割承継会社と完全支配関係にある会社の業務，又は，(b)分割後に行われる適格合併によって主要な事業が当該適格合併の存続会社に移転することが見込まれている場合における当該存続会社及び当該存続会社と完全支配関係にある会社の業務も含む）に従事することが見込まれること</td></tr>
<tr><td>分割事業が分割承継会社（(a)分割承継会社と完全支配関係にある会社，又は，(b)分割後に行われる適格合併によって主要な事業が当該適格合併の存続会社に移転することが見込まれている場合における当該存続会社及び当該存続会社と完全支配関係にある会社も含む）によって引き続き営まれることが見込まれること</td></tr>
</table>

共同で事業を営むための分割に該当する場合	対価の要件	分割承継会社又はその直接又は間接の完全親会社株式以外の資産が消滅会社の株主に交付されないこと（※）
	株式継続保有要件	交付を受けた分割承継会社株式又はその直接又は間接の完全親会社株式の全部を継続して保有することが見込まれる分割会社の株主が有する分割会社株式が，分割会社の発行済株式総数の80%以上であること （注１）分割会社の株主の数が50人以上である場合は，適用がない （注２）分割会社株主の全員が分割後に分割会社の株式を第三者に譲渡することを予定しているような場合であっても，適格要件を満たしうる
	分割事業に係る要件	分割事業と分割承継会社の事業が相互に関連すること
		分割事業とその事業に関連する分割承継会社の事業の規模が概ね5倍を超えないこと，又は，分割会社の役員等のいずれかと分割承継会社の特定役員（常務クラス以上）のいずれかとが，分割承継会社の特定役員となることが見込まれていること
		分割事業に係る分割直前の従業者の概ね80%以上に相当する数の者が分割承継会社の業務（(a)分割承継会社と完全支配関係にある会社の業務，又は，(b)分割後に行われる適格合併によって主要な事業が当該適格合併の存続会社に移転することが見込まれている場合における当該存続会社及び当該存続会社と完全支配関係にある会社の業務も含む）に従事することが見込まれること
		分割事業が分割承継会社（(a)分割承継会社と完全支配関係にある会社，又は，(b)分割後に行われる適格合併によって主要な事業が当該適格合併の存続会社に移転することが見込まれている場合における当該存続会社及び当該存続会社と完全支配関係にある会社も含む）において引き続き営まれることが見込まれること

	分割事業に係る主要な資産及び負債が分割承継会社に移転すること

（※）剰余金の配当等として交付される金銭（法法2十二の十一）と分割型分割により株主に交付すべき分割承継会社の株式に端数が生じる場合に，当該端数に応じて交付される金銭（法令139の3の2②）については，例外が認められており，株式買取請求権を行使した株主に支払われる金銭についても例外として認められると解される。

2　カーブアウト型ストラクチャーのポイント

(1)　カーブアウト型ストラクチャーが用いられる理由

カーブアウト型ストラクチャーは，典型的には，以下のような事例が挙げられる。

【事　例】

①　甲氏（個人であるオーナー社長）は，A社（分割会社）の株を100%保有している。

②　A社は，小売事業（コア事業）と不動産事業を行っているが，甲氏は自身の後継者がいないことから，A社の事業を第三者（買収会社）に売却しようと考えている。

③　もっとも，A社が不動産事業として管理している物件の1つに，甲氏の息子であるBが居住していることから，甲氏としては，不動産事業を残したままで，小売事業のみを買収会社に売却することを検討している。

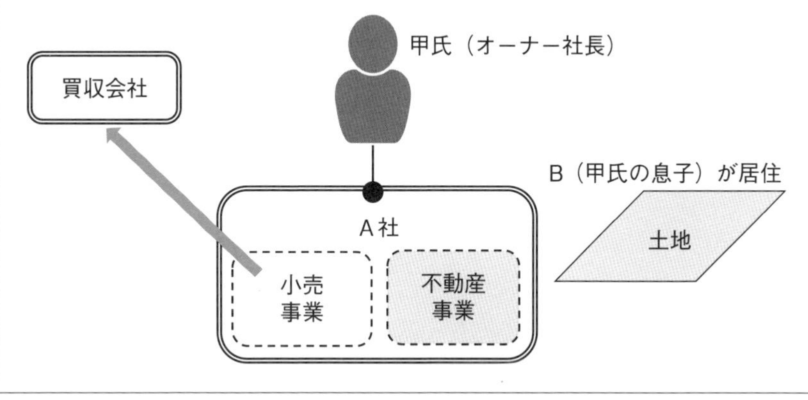

上記事例において，甲氏は，Ａ社を分割会社，買収会社を承継会社として，現金を対価として吸収分割により小売事業に関する権利義務を買収会社に直接承継させることも可能である。

しかし，会社分割は，甲氏及び買収会社にとって，**図表２－３－７**のようなデメリットがある。

【図表２－３－７　会社分割の主なデメリット】

甲氏（売主）のデメリット	①　吸収分割は税制非適格となるため，Ａ社において，小売事業に係る譲渡益に課税が生じる（但し，Ａ社に繰越欠損金がある場合や小売事業に係る譲渡損が生じる場合にはデメリットになりにくい）。 ②　Ａ社が甲氏に現金を配当する際に，配当所得として最高税率55.945％（地方税含む）の総合課税となる。
買収会社のデメリット[2]	①　法務上，事前開示の手続によって，分割条件（例えば，分割対価等）について株主又は債権者が閲覧可能となってしまう。 ②　買収会社側でも承継会社として株主総会決議，債権者保護手続や事前開示等の組織再編成手続の実施が必要となってしまう。

そこで，会社分割と株式譲渡を組み合わせるカーブアウト型ストラクチャーによって，対象会社と買収会社のニーズを満たすことができる。すなわち，カーブアウト型ストラクチャーを用いることにより，会社分割の手続はオーナー・対象会社側で完結させることができ（オーナー系企業であれば手続負担は重くない），契約上の諸条件は株式譲渡契約において定めることが可能となる。

また，カーブアウト型ストラクチャーのうち，一定のスキームを用いること

2　もっとも，買主は，資産調整勘定を計上した上，今後５年間で償却費を損金に算入することが可能であるため（法法62の８），税務上は有利になり得る。

により，会社分割を税制適格としつつ，オーナーが株式譲渡の税メリットを享受することができる。

(2) カーブアウト型ストラクチャーの種類

カーブアウト型ストラクチャーは，主要なものとして，以下の2つがある。

①分割型分割による方法	A社の兄弟会社として新会社B社を新設して，甲氏がA社かB社を買収会社に売却する。
②分社型分割による方法	A社の子会社として新会社B社を新設して，A社がB社を買収会社に売却する。

なお，上記について，それぞれ，吸収分割又は新設分割のいずれかを用いることができる。但し，承継対象の事業について許認可が必要になる場合は，新設分割では効力発生日に新設会社が必要な許認可を取得できないため，A社が，会社分割の前に100％子会社を設立した上で，当該100％子会社において許認可取得の準備を進め，当該100％子会社に承継対象事業を吸収分割にて承継させる方法が用いられる。

また，①のスキームに関し，買収会社に売却する事業又はオーナーに残す事業のいずれを会社分割で切り出すのか，という点が問題になり得る。この点については，後述のとおり，税制適格要件を満たすために，オーナーに残す事業を会社分割で切り出した上，分割会社株式を買収会社に対して譲渡することもある。

各スキームの概略は**図表2－3－8**のとおりである。

(3) ストラクチャー選択の視点

分割型分割と分社型分割のいずれを選択すべきかについては，法務・税務上の考慮が必要となる。

まず，税務について，分社型分割の場合，当該分割は，税制非適格となるが，他方で，分割型分割の場合には，税制適格となり得る。A社による会社分割が税制適格となるための要件は，甲氏がA社の発行済株式総数の全部を保有しているため，大要**図表2－3－9**のとおりとなる。

【図表２－３－８　カーブアウト型ストラクチャーの概略図】

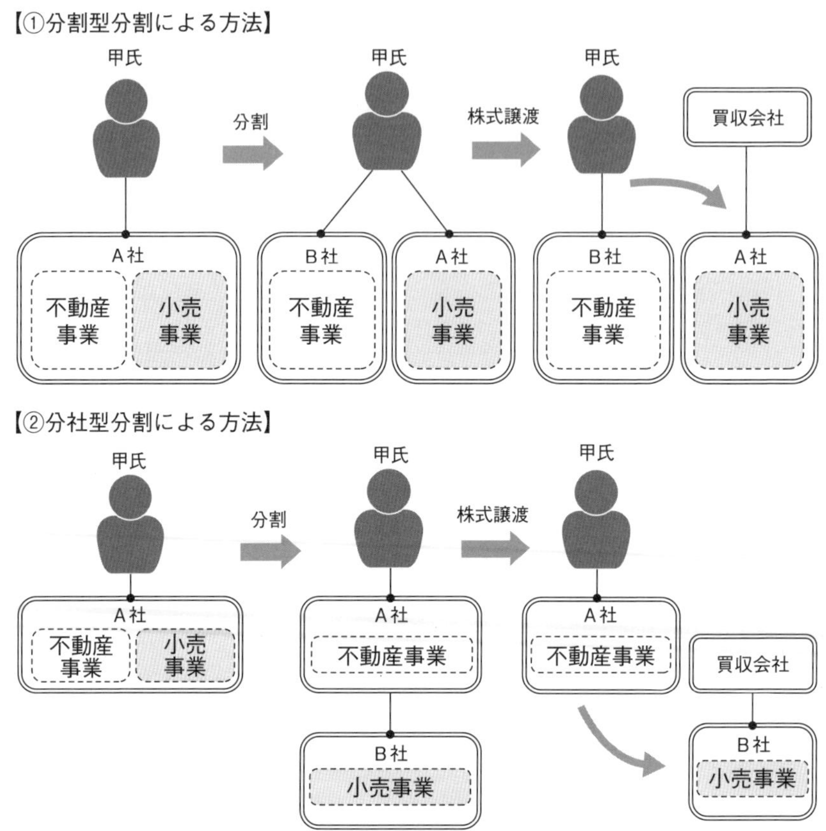

【図表２－３－９　会社分割が税制適格となるための要件】

対価要件	分割承継会社の株式のみが交付されること
株式継続保有要件	会社分割後に，甲氏によって分割承継会社が完全支配されている関係が継続することが見込まれていること

分社型分割の場合，分割会社であるＡ社は，分割後，買収会社に対して分割承継会社であるＢ社株式を譲渡することから，甲氏と分割承継会社であるＢ社との完全支配関係は失われる。したがって，分社型分割は，株式継続保有要件を満たさず，税制非適格となり，Ｂ社に承継された小売事業の譲渡損益に課税

が生じる[3]。さらに，A社が甲氏に対して買収会社から取得した金銭を分配する場合，甲氏には配当所得が生じ，最高税率55.945％（地方税含む）の総合課税となってしまう。

他方，分割型分割の場合，株式継続保有要件は，分割承継会社についてのみ完全支配関係が継続していればよいとされており，分割会社については，当該分割後に完全支配関係が消滅しても同要件を満たすことになる。そこで，A社において不動産事業のみをB社に切り出して，甲氏において，小売事業が残ったA社を買収会社に譲渡すれば，株式継続保有要件を満たすことができる。したがって，分割型分割は，税制適格となり，B社に承継された不動産事業の譲渡損益には課税が生じない。さらに，甲氏は，買収会社に対してB社株式を譲渡することから，株式に係る譲渡所得となり，20.315％（地方税含む）の分離課税となる。

以上のとおり，オーナーは，税務上の観点からすると，分割型分割を選択するメリットがあり，分割型分割のストラクチャーを提案することになる。

しかし，買収会社としては，株式の変遷における瑕疵もなく，また，潜在債務の承継がされていない新設会社株式（分割会社株式ではない）を取得したいニーズが強いという点を，オーナーは理解しておく必要がある。そのため，買収会社は，対象会社が承継対象事業を新会社に承継させた上，買収会社は当該新会社の株式を譲り受けるというストラクチャーを提案してくる可能性があり，どのようなストラクチャーを採用するかは，両当事者の間で議論となることが少なくない。

⑷　法務・税務上の注意点

カーブアウト型ストラクチャーにおいては，会社分割により事業の一部が切り出されるところ，承継させる事業と残る事業の切り分けをめぐって様々な問

3　但し，分割直後は，A社がB社の100％親会社となるため，グループ法人税制によって，いったん小売事業の譲渡損益は繰り延べられるが，A社によるB社株式の譲渡により，結果的に当該譲渡損益は認識されることになる（法法61の13①③）。なお，A社がB社株式を譲渡する際の課税については，A社において，B社株式の帳簿価額は会社分割時の時価となるから（法令119①二十七他），分割直後にB社株式譲渡する場合，通常，譲渡損益課税は生じない。

【図表2－3－10　分社型分割と分割型分割の税務の比較】

	分社型分割	分割型分割
分割会社（A社）の資産・負債に係る譲渡損益課税	✓税制適格要件を満たせないため，譲渡損益課税が生じる	✓税制適格要件を満たすことが可能であり，その場合譲渡損益課税なし
甲氏に対する課税	✓A社において，法人税率（実効税率＝約34％）で課税。 ✓さらに，譲渡対価をA社から甲氏に還流（配当）する場合には，甲氏において配当課税（累進課税。最高税率55.945％（地方税含む））	✓個人によるA社株式の譲渡として，甲氏において譲渡益課税（20.315％（地方税含む）での分離課税）

題が発生する。その中でも特に，スタンドアローンイシュー（切り出された事業を単独で運営できるか）は，カーブアウト型ストラクチャーにおいて典型的に問題となる事項である。例えば，承継させる事業と残る事業の両方に関係するライセンス契約，取引先との契約その他の契約をどのように取り扱うか，同じ敷地で両方の事業が行われている場合の敷地の利用に関する権利関係等が問題となることは少なくない。

しかし，事業承継型M&Aにおいては，買収対象事業に不要な資産をオーナーに残すために会社分割が利用されることが多く，買収対象事業に必要な資産，契約等は全て買収対象事業に移管されるため，上記のようなスタンドアローンイシューが問題となることは少ない。

もっとも，カーブアウト型ストラクチャーを採用する事業承継型M&Aにおいても，以下のとおり気を付けるべき法務・税務上の注意点がある。

(a)　法務上の注意点

カーブアウト型ストラクチャーにおいては，対象会社が会社分割を行うため，会社分割における一般的な法務上の留意点があてはまる。例えば，**本章第2節**

1(2)に記載する，会社法上の手続，契約の相手方からの承諾の取得，労働者の承継，許認可の承継等がカーブアウト型ストラクチャーにおいても問題となる。

また，これ以外にも対象会社が，外部の金融機関から資金調達を行っている場合には，カーブアウトの内容次第では，当該金融機関との間の契約におけるコベナンツ条項に抵触する可能性がある点に注意が必要である。すなわち，対象会社が外部の金融機関から資金調達を行っている場合，金融機関との契約において，純資産額維持条項等の財務制限条項が規定されていることがあり，カーブアウトの結果，借入人たる会社においてかかる財務制限条項に抵触するおそれが生ずる。また，財務制限条項が存在しなくても金融機関との契約において，対象会社が組織再編成を行うことが制限されている場合がある。そのため，事前に売主側で金融機関との契約の内容について確認しておく必要がある。

(b)　税務上の注意点

まず，分割型分割を用いる場合には，買収会社側で連帯納付責任が問題となり得るという点が挙げられる。分割型分割が行われた場合，分割承継会社は，分割の効力発生日の前に納税義務が成立した分割会社の国税について，分割会社から承継した財産の価額を限度として，連帯納付責任を負う（国通法9の3，地法10の3）。すなわち，分割の効力発生前に，分割会社が税金を滞納している場合には，分割承継会社が当該税金を納付する義務を負うことになる。したがって，分割型分割で，分割承継会社株式を譲渡するストラクチャーを採用する場合，買収会社からは，分割承継会社が連帯納付責任を履行した場合には補償請求する旨の規定を設けるように要求される可能性がある。

次に，分社型分割を用いる場合には，買収会社側で第二次納税義務が問題となり得るという点に注意を要する（分割型分割を用いる場合であっても，買収会社に対して分割承継会社の株式を譲渡する場合は同様の問題が生じる）。

すなわち，事業譲渡の場合，国税徴収法上，特殊関係者や被支配会社から事業を譲り受けたような場合（国徴法38，地法11の7）や，無償又は著しい低額により事業を譲り受けた場合（国徴法39，地法11の8）においては，事業の譲受会社が第二次納税義務を負う可能性がある。そして，会社分割の場合も，会社分割による権利義務の承継が「事業の譲渡」に該当する場合には，上記の事業譲渡の場合と同様，分割承継会社が第二次納税義務を負うと解されている（徴基通38条関係９(4)）。

そして，国税徴収法38条の適用上，被支配会社の該当性判断は分割の時点とされている（徴基通38条関係１参照）。よって，上記の分社型分割を用いる場合には，分割承継会社（上記事例のＢ社）に分割会社（Ａ社）の滞納税金について第二次納税義務が生じることになる。また，その後の株式譲渡により株主に変更が生じたとしても，分割承継会社に生じた第二次納税義務は消滅しないと解されている（国税不服審判所平成25年６月５日裁決等）。したがって，Ｂ社は，Ａ社の滞納税金に関して第二次納税義務を負う可能性が生じてしまう。

それに加え，第二次納税義務については，通常の株式譲渡契約における表明保証条項では手当てできない点にも注意が必要である。第二次納税義務は，分割から１年以内に法定納期限を迎える税金も対象となっており，第二次納税義務が成立するのは，本来の納税義務者が滞納し，他の定める要件を充足した時と解釈されていることから（徴基通32条関係１），株式譲渡のクロージング日においては，分割承継会社に第二次納税義務は成立していないこととなる。したがって，「クロージング日において潜在債務がないこと」といった一般的な表明保証条項には違反しないことになる。また，仮に特別補償を設けたとしても，当該補償請求を行うような場合は売主であるＢ社は滞納税金が発生しているような状況であるから，補償請求による回収可能性は極めて低いことが通常であろう。

そこで，第二次納税義務が生じる可能性がある案件の場合には，買収会社から，そもそもこのようなストラクチャーを採用しないことや，売主の株主（甲氏）に第二次納税義務の点について連帯保証を求められることがある点も注意が必要である。

第4章

法務デューディリジェンス

第1節　デューディリジェンスの概要

1　買主によるデューディリジェンス

デューディリジェンスとは，M&A取引の実施にあたり，関連当事者が対象会社の価値，リスク，問題点等を調査・分析する手続をいう。一般的には，買主がM&A取引の検討段階で対象会社について行い，デューディリジェンスの結果に基づいて買収価格や契約条件の交渉が行われる。

なお，売主がM&A取引の検討段階で対象会社について行う場合もあり，これをセラーズ・デューディリジェンスというが，日本のM&A実務で実施されるケースは必ずしも多くはない（セラーズ・デューディリジェンスについては**第1部第3章第1節**参照）。

2　デューディリジェンスの種類

デューディリジェンスの対象には，対象会社の業種，M&A取引の性質等にかかわらず，一般的に行われるものとして，以下のものがある。

① 財務デューディリジェンス　対象会社の財務状態，業績，キャッシュフロー等の調査・分析で，監査法人や公認会計士によって実施される。
② 税務デューディリジェンス　対象会社及びM&A取引に伴う税務上のリスク等の調査・分析で，税理士法人や税理士によって実施される。
③ ビジネスデューディリジェンス　対象会社のビジネスモデルの調査，事業性・シナジー・リスク等の評価で，買主自ら又はM&Aアドバイ

ザーによって実施されることが多い。
④ 法務デューディリジェンス 対象会社及びM&A取引に係る法的問題点・リスクの調査・分析で，弁護士によって実施される。

その他，対象会社の業種や必要性に応じ，⑤人事（会社組織・人事制度・人件費等），⑥不動産（不動産の価値，権利関係，耐震性等），⑦知的財産（知的財産の価値，権利関係等），⑧環境（土壌汚染など環境上のリスク），⑨IT（ITシステム及びM&A取引に伴うリスク等），⑩個人データ（個人情報保護法制関連のリスク）等について，特にデューディリジェンスが行われることもある。

3 デューディリジェンスの目的

デューディリジェンスを行う目的としては，一般的に，以下のような目的が挙げられる。

① 対象会社の実態の把握

買主がデューディリジェンスにより対象会社の実態を把握することは，(i)対象会社の企業価値及び株式価値の算定その他M&A取引の契約条件を検討するために必要な情報の入手，(ii)M&A取引の実行に必要な手続の確認（例えば，株券交付の要否，独禁法上の株式取得の届出，チェンジ・オブ・コントロール条項に基づく同意取得等），(iii)M&A取引の実行を妨げる事実の確認等の観点から重要となる。

特に対象会社が非上場会社の場合，上場会社と異なり有価証券報告書等による財務情報の開示が行われていないため（会社法上義務とされている決算公告を行っている会社も少ない），買主が公開情報から対象会社の実態を把握することは難しく，デューディリジェンスによる対象会社の実態の把握が重要となる。

② 買主の取締役の善管注意義務

特に買主が上場会社である場合，対象会社の事業内容，M&A取引の規模等に照らして合理的なデューディリジェンスを実施することは，取締役の善管注意義務（会社法330，民法644）を履践するために重要となる。

取締役の善管注意義務については，意思決定の過程，内容に著しく不合理な点がない限り，取締役の善管注意義務に違反するものではないといういわゆる経営判断の原則（最判平成22年７月15日判タ1332号50頁）が存在するところ，経営判断の原則においては，一般に，行為当時の状況に照らし合理的な情報収集・調査・分析等が行われたか，及びその状況と取締役に要求される能力水準に照らし不合理な判断がなされなかったかを基準に判断される[1]。デューディリジェンスの実施は，合理的な情報収集・調査・分析等の一部を構成し，善管注意義務を履践するために重要となる[2]。

4　デューディリジェンスのプロセス・実施方法

(1)　プロセス・タイミング

デューディリジェンスを実施するタイミングとしては，通常，売主及び買主の間でM&A取引の実行に向けた秘密保持契約又は秘密保持条項を含む基本合意書（MOU〔Memorandum of Understandings〕，LOI〔Letter of Intent〕などとも呼ばれる）が締結された後，最終契約が締結される前に実施される。デューディリジェンスの過程においては，売主は，買主に対して多数の秘密情報を開示することになるため，デューディリジェンスの実施前に秘密保持契約（又は秘密保持条項を含む基本合意書）を締結することが必要である。

事業承継型M&Aにおけるデューディリジェンスのプロセスは，買主による資料要求及び書面質問に対して売主が資料開示や回答を行うという流れで行わ

1　江頭憲治郎『株式会社法』（有斐閣，第８版，2021年）493頁。

2　例えば，テーオーシー事件判決（東京高判平成28年７月20日金判1504号28頁）では，対象会社の新株発行の引受けにあたり，財務デューディリジェンスが実施されていることが善管注意義務違反を否定する一事情として考慮されている。また，ユーシン事件判決（東京地判平成23年11月24日判タ1402号132頁）では，対象会社との経営統合に向けたデューディリジェンスを実施したものの，後に経営統合が実現しなかったため，デューディリジェンスを実施したことについて取締役の善管注意義務違反の有無が問題になった事案において，経営判断の原則に照らし，取締役の善管注意義務違反が否定されている。

れ，必要に応じて対象会社の経営陣や実務担当者に対するインタビューや，対象会社の工場等を確認するサイトビジットも行われる。なお，資料の受け渡しについては，比較的規模の大きい案件においては，Web上のバーチャル・データルームにおいて電子ファイルをアップロードする方法で行われることが少なくないが，バーチャル・データルームが設置されない場合にはCD-ROMでの受け渡しや会議室における資料閲覧を認めるフィジカル・データルームの方法で行われることもある。

なお，売主がデューディリジェンスにおいて買主にどこまでの情報開示義務を負うかという点については，原則として，売主は，少なくとも買主に対して虚偽の情報を開示してはならない義務を負うが，私的自治の原則から，売主自ら積極的に情報を開示する義務は負わないとされる（大阪地判平成20年７月11日判時2017号154頁）。もっとも，当該裁判例においては，被買収企業は買収企業の調査に誠実に対応し，求められた事項について正確な情報を開示するなど可能な限り調査に協力すべきとされており，一般論として，売主としては，買主の情報開示の要請に対し，可能な限り協力すべきである[3]。

なお，事業承継型M&Aが入札形式で行われる場合には，１次入札においては，対象会社の概要や業績を記載したインフォメーション・メモランダム（IM〔information memorandum〕）のみを開示し，１次入札通過者に対してのみ，上記のデューディリジェンスの機会を与えることが多い。入札の場合には，買主候補者が多数存在するところ，全ての入札参加者に対してデューディリジェンスの機会を与えると対象会社の負担が大きくなることから，このような取扱いが行われる。

デューディリジェンスの所要期間としては，対象会社の規模が大きい場合やスケジュールに余裕がある場合には２，３か月にわたって実施されることもあるが，規模の小さい非上場会社のケースでは，数週間から１か月程度で実施することも可能である。

3　その他，売主が開示した財務の計画数値等により買主に対象会社の財務状況に関する認識が形成された後，実際の財務状況が当該認識を大幅に乖離することが明らかとなった場合，売主は買主の認識を是正する義務を負うとする裁判例として，東京地判平成15年１月17日判時1823号82頁がある。

(2)　売主からみた対応上の注意点

(a)　対象会社における情報の管理

M&A取引においては，最終契約締結まではM&A取引に関わる担当者を限定し，情報を管理することが一般的である。特に事業承継型M&Aの場合，売主であるオーナーが対象会社の役職員にM&A取引を検討していることを知られたくないとの思いから担当者を限定することも少なくない。

この点，自社がM&A取引により売却の対象となっていることを対象会社の役職員が知ると，役員の交代，労働条件の変更，リストラ等への懸念から社内に動揺が走り，役職員の士気の低下に繋がることは容易に想像される。そのため，情報共有を必要な範囲に限定することは重要である。

しかし，売主におけるデューディリジェンスへの対応においては，過去の社内資料の整理・開示など相応の事務負担があり，書面質問やインタビューにおける質問事項も技術的で細部にわたることも多いため，オーナーである売主のみで対応するのは現実的ではない。買主への資料の提出や書面質問への回答にスムーズに対応しないことが続くと，買主に不信感が生じ，M&A取引が成就しない可能性もある。そのため，財務，法務，総務など特に専門的・技術的な事項を把握している役職員を加えるなど必要十分な担当者を確保しておくことは重要である。それでもM&A取引を検討していることを知らせるのが適切でない役職員が買主からの資料依頼や書面質問に対応せざるを得ないケースがあるが，その場合には，例えば，内部監査や外部コンサルタントによるアドバイスのために情報が必要といった名目で部分的に対応させることも考えられる。

(b)　競業者たる買主への開示

買主が，対象会社と競合する事業を行う会社である場合，競業者たる買主に対する情報の開示方法には注意する必要がある。

この点，まず，買主が競業者である場合には競争法上のいわゆるガンジャンピング規制に気を付ける必要がある（ガンジャンピングについては**コラム7**参照）。

また，これに加え，デューディリジェンスの実施後にM&A取引が実施されないリスクにも注意する必要がある。対象会社の保有する情報は，競業者にとって経済的価値を有する情報である可能性があり，仮にM&A取引が実施されない場合，競業者がかかる情報を利用して競争上有利となる可能性がある。M&A取引が実施されない場合には，デューディリジェンスで買主に対して開示した情報は破棄又は返還され，秘密保持契約においては目的外使用も禁止されているが，買主の目的外使用を立証することは容易ではなく，また，救済方法も限定的である。

そのため，このような懸念がある場合には，開示する資料については一部黒塗りにしてマスキングを行う等の対応を検討せざるを得ないこともある。

Column７：競争法上のガンジャンピング規制とデューディリジェンス

競争法上のガンジャンピング規制とは，M&A取引の当事者が企業結合の効力発生前に，デューディリジェンスや企業結合後の準備として一定の情報交換をしたり，企業結合後の事業活動を考慮して相互に競争を回避する制約を課すことが，競争当局のクリアランス取得前に事実上企業結合の効果を得るという意味でガンジャンピング（フライング）として，競争法上の事前届出等の企業結合規制違反と捉えられることをいう。米国やEUではガンジャンピングで摘発された事例があり，M&A取引の当事者の市場シェア等にもよるが，特にクロスボーダーM&Aの場合には注意が必要である。

デューディリジェンスの関係では，クリアランス取得前に競争関係にあるM&A取引の当事者間で競争上センシティブな情報を交換することが問題となり得る。特にM&A取引が実行に至らなかった場合，交換した情報を元に戻すことは現実的に困難であることから，ガンジャンピングは未然に防ぐことが必要となる。そのため，交換する情報の競争上の重要度に応じて当該情報に触れる人員を制限する（いわゆるクリーンチームの組成），誰がどのような手続で情報を開示するか（重要度によっては外部の弁護士に開示の可否を照会してから開示することも考えられる）あらかじめ取り決めておく，いつどのような情報を交換したかを記録する，といった情報管理をデューディリジェンスに対応する役職員で共有しておくことが重要である。

(c)　個人情報が含まれる資料の取扱い

売主がデューディリジェンスにおいて買主に提供する情報の中に対象会社の従業員，取引先等の個人データ（個人情報を検索可能なように体系的に整理したデータ又は紙のファイルに含まれる個人情報〔個人情報保護法２条６項・４項〕）が含まれる場合，個人データの第三者提供を原則禁止している個人情報保護法上，かかる個人データを本人の同意なく買主に対して提供することが認められるかが問題になり得る（個人情報保護法23条１項）。

この点，合併，分社化，事業譲渡等により事業が承継されることに伴い，当該事業に係る個人データが提供される場合は，第三者提供に当たらないと定められている（個人情報保護法23条５項２号）。この第三者提供の例外には，事業の承継のための契約等を締結するより前の交渉段階で，買主から対象会社のデューディリジェンスを受け，売主が対象会社の個人データを買主へ提供する場合も含まれ，あらかじめ本人の同意を得る等の手続を経ることなく個人データを提供することができるとされている（個人情報の保護に関する法律についてのガイドライン（通則編・令和３年１月改正版）３－４－３。但し，個人データの利用目的及び取扱方法，漏えい等が発生した場合の措置，事業承継の交渉が不調となった場合の措置等，買主に安全管理措置を遵守させるために必要な契約を締結しなければならないとされている）。

もっとも，個人情報保護法23条５項２号は，「事業の承継」の場合についての規定であり，M&A取引の方法が株式譲渡である場合は，譲渡・承継の対象となるのが事業ではなく株式であることから，同号の対象ではないと解されている。そのため，株式譲渡の場合のデューディリジェンスにおいては，売主は，個人情報保護法の個人データに該当しない，又は買主への開示につき黙示の承諾があるといえる個人情報のみを買主に対して開示する等の対応を行うこともあり得る。

(d)　海外子会社の対応

対象会社が重要な海外子会社を有している場合は，海外子会社に対するデューディリジェンスが行われる。海外子会社のデューディリジェンスは，現地の会計士や弁護士の協力が必要となることから，日本におけるデューディリジェンスよりも費用や時間がかかることが少なくない。そこで，重要な海外子会社のみをデューディリジェンスの対象とし，重要性の低い海外子会社はデューディリジェンスのスコープから除外する対応も行われる。

海外子会社へのデューディリジェンスが実施される場合には，秘密保持の観点から，特に慎重な対応が求められる。海外子会社の資料は，現地の役職員が管理しており，また会社の実情も現地の役職員が把握しているのが通常であるが，売主は海外子会社の役職員にまでM&A取引の情報を共有することは想定していないことが少なくない。その場合に，いかにして海外子会社の資料を収集するか，また海外子会社へのインタビューをどのように実施するかが課題となる。情報管理を徹底する場合には日本に居住する海外子会社担当者がデューディリジェンス対応の窓口となって監査等の名目で海外子会社からの情報収集を行うことが考えられるが，海外子会社の規模が大きく，日本に所在する海外子会社担当者では情報を十分に収集できない場合には，現地の日本人駐在員や海外子会社の社長にM&A取引の情報を共有せざるを得ない。なお，国によっては海外子会社に会社秘書役（Company Secretary）が存在する場合があり（例えば，シンガポール，マレーシア，インド，フィリピン等），議事録等の会社の重要書類を会社秘書役が保管していることがある。会社秘書役業務は外部の専門業者に委託していることが少なくなく，その場合，これらの専門業者の協力も必要となる。

また，海外子会社が東南アジア等の新興国に所在する場合，デューディリジェンスの結果，許認可の取得漏れ，契約違反，労働問題，脱税その他重要な問題点が発見されることが少なくない。特に，日本の本社が海外子会社の管理を十分に行っておらず，海外子会社の経営を現地に任せているケースではこのような問題点が発見される傾向にある。このような問題点が発見されると，当該問題点が解消されるまではM&A取引が実行されず，また場合によってはM&A取引が中止されることもある。売主としては，海外子会社に対するデューディリジェンスの実施が予想される場合には，事前に自ら海外子会社の実情を確認し，問題点が発見されればその問題を是正する対応を行うことが望ましい。

(e)　デューディリジェンスの目的の理解

デューディリジェンスにおいては，買主のアドバイザーから，大量の資料要求及び質問が行われる。また，疑義がある点については，さらに資料の要求及び細かい質問がなされ，売主や対象会社の担当者にとって，これまでの対象会社の事業運営を否定されるかのように感じることもある。また，売主や対象会社の担当者は，通常の業務以外にデューディリジェンス対応業務をせざる得ないため，非常に多忙となり，時間的な余裕がなくなることが多い。

このように，デューディリジェンスの最中において，売主サイドで買主に対する感情的な反発が芽生えて，買主のアドバイザーとの間で対立することもしばしば見受けられる。しかし，買主のアドバイザーは，売主サイドに対する嫌がらせやことさら買収価格のディスカウントをする目的でデューディリジェンスを行っているものではなく，対象会社の各種リスクの把握や，買主の取締役の善管注意義務の観点から，深度を持ったデューディリジェンスを実施していることがほとんどである。したがって，状況に応じ資料要求や質問の趣旨や範囲を確認することが必要になることもある一方で，このような買主サイドのデューディリジェンスの目的を理解した上，感情的な対立が生じないように努めることも重要であろう。

5　法務デューディリジェンスにおける典型的な確認項目

法務デューディリジェンスにおける典型的な確認項目としては，**図表２－４－１**のものが挙げられる。但し，デューディリジェンスにおける調査の範囲や深度については，対象会社の業種，買主候補者の属性，ストラクチャーのほか，デューディリジェンスを実施する当事者の予算によっても異なり，必ずしも常に全項目が確認されるわけではない。例えば，買主候補者が上場企業や投資ファンドの場合には比較的広範囲にわたり深度あるデューディリジェンスが実施される可能性が高いが，買主がカーブアウト型M&Aのうち売主の対象会社の潜在的債務の承継を遮断できるストラクチャー（**第２部第３章第２節**参照）を選択する場合は網羅的で深度あるデューディリジェンスは必ずしも必要でないと買主に判断されることもある。

本項では典型的な確認項目を挙げ，後記**第２節**では，このうち事業承継型M&Aのデューディリジェンスにおいて頻出の問題とその対応について述べる。

【図表2－4－1 法務デューディリジェンスの確認項目】

確認項目	主な内容
① 設立・会社組織・株式	✓譲渡承認などM&A取引実行に必要な手続 ✓定款，社内規則，株主総会・取締役会の議事録等の確認 ✓過去の株主の変遷及び株式譲渡手続の履践（株券交付，譲渡承認決議等） ✓新株予約権の発行等による潜在株式の有無
② 株主・関係会社・M&A	✓株主・関係会社との間で締結されている，M&A取引実行後は不要な取引，実行後も存続させるべき契約の有無 ✓対象会社の株主間契約・合弁契約における競業避止条項，株式の譲渡に関する制約の有無
③ 不動産，動産その他資産	✓事業用資産の使用権原，対抗要件の有無 ✓賃貸借契約等におけるチェンジ・オブ・コントロール条項の有無 ✓事業上重要なシステム・ソフトウェアの権利関係の確認
④ 知的財産権	✓知的財産権，ライセンスの権利関係の確認 ✓職務発明に係る相当の対価の支払の有無 ✓知的財産権に関連する紛争の有無
⑤ 負債	✓チェンジ・オブ・コントロール条項，財務制限条項等の有無 ✓経営者保証その他担保の有無
⑥ 事業上の契約	✓チェンジ・オブ・コントロール条項の有無 ✓競業避止義務等の事業に制約となる合意の有無
⑦ 人事・労務	✓未払賃金の有無 ✓労働法遵守状況 ✓M&A取引にあたり労働組合との間で必要な手続 ✓労使間紛争の有無
⑧ 訴訟・紛争	✓係争中の訴訟・紛争の有無，影響 ✓将来紛争に発展し得るクレーム・トラブル等の有無
⑨ 許認可・コンプライアンス	✓事業上必要な許認可の取得状況 ✓M&A取引実行にあたって必要な手続の確認 ✓重大なコンプライアンス違反の有無

⑩　子会社・関連会社	✓（子会社・関連会社の重要性に応じて）上記①から⑨の事項

第2節　法務デューディリジェンスで頻出する問題

1　株主に関する問題

非上場会社においては，設立時を含む過去の株式の発行において，名義株，すなわち他人の名義を借用して株式の引受けや払込みがなされた株式が存在することがある。この場合，名義株に係る真の株主を確定する必要があり，その上で当該名義株主から真の株主への株主名簿の名義書換え等の対応について検討する必要がある。

また，対象会社が株券発行会社である場合，株式の譲渡には株券の交付が必要となる。対象会社が過去に株券発行会社であった場合，株券発行会社であった期間についても同様である。このような会社において，過去の株式の譲渡において，株券の交付の欠缺が発見された場合，株券交付のやり直し等の対応について検討が必要となる。

さらに，対象会社に従業員持株会が存在する場合には，従業員持株会から株式を買い取る方法，買取対価の設定等の問題が生じる。

これらの問題の詳細については，**第2部第1章第1節**を参照されたい。

2　株主総会・取締役会の不開催，議事録・規則・契約書等の未整理

(1)　株主総会・取締役会の不開催，議事録の未整理

会社法上，少なくとも1年に1度は定時株主総会を開催して計算書類の承認をする必要があり（会社法296①・438②），また，取締役会設置会社においては，取締役会も，少なくとも3か月に1回は代表取締役等の職務執行状況報告のために開催しなければならない（会社法363②）。さらに，その他に株主総会決議事項や取締役会決議事項がある場合には，上記の定時株主総会若しくは取締役

会において，又は別途これらを招集して決議する必要がある。しかし，オーナー系企業においては，取締役会や株主総会がそもそも開催されておらず，取締役の選任，代表取締役の選定など商業登記の添付書類に必要な限りで司法書士に依頼して形だけ議事録が作成されていることがある。

そもそも取締役会や株主総会が開催されていない場合，仮に形式的に議事録が作成されていたとしても法的には不存在といわざるを得ないため，取締役，監査役，代表取締役は選任・選定されていなかったことになり，代表取締役及び取締役の業務執行の効力が問題となる。また，計算書類は，定時株主総会における承認（会社法438②）が行われていないため未確定となり，これに基づいて行われた剰余金の配当も無効となる（最判昭和58年6月7日民集37巻5号517頁)。重要な財産の処分等の重要な業務執行の決定（会社法362④）や競業取引・利益相反取引（会社法356①・365①）についても，必要な取締役会決議（取締役会非設置会社においては株主総会決議）を欠くことになり，当該取引は無効となり得る。そして，株主総会決議不存在確認の訴えには提訴期間がなく（会社法830①)，取締役会決議の不存在はいつでもいかなる方法でも主張され得るため，上記のような問題が生じるリスクはいつまでも残り続けることになる。

また，株主総会及び取締役会については議事録を作成・備置する必要があるところ（会社法318・371)，これらが開催されたとしても，適式な議事録が整備されていないこともある。議事録の備置が行われていない場合，過料の対象となり（会社法976八)，買主から対象会社の管理運営に問題があると受け取られることもある。

そのため，デューディリジェンスにおいて上記のような問題が判明すると，買主からは，M&A取引の実行までに過去に適法に決議を経ていない会社の行為の問題の解消や，議事録の整備を求められることが少なくない。また，必要な取締役会決議又は株主総会決議を欠く全ての行為が無効になるわけではないが[4]，無効のリスクは残ることになるため，買主から，M&A取引の実行までに，

4 取締役会や株主総会の不開催の影響については，その行為ごとに個別に検討する必要がある。例えば，代表取締役として行った対外的な取引行為について，代表取締役選任の取締役会決議がなされていない場合には，代表取締役としての権限を有しないものの，表見代表取締役（会社法354）の行為として取引先に責任を負う（会社が効力を否定できない）

過去に行うべきであった全ての株主総会決議又は取締役会決議の追認決議を行うことが求められることがある。さらに，追認決議により問題となる行為が遡って有効となるかは，各行為ごとに検討する必要があり，遡及効が否定される追認決議もあり得るため[5]，慎重な買主からは，決議の瑕疵により生じる可能性のある損害について特別補償（詳細は**第5章第7節4**参照）を求められる可能性がある。

(2)　各種規程類の未整備

オーナー系企業のデューディリジェンスにおいては，法律上又は会社運営上必要な規程類の未整備が発見されることも少なくない。規程類は，会社の基礎的な資料であることから，規程類の未整備が発見された場合には，買主に与える印象が悪く，場合によってはM&A取引の実行の前に買主から対応を求められる可能性もある。そのため，事業承継型M&Aを検討している売主は，早い段階から基本的な規程類については整備を行っておくことが望ましい。

法律上必要な規程類としては，例えば，就業規則（事業場において常時10人以上の労働者を使用する場合〔労働基準法89〕）や三六協定（労働基準法36①）がある。売主はこれらの不作成（一部の事業場においてのみ作成されていない場合もある）を認識した場合には，早急に作成し，労働基準監督署に届け出る必要がある（就業規則の作成・届出がなされていない場合は30万円以下の罰金

ことになるのが通常と考えられる。

また，取締役会決議を欠く重要な財産の処分については，原則として有効であるが，相手方が決議を経ていないことを知り又は知り得べかりしときは無効となるとするのが判例（最判昭和40年9月22日民集19巻6号1656頁）である。他方，取締役会決議を欠く利益相反取引は，原則として無効となるが，善意・無重過失の第三者には責任を免れない（会社が効力を否定できない）と解されている（最判昭和43年12月25日民集22巻13号3511頁等）。

5　判例（最判平成17年2月15日判タ1176号135頁）は，株主総会決議を経ずに支払われた役員報酬について事後に株主総会決議を経れば当該役員報酬の支払は有効と判示している。その他，追認決議の遡及効を議案ごとに判断（定款変更，取締役・監査役選任につき否定，計算書類の承認，役員報酬につき肯定）したものとして名古屋地判平成28年9月30日判時2329号77頁，取締役解任議案につき追認決議の遡及効を否定する裁判例として東京地判平成23年1月26日判タ1361号218頁。再度の決議により株主総会決議の取消訴訟における訴えの利益が失われたと判示するものとして，前掲最判昭和58年6月7日（計算書類），最判平成4年10月29日判タ802号109頁（役員退職慰労金贈呈）。

が科される〔労働基準法120一〕。三六協定の締結・届出なく時間外・休日労働をさせた場合は6か月以下の懲役又は30万円以下の罰金が科される〔労働基準法119一〕)。また，オーナー系企業においては，定款，就業規則その他の規程類は作成されているものの，実態と合っていなかったり，法令改正に対応していない場合もある。このような問題が発見された場合には，早期に是正しておくことが望ましい。

一方，会社運営上必要な規程類としては，取締役会規程，監査役（会）規程，株式取扱規程，社内権限規程，退職金規程等がある。しかし，これらの規程類は，法律上作成が必須というわけではなく，また，M&A取引の実行後は，買主が，買主のグループで統一的に使用している規程類のフォーマットを使用して整備する可能性もあるため，M&A取引の実行までに売主で整備することが必要とまではいえない。なお，M&A取引の際，オーナーが役員退職金を受領する場合，税務上，過大な退職所得として否認されないように，役員の退職金規程を整備しておくことは検討に値する。

(3)　契約書等の未作成

オーナー系企業においては，契約書等が存在しない取引（注文書と請書のみでの取引など）や有効性が不明である契約書等があるなど，契約の管理状況に問題があるケースも少なくない。

デューディリジェンスの過程においては，買主から契約書等の開示を求められ，その内容についても説明を求められることになるため，事業承継型M&Aを検討している売主は，早い段階から契約書等の管理状況を確認した上で，有効な契約書等の一覧を整理しておく等の対応を行うことが望ましい。

また，税務の観点からも，税務調査の際に契約書等を提示できないことにより，取引内容や対価の適正性を明らかにすることができず，取引先への対価が損金算入に制限がある交際費や寄附金として認定されたり，取引先が国外関連者である場合には移転価格税制の問題が生じたりするリスク（詳細は下記**コラム8**参照）が存在するため，契約書等を作成することが望ましい。

Column８：海外子会社との取引と移転価格税制

企業とその海外の関連企業との間の取引においては，独立した第三者との取引における価格（独立企業間価格，Arm’s Length Price）と異なる価格を設定することにより，一方の利益を他方に移転することが可能となってしまう。租税特別措置法は，このような海外の関連企業との間の取引を通じた所得の海外移転を防止するため，海外の関連企業との取引が独立企業間価格で行われたものとみなして所得を計算し，課税する制度として，移転価格税制を設けている。

具体的には，法人が，国外関連者（直接又は間接の出資比率が50％超であることその他の特殊の関係のある外国法人）との間で，資産の販売，資産の購入，役務の提供その他の取引（国外関連取引）を行った場合に，当該法人が当該国外関連者から支払を受ける対価の額が独立企業間価格に満たないとき，又は当該法人が当該国外関連者に支払う対価の額が独立企業間価格を超えるときは，当該法人の当該事業年度の所得に係る法人税法その他法人税に関する法令の規定の適用については，当該国外関連取引は，独立企業間価格で行われたものとみなすものとされている（措法66の４①)。

独立企業間価格の算定は，以下の方法のうち，「当該国外関連取引の内容及び当該国外関連取引の当事者が果たす機能その他の事情を勘案して，」「最も適切な方法」により行われる（措法66の４②)。

①　独立価格比準法	国外関連取引に係る価格と比較対象取引に係る価格を直接比較する方法
②　再販売価格基準法	国外関連取引に係る粗利率の水準と比較対象取引に係る粗利率の水準を比較する方法
③　原価基準法	国外関連取引に係るマークアップ率の水準と比較対象取引に係るマークアップ率の水準を比較する方法
④　取引単位営業利益法	国外関連取引に係る営業利益の水準と比較対象取引に係る営業利益の水準を比較する方法
⑤　利益分割法	国外関連取引による利益を各法人に分割する方法であり，比較利益分割法，寄与度利益分割法，残余利益分割法に分かれる。

⑥　ディスカウント・キャッシュ・フロー法	ある資産の金銭的価値を，それらが将来生み出すキャッシュ・フローの現在価値として求める方法

例えば，簡易な事例として，対象会社が，原価100円で商品を製造し，その商品を海外の販売子会社に対して110円で販売し，10円の利益として申告している場合に，当該商品の独立企業間価格は120円であるとされたときには，120円にて売買されたものとみなされ，20円の利益について課税されることとなる。

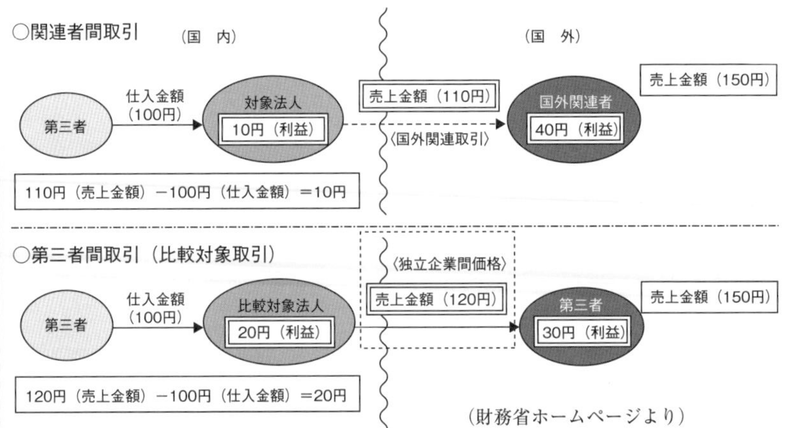

（財務省ホームページより）

したがって，対象会社が海外子会社と取引を行っている場合には，移転価格税制による課税のリスクが存在することとなる。また，通常，法人税の課税処分の除斥期間は５年であるが，他方，移転価格税制に基づく課税処分の除斥期間は７年となっている。したがって，デューディリジェンスの過程で対象会社が海外子会社との間で独立企業間価格と乖離した価格で取引を行っている懸念が生じた場合，買主から，移転価格税制に関する事項については，７年間の特別補償（詳細は**第５章第７節４**参照）を設けるように提案される可能性がある。オーナーは，対象会社が海外関連会社と取引を行っている場合，取引対価の決定方法やロジック等を示す資料を整理・保存し（一定規模の取引の場合，独立企業間価格を算定するために必要と認められる書類の保存義務が課されている〔措法66の４⑥，措規22の10⑥〕），買主の懸念を払拭できるように準備しておくことが望まれる。

3　チェンジ・オブ・コントロール条項

対象会社が締結している契約書の中には，大株主の変更又は株主構成の変更が契約の解除事由や事前承諾事項等となっている契約が存在する（いわゆるチェンジ・オブ・コントロール条項)。かかる契約が対象会社にとって重要な契約である場合には，取引先の同意を得ることなくM&A取引を実行すると，当該契約を解除され，対象会社の事業に重大な影響を与えるおそれがある。そのため，デューディリジェンスにおいてチェンジ・オブ・コントロール条項を含む契約が発見された場合には，M&A取引の実行前に取引先の同意を取得する等の対応が重要となる。

なお，同様の問題は，大株主の変更だけでなく，代表者の変更や合併・会社分割等の組織再編成の実行が契約の解除事由とされており，M&A取引の実行に際してそれらが行われることが予定されている場合にも生じ得る。なお，その他，取引先への通知事由として，大株主の変更，株主構成の変更，代表者の変更，組織再編成の実行，本店の変更又は商号の変更等が規定されている場合もあり，M&A取引の実行に際してそれらが行われることが予定されている場合には，取引先への通知も必要になる（通知しなかった場合には契約違反となり，解除事由になりかねない)。

取引先から同意を取得するタイミングとしては，(i)株式譲渡契約の締結前，(ii)株式譲渡契約締結から株式譲渡の実行までの間，(iii)株式譲渡の実行後のいずれかが考えられるが，重要な取引先については，当該取引先の同意が取得できないとM&A取引を進めることが難しくなるため，可能な限り早いタイミングで同意を取得することが望ましい。もっとも，買主が上場会社の場合には，M&A取引がインサイダー情報に該当する可能性もあるため，買主がM&A取引について適時開示を行った後に取引先への説明を開始することも考えられる。

また，同意取得の方法については，(i)同意書を取得する方法，(ii)取引先を訪問し，口頭で同意を得る方法，(iii)取引先に対して通知書（同意しない場合には連絡してほしい旨を記載）を送付する方法などいくつかのパターンが考えられる。最も慎重な対応は(i)同意書を取得する方法であるが，同意書の提出をためらう取引先も少なくなく，また，同意書の提出に応じる代わりに契約条件の改定を求める取引先もあり得ることから，現実的には同意書の取得は困難であることも少なくない。

なお，M&A取引における最終契約においては，売主が取引先からの同意を取得する義務（又は同意取得に向けて努力する義務）を負い，かつ同意の取得が取引実行の前提条件となることも少なくない（**第2部第5章第5節2(4)**参照）。

4 オーナーと会社の資産の混同に関係する問題

(1) 不動産，動産等

オーナー系企業においては，対象会社の本社や工場の建物，その敷地，社用車等の事業用資産をオーナーやその親族（以下，本項において「オーナー等」という）が所有しており，対象会社はオーナー等から賃貸借又は使用貸借を受けて使用している場合も少なくない[6]。このような場合，M&A取引の実行後も対象会社が事業用資産を使用する必要があるところ，M&A取引の実行後は対象会社はオーナー等との関係が切り離され，買主のもとで事業を継続することになることから，M&A取引に際して，オーナー等が対象会社に対して事業用資産を売却することが通常であり，かつ望ましい。

これに対して，対象会社の手元資金や財務状況等に鑑みて対象会社が事業用資産をオーナー等から購入できない場合には，対象会社は，M&A取引後もオーナー等から事業用資産を借りて使用せざるを得ない。この場合，対象会社とオーナー等の間では，合理的な経済条件で契約書を作成することが必要となる。

上記のほか，対象会社が所有・リースしているものの，実質的にはオーナー等が個人資産のように使用している非事業用資産が存在することも少なくない。例えば，オーナー等が使用している住居，自動車，書画骨董品，ゴルフ会員権等の非事業用資産を対象会社が所有していることがある。これらの非事業用資産は対象会社にとって不要なことが多く，M&A取引に際して，オーナー等が対象会社から買い取る，リース契約の解除をする等の対応が必要となることが

6 また，実務上，先代の遺産分割が未了で，先代の名義で登記されている不動産である場合も散見される。

ある。なお，ゴルフ会員権やリゾート会員権については，M&A取引後も対象会社の従業員が接待や福利厚生等で使用する場合には，対象会社の資産として残しておくことも考えられる。

M&A取引に際してオーナー等が対象会社の非事業用資産を買い取る場合において，特にオーナー等の手元に買取資金がないときなどは，**図表２－４－２**のように，オーナー等が対象会社に対して負担する非事業用資産の買取代金の支払義務を買主が第三者弁済した上で，買主がオーナー等に対して支払うべき対象会社の株式の譲渡代金から買取代金相当額の第三者弁済による求償権を相殺により差し引く処理が行われることもある。

【図表２－４－２　対価の支払方法】

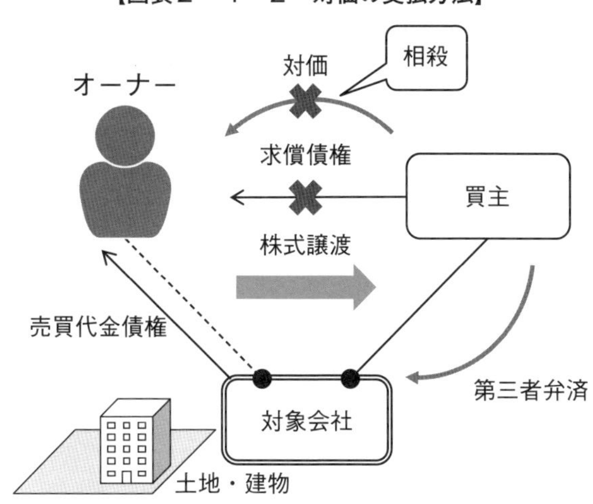

⑵　経営者保証

オーナー系企業においては，経営者株主であるオーナーが，対象会社の債務について連帯保証をしている場合が少なくない。例えば，対象会社の借入債務，リース債務，賃貸借契約における賃借人としての債務などについて，オーナーが連帯保証を行っているケースがある。オーナーとしては，M&A取引実行に際し，これらの連帯保証の解除を望むのが通常であり，M&A取引の最終契約においては，買主に対して連帯保証の解除に協力する義務を負わせることが望ましい。

なお，買主が，対象会社の借入債務について，買主のメインバンクや買収資金を調達した銀行からの融資に切り替えるケースがあるが，この場合，対象会社の既存の借入債務の返済に伴い，売主による連帯保証債務も消滅する。

Column 9：経営者保証ガイドライン

中小企業の経営者交代における経営者保証の取扱いなど中小企業向け金融における経営者保証における合理的な保証契約のあり方等を示すとともに，主債務の整理局面における保証債務の整理を公正かつ迅速に行うための準則として，「経営者保証に関するガイドライン」（以下「経営者保証ガイドライン」という）が公表されている。経営者保証ガイドラインは，保証契約について，個人保証への依存，保証債務一部履行後の残存など保証契約時・履行時における様々な課題を踏まえ，中小企業庁及び金融庁の設置した「中小企業における個人保証等の在り方研究会」の報告を受け，日本商工会議所及び全国銀行協会の設置した「経営者保証に関するガイドライン研究会」において，平成25年12月に策定され，平成26年２月１日から適用されている。経営者保証ガイドラインは，中小企業・小規模事業者を主な対象としているが，必ずしも中小企業基本法所定の中小企業者・小規模企業者に限られず，その範囲を超える企業も対象になり得る。主な内容は，経営者保証に依存しない融資の促進，経営者保証契約時の債権者の対応，既存の保証契約の適切な見直し，保証債務の整理時における債権者・保証人の対応等である。

事業承継型M&Aとの関係では，経営者の交代により経営方針や事業計画等に変更が生じる場合，債務者（対象会社）及び後継者（買主）は，その点についてより誠実かつ丁寧に，対象債権者（金融機関）に対して説明を行うことが求められ，金融機関は，前経営者から保証契約の解除を求められた場合，前経営者が引き続き実質的な経営権・支配権を有しているか，法人の資産・収益力による借入返済能力等を勘案しつつ，保証契約の解除について適切に判断することが求められている。なお，金融機関の審査の結果によっては，既存の保証契約の解除には応じるものの，新たに買主による保証契約の締結を求められることもある。

以上に対し，金融機関に対する借入れ以外の債務につき，経営者保証が付されている場合には，経営者保証ガイドラインが適用されないため，債権者が経営者保証の解除に応じない可能性がある。その場合には，取引条件を債権者に有利に変更することと引き換えに経営者保証の解除を求めることも考えられる。

なお，事業再生の局面における経営者保証ガイドラインの取扱いについては，**第７章第６節**参照。

Column10：令和２年４月施行の改正民法における保証

令和２年４月１日に施行された改正民法においては，個人保証人を保護するため，保証契約について多くの改正が行われている。

例えば，改正民法においては，事業のために負担する金銭消費貸借等の借入れを対象とする個人（根）保証について，保証契約の締結前１か月以内に公正証書で保証債務を履行する意思を確認しなければ，原則として無効とされている（民法465の６）。但し，例外として，法人の主債務につき，当該法人の取締役や議決権の過半数を保有する株主等が保証契約を締結する場合には上記手続は不要とされているため（民法465の９一・二），オーナーが対象会社の借入債務の連帯保証する場合には，通常この手続は不要となる。

また，改正民法においては，主債務者の保証人に対する情報提供義務が拡充されており，事業のために負担する債務を主債務とする個人（根）保証の委託をするときは，主債務者は，契約締結時において，個人保証人に対し，一定の情報（主債務者の財産及び収支の状況，主債務以外に負担している債務の額等，主債務の担保の内容等）を提供する義務を負う（民法465の10）。主債務者の情報提供義務違反により個人保証人が誤認し，債権者が情報提供義務違反を知り又は知り得た場合には保証人による保証契約の取消しが認められる（もっとも，オーナー系企業の場合，オーナーが対象会社の財産及び収支の状況等につき誤認することは通常考え難いと思われる）。

また，改正民法においては，主債務が貸金等の場合に限らず，個人（根）保証一般について極度額の定めが必要とされている（民法465の２）。例えば，会社が不動産を賃借している場合に会社の賃借人としての債務を個人が保証する場合や会社の取引上の債務を個人が保証する場合，通常は極度額の定めが必要となる。

これらの改正は令和２年４月１日以降に締結される保証契約に適用され，個人保証を利用する中小企業においては，特に注意する必要がある。

(3)　対象会社からオーナー等に対する貸付け

オーナー系企業においては，対象会社からオーナー等に対する金銭の貸付けや立替金が存在する場合が少なくない。オーナー等が資産（家，車など）の取得，債務の支払（相続税の支払など）などの場面において，対象会社からの借入れや立替払いの方法により，対象会社から現金を引き出している場合があり，事業承継型M&Aに際し，これらの貸付金や立替金を精算する必要がある[7]。

また，対象会社及びオーナー等の間の金銭の貸借については，金銭消費貸借契約書が作成されていないケースも少なくないところ，金銭消費貸借契約書が作成されていない場合には，税務調査を受けた際，契約関係を証明できず，例えばオーナー等が受け取った借入金は，真実はオーナー等に対する役員報酬であると認定され，オーナー側で給与所得課税，対象会社側で報酬に対する源泉徴収漏れの指摘がなされるといったリスクがあり得る。また，対象会社のオーナー等に対する貸付けが無利息や低い利率で行われている場合，適正利率による利息との差額が役員報酬であるとして，給与所得課税がなされるといったリスクもあり得る。

そのため，売主としても，事業承継型M&Aを実施する前に金銭消費貸借契約書を作成して，適正利率による利息を定めておくなど契約条件の見直しを検討しておくことが望ましい（後の税務調査において，当該金銭消費貸借契約が実体のあるものであることを示すため，当該金銭消費貸借契約書に収入印紙を貼付し，貸付金処理の伝票を起票し，証憑を残すことも有用である）。その際，対象会社のオーナー等に対する金銭の貸付けは利益相反取引（会社法356①二）に該当し得るため，取締役会（会社法365①。取締役会非設置会社では株主総会〔会社法356①〕）において承認して議事録に残しておくことも必要である。

5　人事・労務

中小企業においては，管理部門の機能が十分でない等の理由から，人事・労

7　精算の方法としては，上記4(1)と同様，事業承継M&Aのクロージングの際に買主が対象会社に当該貸付金や立替金を第三者弁済した上で，買主のオーナー等に対する第三者弁済による求償権に基づき，買主がオーナー等に支払う株式譲渡代金から当該支払相当額を相殺により差し引く処理を行うことが考えられる。

務は特に問題が発見されやすい分野である。頻繁に発見される問題としては，以下の問題がある。

⑴　不十分な労働時間管理

中小企業においては，そもそも労働時間管理が極めて不十分にしかなされていない場合もある。しかしながら，平成31年４月１日に施行された改正労働安全衛生法66条の８の３により，事業者による労働者の労働時間の把握が義務付けられており，また，時間外・深夜・休日労働割増賃金を支払う前提として，正確な労働時間管理が不可欠である。

不十分な労働時間管理により，実際に発生した割増賃金を把握できていない場合，対象会社は労働者から過去３年分（労働基準法115条では賃金債権の消滅時効期間は５年と定められているが，労働基準法143条３項の経過措置により，退職手続を除き，当分の間３年とされている。なお，令和２年改正労働基準法施行前である令和２年３月31日以前の割増賃金については過去２年分）の時間外・深夜・休日労働割増賃金を請求されるリスクがある。労働時間管理の方法は，タイムカードによる記録，パソコン等の使用時間の記録等の客観的な方法その他の適切な方法と定められており（労働安全衛生規則52の７の３①），労働時間管理が不十分な場合には改善を検討する必要がある。

過去の割増賃金のリスクについては，パソコンのログオン・ログオフ時刻の記録から未払割増賃金を算定することができれば，未払割増賃金相当額を対象会社の売却価格から控除することも考えられるが，多くの場合，出退勤に関する客観的な記録が残っていないために未払割増賃金を算出することは難しい。その場合，M&A取引の最終契約においては，未払割増賃金に関して対象会社に生じる損害を売主が補償する旨の特別補償条項（詳細は**第５章第７節４**参照）が定められることがある。

⑵　労働時間の切捨て

中小企業においては，労働時間を15分単位で計算したり，１分単位で集計した１日の労働時間の15分未満の端数を切り捨てたりする運用をしていることもある。しかしながら，労働時間は１分単位で計算するのが原則であり，１か月の残業時間を1分単位で集計して生じた合計時間数の端数について，30分未満を切り捨て，30分以上を1時間に切り上げる処理をすることが通達（昭和63年3月14日基発第150号）上許容されているにすぎない。

不適切な方法で労働時間の切捨てを行っている場合，上記(1)と同様，未払割増賃金が発生しているリスクがある。

(3) 固定残業代制

固定残業代制は，労働基準法37条に定める計算方法による時間外・深夜・休日労働割増賃金を支払う代わりに，定額の残業代を支払う制度をいい，会社の管理の負担を軽減するなどの目的で，中小企業においても導入されていることが少なくない。しかしながら，判例上（最判令和2年3月30日労判1220号5頁等），固定残業代制が有効であるためには，労働契約の賃金の定めにつき，通常の労働時間の賃金に当たる部分と割増賃金に当たる部分とを判別することができることが必要とされているが，中小企業を中心に，この要件を満たしていないこともある。この要件を満たさない場合，会社は，固定残業代も割増賃金の算定基礎に含めて計算した割増賃金全額を支払う必要がある。

また，固定残業代制を採用している会社の中には，残業代を一切支払う必要はないと誤解している会社もある。しかし，固定残業代制を採用していたとしても，労働基準法上支払うべき時間外労働の対価が固定産業代を超える場合には，その超過分を支払う必要がある。そのため，その超過分が未払賃金となっている可能性がある点に注意を要する。

(4) いわゆる名ばかり管理職

「監督若しくは管理の地位にある者」（管理監督者）には労働基準法上の労働時間，休憩，休日の規制が適用されず，時間外・休日労働割増賃金を支払う必要はない（労働基準法41二）。なお，深夜労働割増賃金は管理監督者にも支払う必要がある）。管理監督者に該当するためには，裁判例上，①事業主の経営に関する決定に参画し，労務管理に関する指揮監督権限を認められていること，②自己の出退勤を始めとする労働時間について裁量権を有すること，③一般の従業員に比しその地位と権限にふさわしい賃金上の処遇を与えられていることが必要であるとされている（東京地判平成20年９月30日労判977号74頁，東京地判平成21年３月９日労判981号21頁等）。

この点，中小企業においては，労務管理に関する指揮監督権限及び従業員の採用・異動等の人事権はオーナーである社長が有しており，管理監督者とされる者に出退勤に関する裁量権はなく，他の従業員と同様に時間管理に服しているケースがある。また，管理監督者とされる者に一定の役職手当等が支払われているものの，他の従業員と大差はなく，残業時間の多い従業員の方が賃金が高いといういわゆる逆転現象が生じていることもある。このような場合，管理監督者とされている者が管理監督者の要件を満たさず（いわゆる名ばかり管理職），本来支払うべき時間外・休日労働割増賃金が未払いとなっている可能性がある。

(5)　労使協定の過半数代表者の違法な選出手続

中小企業においては，従業員親睦会の代表者が過半数代表者に充てられていたり，会社の要請により総務担当者等が過半数代表者を務めていたりすることが少なくない。しかしながら，過半数代表者は，①労働基準法41条２号に定める管理監督者でないこと，②労使協定を締結するための過半数代表者を選出することを明らかにした上で，投票，挙手等により選出することが必要とされているため，上記のような場合，過半数代表者とされた者は，適法な過半数代表者ではない可能性がある。

適法な過半数代表者が選出されていない場合，過半数代表者とされた者との間で締結された三六協定等の労使協定が無効となるところ，例えば，仮に専門業務型裁量労働制の労使協定（労働基準法38の３①）が無効となった場合，会社は，みなし労働時間にかかわらず，実際の労働時間に基づく時間外労働割増賃金の支払義務を負うことになる。

そのため，売主としては，過半数代表者の選出手続に疑義がある場合，対象会社において過半数代表者の選出をやり直し，労使協定を締結し直すことも検討に値する。

(6)　外国人労働者の不法就労

近時，在留期間を超えた外国人を雇用したり，入出国管理及び難民認定法により在留資格ごとに認められた活動範囲を超えて外国人を労働させたりするなど，外国人の不法就労が判明するケースが散見される。事業活動に関し，外国人を雇用するなどして不法就労活動をさせる行為等は，不法就労助長罪として3年以下の懲役，300万円以下の罰金又はその両方が科される可能性がある（入出国管理及び難民認定法73条の2①）。

デューディリジェンスにおける確認項目となる可能性もあるため，売主としては，外国人労働者の採用時に在留資格を在留カードによりチェックしているか疑義がある場合には，この点を確認しておくとよい。

第5章

株式譲渡契約のポイント

第1節　売主の立場からの株式譲渡契約

売主と買主の間で株式譲渡の条件について合意に至った場合，株式譲渡契約が締結される。

株式譲渡契約は，売主が株式を譲渡し，買主は譲渡代金を支払ってその株式を譲り受ける契約であり，主たる内容は，売主の株式を譲渡する義務と買主の譲渡代金を支払う義務である。しかし，**第1章**や**第4章**で説明したとおり，譲渡の対象となる株式を発行している会社には，事業承継型M&Aを進めるに際して様々な課題が存在することが少なくなく，株式譲渡契約においては主たる契約条件である株式の譲渡価格にとどまらず，当事者間の交渉の結果，多くの付随的な条件も合意する必要がある。

そのため，株式譲渡契約書は数十頁のボリュームとなることは珍しくないが，本来は売主の立場からすれば，株式譲渡契約書は短い内容が望ましい。**第2節**以下で述べるとおり，株式譲渡契約書における合意内容の多くは，対象会社に関する情報を十分に有しない買主が，実際の株式価値よりも高い価格で買い受けることのないようにリスクをヘッジするための規定である。

例えば，後述する譲渡価格の調整，買主のクロージングの義務の前提条件，売主の表明保証，プレ・クロージング・コベナンツ，特別補償等は，いずれも買主が想定していた株式価値と実際の価値に齟齬がないことを確認し，若しくは，株式譲渡契約締結後に齟齬が発生しないようにし，又は，実際に齟齬が存在する場合に買主が売主に対して補償請求できるようにすることを主たる目的としている。

一方，売主の補償責任の限定（**本章第7節2参照**）など，売主にとって有利であり，売主から積極的に提案すべき条項もあるが，それは必ずしも多くはない。

一般に事業承継型M&Aにおいては，売主であるオーナーはM&Aの経験が乏しいのに対し，買主は投資ファンドや対象会社より規模の大きい会社であり，M&Aの経験を有することが一般的である。そのような中，売主としては，株式譲渡契約が売主にとって不利益とならないよう，株式譲渡契約の内容を正確に理解し，買主に主張していく必要がある。

第２節以下では，事業承継型M&Aの売主の立場から，特に注意すべき条項や売主の立場から主張すべき事項を説明している。株式譲渡契約の一般的な構成と**第２節**以下の対応関係は，以下のとおりである。

【株式譲渡契約の一般的な構成】

① 株式の譲渡に関する合意（**第２節**）
- 譲渡価格の合意（譲渡価格の調整，アーンアウト等）
- 譲渡価格の支払方法の合意（分割払い，エスクロー等）

② 株式譲渡の実行（クロージング）（**第３節**）

③ 株式譲渡の実行（クロージング）の前提条件（**第４節**）

④ 誓約事項（コベナンツ）（**第５節**）
- 株式譲渡の実行（クロージング）前の誓約事項（プレ・クロージング・コベナンツ）
- 株式譲渡の実行（クロージング）後の誓約事項（ポスト・クロージング・コベナンツ）

⑤ 表明保証（**第６節**）

⑥ 補償（**第７節**）
- 補償責任の限定
- 特別補償等

⑦ 契約の解除その他一般条項（**第８節**）

第２節　株式の譲渡価格

1　譲渡価格の合意

株式譲渡契約においては，譲渡する株式の価格（譲渡価格）が合意される。株式の譲渡価格の合意に関する条項は，条項例のとおり，シンプルな内容であることが一般的であるが，株式の譲渡価格は最も重要な契約条件であるため，売主と買主の間では譲渡価格をめぐって何度も協議・交渉が行われる。

【譲渡価格の合意に関する条項例】

本株式譲渡の譲渡価格の総額は，金●円（１株当たり金●円）とする。

株式の譲渡価格は，一般的には，売主と買主がそれぞれ株式価値の算定を行い，合意可能な譲渡価格を見積もった上で，協議・交渉が行われる。株式価値の算定は，一定の規模を超える案件については専門家に算定を依頼することが一般的である。特に買主が上場会社の場合には，取締役の善管注意義務を果たすため，専門家に算定を依頼することが望ましい。

株式価値の算定方法については，様々な手法があるが，会社の純資産に着目する純資産法，会社の将来のキャッシュフローに着目するディスカウント・キャッシュ・フロー法（DCF法），会社と類似する上場会社の指標に着目する類似会社法（マルチプル法）などがよく利用される（株式価値の算定方法については，**第２部第１章第２節**(2)参照）。買主がDCF法を利用して株式価値を算定する場合は，将来のキャッシュフローに着目するため，売主は会社の事業計画を作成し，買主に対して提出するよう求められる。売主が，株式価値を高く見せるため，右肩上がりの事業計画を作成したとしても，デューディリジェンスや協議・交渉を通じて，買主は事業計画の妥当性をチェックする。

また，交渉の初期的段階では買主にとって明らかではなかったものの，デューディリジェンスの結果判明するリスクがある。当該リスクについては，これが顕在化する可能性が高く，かつ，金銭的な評価が可能であれば，譲渡価格の減額という形で譲渡価格に反映されることがあるが，これに対して譲渡価格への反映が困難な場合には，特別補償という事後的な方法で対応することになる（特別補償については，**本章第７節４**参照）。

なお，売主にとっては，一般的に，譲渡価格の合意に関する条項はシンプルな内容が望ましく，多くのケースにおいては，**【譲渡価格の合意に関する条項例】**のような内容で十分である。

しかし，株式譲渡契約の交渉においては，買主は，譲渡価格と実際の株式価値が乖離するリスクを回避するため，以下で説明する譲渡価格の調整に関する条項，譲渡価格の支払方法に関する条項など，様々な条項を提案してくることがある。売主としては，譲渡価格の合意は，原則としてシンプルな内容で十分であることを理解した上で，買主から譲渡価格の調整等に関する提案があった場合，その提案が合理的なものであるか慎重に吟味する必要がある。

2　譲渡価格の調整

(1)　価格調整の目的

譲渡価格の調整（以下「価格調整」という）は，株式価値の算定時点からクロージングまでの間の株式価値の変動に応じて，譲渡価格を増額又は減額する仕組みである。

価格調整は，クロージング時の株式価値と最終的な譲渡価格を一致させるための仕組みであり，本来は売主と買主のいずれにとっても有利・不利はなく，中立である。もっとも，一般的には，売主にとって望ましい時期に売却が行われるため，売主としては，価格調整は行わず，株式譲渡契約締結時点で譲渡価格を確定することを望むことが多い。

これに対して，買主としては，株式譲渡契約が締結されたとしても，締結時からクロージングまでの間に株式価値の変動が起こり得るため，クロージングまでに発生する事情は譲渡価格に反映すべきとして，価格調整を望むことが少なくない。株式譲渡契約の締結からクロージングまでに時間を要するケースでは，特に価格調整の必要性は高くなる。

なお，価格調整が設けられなかったとしても，株式譲渡契約においては，クロージングまでの間の株式価値の変動を防止する仕組みが設けられることが一般的である。例えば，株式譲渡契約においては，①売主は，会社をしてクロージングまで従前と同様の事業を行わせること，②売主は，会社をしてクロージングまでの間，株式価値に変動を及ぼすような行為を行わせないこと，③売主は，クロージング時点において会社が一定の状態を有することについて表明保証を行うこと等が規定される。株式譲渡契約締結からクロージングまでが短期間である場合には，株式価値の変動を防止する仕組みとしては，このような条項で十分であり，価格調整は不要であることも少なくない。

Column11：ロックド・ボックス

価格調整の仕組みの１つとして，ロックド・ボックスと言われる仕組みがある。本文で説明した価格調整は，クロージング時をもって株式が移転するため，クロージング時までの株式価値の変動を譲渡価格に反映させるという仕組みであるのに対し，ロックド・ボックスは，株式譲渡契約締結前の一定時点（Locked Box Account Date）をもって売主から買主に対して株式が移転したと擬制し，当該時点の株式価値に基づいて譲渡価格を確定する仕組みである。ロックド・ボックスは日本ではあまり採用されない仕組みではあるが，欧州の取引では利用されることがある。

ロックド・ボックスにおいては，対象会社は，Locked Box Account Dateからクロージングまでの間，配当の支払，経営指導料やロイヤリティ等の支払，売主の債務に対する担保の提供，売主への資産の譲渡，（売主が対象会社の役職員の場合）賞与の支払，当該株式譲渡に関係するアドバイザリーフィーの支払など株式価値を流出させる行為が禁止され，これらの禁止行為が行われた場合には，売主は買主に対して株式価値の流出（Leakage）に相当する額を支払わなければならない。一方，対象会社の通常の事業運営の過程で必要となる支払（例えば，対象会社が売主の土地を賃借している場合の賃料の支払等）は，許容される（Permitted Leakage）。

また，Locked Box Account Dateをもって売主から買主に対して株式が移転されたと擬制するため，Locked Box Account Dateからクロージングまでの間，譲渡価格の支払が遅れたことになるため，売主は買主に対して当該期間の利息を支払うことを求めることもある。

上記のとおり，ロックド・ボックスは，早期に譲渡価格が確定するためクロージングまでの事情の変更は買主のリスクとなること，買主はLocked Box Account Dateからクロージングまでの間の利息を支払わなければならないこと等から，一般的には売主に有利な仕組みである。もっとも，日本における中小規模のM&Aにおいては，譲渡価格を契約締結時に固定した上で価格調整条項を設けないケースも多いところ，このようなケースでロック ド・ボックスの仕組みを設けることは，Leakageが生じた場合に買主が損害や義務違反の主張・立証を要することなく，Leakage相当額の支払を求めることができる点で売主に不利となる面があることに注意する必要がある。

⑵　価格調整の方法

価格調整の方法には，いくつかのバリエーションがあるが，DCF法により株式価値を算定した場合に比較的採用される調整方法としてネット・デット調整がある。DCF法においては，将来のキャッシュ・フローの価値から純有利子負債（ネット・デット。有利子負債から現金及び現金等価物を控除した金額）を控除する方法で株式価値の算定を行うところ，ネット・デット調整においては，株式価値の算定時点からクロージングまでの間の純有利子負債の変動額をもって譲渡価格が調整される。

ネット・デット調整を採用する際に注意すべき点としては，賞与，税金等の支払のタイミングや，仕入先に対する支払サイトの変更により，純有利子負債が影響を受けることである。これらの支払のタイミングにより，対象会社の現金が増減し，クロージング時点の純有利子負債が，実態に比して過大又は過少となる可能性がある。そのため，ネット・デット調整を採用する場合には，自らにとって不利益な調整とならないように注意する必要がある。また，このような影響を排除するため，純有利子負債に加えて，運転資本（ワーキング・キャピタル）の額を併用して調整することも少なくない。

その他の価格調整の方法としては，例えば，株式価値の算定において，純資産法を採用した場合に親和性のある調整方法として，株式価値算定時点の貸借対照表上の純資産の額と，クロージング時点の貸借対照表上の純資産の額の差異をもって譲渡価格を調整する方法がある（純資産調整）。但し，この方法の場合，貸借対照表の全ての項目についてクロージング時点で確定する必要があるため，より時間とコストがかかることが想定される。

なお，価格調整を設ける場合，買主が二重取りをするリスクに十分に注意する必要がある。例えば，株式譲渡契約締結時からクロージングまでの間に第三者から対象会社に対して訴訟が提起され，対象会社が引当金を計上した場合，価格調整条項により譲渡価格が減額されると同時に，訴訟が係属していない旨の表明保証にも違反し，買主が補償を請求する可能性がある。そのため，このような買主が二重取りをするリスクに対応できるような調整メカニズムを規定しておく必要がある。

上記のネット・デット調整や純資産調整が貸借対照表上の数値に着目して譲渡価格の調整を行うのに対し，対象会社の業種や事業内容に鑑みて，その他の数値（例えば，顧客数，売上高等）に着目して価格調整を行う場合もある。

(3)　クロージング時貸借対照表の作成

ネット・デット調整等の貸借対照表上の項目に着目して価格調整を行う場合，株式価値の算定時点において参照した貸借対照表（以下「基準BS」という）における対象項目の金額とクロージング時点の貸借対照表（以下「クロージングBS」という。）における対象項目の金額の比較が行われる。例えば，ネット・デット調整の場合，基準BSにおける純有利子負債とクロージングBSにおける純有利子負債の額の差異に応じて譲渡価格が調整される。

このように，価格調整に際しては，基準BSにおける対象項目の金額とクロージングBSにおける対象項目の金額の比較が行われることから，クロージングBSを確定するための手続を合意する必要がある[1]。

クロージングBSを確定するための手続は，一般的には，売主又は買主がクロージングBSの原案を作成した上で相手方当事者に提示し，相手方当事者がこれに同意することで確定される。もし，双方がクロージングBSについて合

1　なお，この調整の対象となる項目については，当事者間で将来争いとなる可能性があるため，株式譲渡契約に明確に規定しておくべきである（例えば，対象会社が保有する不動産の評価につき，価格調整の対象となるかが争われた事案として，東京地判平成26年３月18日判時2337号88頁がある）。

意に至らない場合には，第三者に算定を依頼することが想定される。

なお，このクロージングBSにおける対象項目の金額を確定する際には，基準BSの算定に使用されていた会計基準や会計処理の方法と同一のものを使用することを合意する必要がある。

この点，東京地判平成20年12月17日金判1307号26頁は，純資産額に基づく価格調整の条項が規定されている株式譲渡契約において，価格調整のために作成される貸借対照表は「日本において一般に公正・妥当と認められる会計基準に従い，かつ，基準日貸借対照表と同一の会計処理の原則及び手続を適用して作成されなければならない」とされているケースにおいて，買主が自らのグループの会計基準に準拠して会計処理を変更した上で，価格調整のために作成される貸借対照表を作成したのに対し，裁判所は，当該条項は会計処理の原則を変更することを許容するものではなく，同一の会計基準に基づいて貸借対照表を作成すべきと判示しており，参考になる。

3 アーンアウト

(1) アーンアウト条項の意義・機能

株式の譲渡価格の決定，支払方法に関する仕組みとして，アーンアウトがある。アーンアウト条項は，事業承継型M&Aにおいて利用されることは必ずしも多くないものの，売主であるオーナーが，株式譲渡の実行後も対象会社の経営に関与する場合には，検討されることもある。

アーンアウト条項とは，一般的に，M&A取引において，買収対価の一部を，M&A取引の実行（クロージング）後，一定の期間内にM&Aの対象である会社又は事業が特定の経営指標等を達成することを条件として，買主が売主に対して追加的に支払う条項をいう。例えば，買主は，売主であるオーナーに対して，株式譲渡契約の効力発生日（クロージング日）に一定の金額を支払い，その後，一定の期間や時点における経営指標が目標とする経営指標を達成した場合に，買主が売主に対して追加であらかじめ合意された確定金額や目標とする経営指標の達成度合いに応じた金額を支払う，と規定される。

【アーンアウト条項の例】

クロージング日	：総額●●●万円（１株当たり●円）
第１回経営指標条件達成日	：総額▲▲万円（１株当たり▲円）
第２回経営指標条件達成日	：総額■■万円（１株当たり■円）

アーンアウト条項は，一般的には，売主と買主との間で対象会社の将来の業績見通しにずれがあり，買収対価に関して容易に合意できないような場合に，買収対価の一部について買収後における一定の目標達成と連動させることにより売主・買主間においてリスクの適切な分配を行い，買収対価に関する相互の見解の溝を埋め，取引をより成立しやすくするという機能を有している[2]。これに加え，事業承継型M&Aにおいては，経営者株主が株式譲渡後も引き続き対象会社の事業運営に関与する場合，当該経営者株主のインセンティブとしての機能を有する。

(2)　アーンアウトに用いられる指標

アーンアウトに用いられる指標として，財務的指標（国税不服審判所平成29年２月２日裁決の事例）と非財務的指標（特許を受ける権利の譲渡の事例であるが，大阪高判平成28年10月６日訟月63巻４号1205頁の事例）に大きく区別することができる。

財務的指標に関しては，売上高，営業利益，経常利益又は税引後利益のような損益計算書上の項目を指標とする場合と，EBITDAのような損益計算書上の項目を基礎として計算される数値を指標とする場合がある。売主としては，買主が費用を多額に計上してアーンアウトの指標となっている数値を操作することができないように，例えば，売上高を指標とすることが望ましい。他方で，買主からは，税引後利益やEBITDAのように利益に着目して指標を設定するように求められる場合があるが，売主としては，買主が恣意的に費用を計上し

2　森・濱田松本法律事務所編『M&A法大系』（有斐閣，2015年）311頁。

て利益を圧縮しないように注意する必要がある[3]。

なお，財務的指標で複数年設定される場合，ある年度ではアーンアウト条件を達成できなかったが，翌年で達成した場合に埋め合わせができるのかといった点（平成29年2月2日裁決の事例）も規定しておくことが望ましい。

上記に対して，非財務的指標については，顧客数，ある製品の販売数，新薬の開発フェーズなどが設定されることがあるが，非財務的指標の場合，財務的指標と異なり監査等の対象とはならないことから，適正性を確保するため，指標の算定方法を明確に規定しておく必要がある。

(3) アーンアウト条項に基づく調整金の税務上の問題

アーンアウト条項を検討する際に，アーンアウト条項に基づいて追加的に支払われる対価（以下単に「調整金」という）に関して，売主においてどのような課税関係が生じるのかという点を検討しておくことは重要である。調整金を受け取った際に，クロージング日において受け取る対価よりも不利な課税関係となる場合には，売主としては，アーンアウト条項を設ける意義が減殺されてしまう。

買主が売主に対してクロージング日に支払う金額の所得区分は，通常，株式等の譲渡所得（措法37の10）となる。しかし，クロージング日以後に支払われる調整金の所得区分については，次のような考え方があり得，一般的には売主にとっては①が有利であると考えられる。

① クロージング日に支払われる金額と同様に，譲渡所得に区分されるという考え方（「一般株式等に係る譲渡所得等」として原則として20.315%（地方税含む）の申告分離課税（措法37の10①））

② 調整金は一時的な所得なので，一時所得に区分されるという考え方（他の所得と合算され，通常の所得税の税率で課税されるが，50万円の

3 例えば，高額の減価償却資産を購入して減価償却費を計上する場合の当該減価償却費の金額，対象会社と買主のグループ会社との間で取引を行う場合の対象会社が支払う金額，対象会社の含み損資産の売却といった特別損失の金額については，不当な費用計上がされないように注意する必要がある。

控除があり，かつ，所得金額の２分の１のみ課税されるという優遇措置あり）
③　調整金は所得税法上のどの所得区分にも当てはまらないので，雑所得に区分されるという考え方（他の所得と合算され，通常の所得税の税率で課税される）

この点について，平成29年２月２日裁決は，クロージング後の対象会社のEBITDA業績値に応じて買収対価の一部を支払う旨の条項に基づいて支払われた調整金は，譲渡所得に該当すると判断したが，当該裁決は，当該条項は，調整金が最終的に満額支払われることを想定して設けられたものと評価しているため（その結果，後払いとされている金額を含めてクロージング日に譲渡所得が実現したと判断している），必ずしも満額支払われることが想定されていない一般的なアーンアウト条項に基づく調整金にまで当該裁決の考え方が妥当するのかという点については議論があり得る。

また，調整金が雑所得に区分されるという考え方を示唆するものとして，上記大阪高判平成28年10月６日訟月63巻４号1205頁が挙げられる。同判決は，特許を受ける権利の持分の譲渡契約において，一定の事由を達成した場合に売主に支払われる金員（マイルストーンペイメント）は，権利の移転時に客観的に権利の実現が可能になったということはできないため，譲渡所得に当たらず，また，マイルストーンペイメントは資産の譲渡と密接に関連していることから，一時的な所得である一時所得にも該当しないが，「資産の譲渡の対価としての性質」を有する所得として，雑所得に該当すると判断した。同判決を前提とすると，一般的なアーンアウト条項に基づく調整金も，雑所得に該当するとの結論になる可能性も否定できない。しかし，上記(1)のとおり，アーンアウト条項は，売主と買主の情報格差があることから，買収対価の一部を条件達成にかからしめるものであって，私法上は買収対価の一部と評価されるべきであり，クロージング日に支払われる対価と所得区分が異なることについては疑問がある[4]。

以上のとおり，調整金の所得区分については，様々な考え方があり，それぞれの案件におけるアーンアウト条項を設けた目的やその法的性格によってどの所得区分になるかが判断されることになると考えられる[5]。

以上は売主の課税関係であるが，買主において，アーンアウト条項に基づいて支払った金額が一時の費用となるのか，株式の取得価額に加算されるのかという課税上の問題がある。買主としては，通常，一時の費用として損金算入する方が有利であるため，調整金は株式の対価や取得費用ではない旨を明確にした条項案が提案されることもあり得る。

4　譲渡価格の支払方法

(1)　クロージング日における支払

株式の譲渡価格は，クロージング時に一括して支払を行うのが原則である。民法の原則（同時履行の原則〔民法533条本文〕）に照らしても，クロージング時に売主から買主に対して株式が譲渡されると同時に，その対価である譲渡価格も一括で支払われることが望ましい。

売主としては，譲渡価格の支払方法に関する条項については，以下の条項例のようにクロージング日に一括で支払う旨の条項を求めるべきである。

【譲渡価格の支払に関する条項例】

- 買主は，クロージング日に，売主から本株券の引渡しを受けることと引き換えに，本譲渡価格の全額を売主に支払う。
- 前項に定める買主による売主に対する本譲渡価格の支払は，売主が買主に対して別途通知する売主の銀行口座に振込送金する方法により行う。但し，振込手数料は買主の負担とする。

4　但し，アーンアウト条項の目的が，クロージング日後に対象会社に残存する売主に対するインセンティブである場合には，雑所得となる可能性も否定できないように思われる。

5　米国においても，調整金が雇用条件と連動する要素が多いか，株式の持分比率と連動する要素が多いかを総合的に考慮して役務提供の対価か買収対価の一部かを判断している（本部勝大「アーンアウトの課税に関する一考察」税法学581号121頁，122頁参照）。

(2) 譲渡価格の分割払い

上記に対して，買主からは，譲渡価格の分割払いを提案されることがある（いわゆるHold back）。これは，通常は，買主の売主に対する補償請求の実効性を担保するための仕組みである。

売主が個人である場合など，売主の資力が明らかではない場合，買主としては，将来売主に対して表明保証違反等に基づく補償請求を行ったとしても，売主の無資力により回収が難しいことが想定される。この場合に分割払いとしておけば，譲渡価格の残額の支払義務と補償義務を相殺することにより，買主は確実に回収を行うことができる。

また，買主が，表明保証違反に基づく損害について補償請求を行う場合，表明保証違反の有無や損害額について売主と買主の間で争いがあるのが一般的であり，この場合，通常は補償請求を行う買主の側が売主に対して訴訟を提起する必要がある。これに対して，譲渡価格を分割払いとした場合，買主としては，自らが主張する損害額を残額の支払義務から控除した上で，売主に支払えば足り，仮に表明保証違反の有無や損害額について争いがある場合には，売主の側が買主に対して訴訟を提起する必要がある。

このように譲渡価格の分割払いは，買主が売主に対する補償請求の実効性を担保するための仕組みであり，売主にはこれに応ずるメリットはないため，売主としては，まずはクロージング日の一括支払いを求めることが望ましい。

さらに，税務上の観点からも，年度を跨いで分割払いとする場合，クロージング日の属する年度においては買主から対価が支払われていないにもかかわらず，売主は，クロージング日において譲渡価格を請求する権利が確定しているとして，クロージング日の属する年度において株式の譲渡所得に係る申告納税する必要がある。売主はこのような税務の観点も踏まえた上で，分割払いとするかを検討する必要がある。

なお，譲渡価格の分割払いが規定される場合，売主としては，クロージングから残額の支払時まで譲渡価格の一部について支払が遅れるため，その間の利息を買主に請求することも考えられる。

(3)　エスクロー

上記(2)で述べた譲渡価格の分割払い（Hold back）については，売主としては，買主の資力に問題がある場合に残代金が売主に支払われないリスクを負うことになる。

このリスクを回避するための仕組みとして，エスクローが利用されることがある。エスクローとは，譲渡価格の一部を第三者たるエスクロー・エージェント（通常は金融機関）の口座に預け入れ，一定期間（例えば表明保証の期間）の間に補償請求があれば，当事者の合意や裁判所の判決に基づいた補償額を控除した上で売主に対して払い出し，補償請求がなければ預け入れた額をそのまま売主に対して払い出す仕組みである。

エスクローを利用することにより，残代金は第三者たるエスクロー・エージェントの下で保管されるため，買主が無資力の場合でも売主は残代金を受領することが可能となる。そのため，エスクローは分割払いの仕組みよりは売主にとって受け入れやすく，実際に欧米の取引においては，エスクローの仕組みが利用されることが少なくない。もっとも，エスクロー・エージェントとの間のエスクロー契約の内容を検討する手間やエスクロー・エージェントへの報酬の支払等，エスクローを利用する場合には追加の費用が発生するため，エスクローが利用されるのは一定の規模以上の取引であるのが通常である。

また，エスクローを利用する場合，エスクローされている譲渡価格やその利息の税務処理（エスクローされている譲渡価格の分もクロージング日の属する年分の売主の譲渡所得となるか，利息が生じる場合，利子所得は売主と買主のいずれに帰属するか）も検討しておく必要がある。

第3節　クロージング

1　クロージングの手続

株式譲渡契約においては，株式譲渡の実行又はその手続を総称してクロージングと呼ぶ。

クロージングにおいて，売主は，株式の譲渡に必要な手続を行う。具体的には，株券発行会社の場合，株券の交付が株式譲渡の効力発生要件であるため（会社法128①），売主はクロージング日に買主に株券を交付する。なお，対象会社への対抗要件である株主名簿の名義書換（会社法130参照）については，買主は対象会社に対して株券を提示すれば，単独で株主名簿の名義書換を行うことができる（会社法133②，会社規22②一）。

これに対して，株券不発行会社の場合には，当事者間の意思表示により株式譲渡の効力が発生する。そのため，株式譲渡契約において，クロージング日に株式を譲渡する旨を規定すれば，株式譲渡は実行される。しかし，株券不発行会社の場合には，株主名簿の書換は，譲渡人と譲受人が共同で行う必要があるため（会社法133②），クロージングにおける売主の義務として，売主署名済みの株主名簿名義書換請求書を買主に交付する旨が規定されるのが一般的である。

上記に対し，クロージングにおける買主側の主たる義務は，株式譲渡代金の支払である。株式譲渡代金は，クロージング日に一括して支払われるのが原則であるが，分割払いの方法やエスクローが活用されることがある（本章**第２節４**参照）。

クロージングに関する条項としては，例えば，以下のような内容が考えられる（対象会社が株券発行会社である場合）。

【クロージングに関する条項例】

- 売主は，クロージング日において，買主から本譲渡価格の全額の支払を受けることと引き換えに，買主に対して本株式を譲渡し，本株券を交付する。
- 買主は，クロージング日において，売主から本株券の引渡しを受けることと引き換えに，本譲渡価格の全額を売主に対して支払う。

２　プレ・クロージング

プレ・クロージングとは，クロージング日に取り交わす書類や段取りを事前に確認する手続である。書類が多い場合には，クロージングチェックリストを作成し，不備や遺漏がないようにすることが望ましい。

プレ・クロージングの方法としては，クロージング日の前に，各当事者やアドバイザーが物理的に集まって，クロージング書類の原本確認を行うのが典型的であるが，売主と買主の所在地が離れている場合にはウェブ会議で行われることもある。また，クロージングの手続がシンプルな場合には，メールベースでのやり取りでクロージング書類を確認すれば足りることも少なくない。

第４節　前提条件

1　前提条件の趣旨及び機能

株式譲渡契約においては，クロージングに関する義務の履行について前提条件が規定されることが一般的である。前提条件が充足されない場合，各当事者は，自己のクロージングに関する義務を履行しないことができる。

例えば，売主の場合にはクロージングに関する義務として，買主に対して株券や株主名簿名義書換請求書を交付する義務を負うが，前提条件が充足しない場合には，売主はこれらを交付しないことができる。また，買主の場合には，クロージングに関する義務として株式の譲渡代金を支払う義務を負うが，前提条件が充足しない場合には，譲渡代金を支払わないことができる。

なお，前提条件が充足しない場合であっても，当該前提条件を放棄して，クロージングに関する義務を履行することは可能である。

売主と買主では，それぞれの義務の履行の前提条件は分けて規定することが一般的である。前提条件を当事者ごとに分けて規定しない場合，例えば，買主が充足の有無をコントロールできる前提条件を買主の義務の履行の前提条件とすると，買主は意図的に前提条件を充足させずに義務を免れることが可能となってしまう。

前提条件に関する条項としては，例えば，以下のような条項が規定される。

【クロージングの前提条件に関する条項例】

（売主の義務の履行の前提条件）

・売主は，以下の各号の事由が全て充足されていることを前提条件として，第●条に定める義務を履行する。なお，売主は，その任意の裁量により，前提条件の全部又は一部を放棄することができる。

(1)　本契約締結日及びクロージング日において，買主の表明及び保証が重要な点において真実かつ正確であること

(2)　買主が，本契約に基づいてクロージングまでに履行又は遵守すべき義務を重要な点において履行又は遵守していること

(3)　●

（買主の義務の履行の前提条件）

・買主は，以下の各号の事由が全て充足されていることを前提条件として，第●条に定める義務を履行する。なお，買主は，その任意の裁量により，前提条件の全部又は一部を放棄することができる。

(1)　本契約締結日及びクロージング日において，売主の表明及び保証が重要な点において真実かつ正確であること

(2)　売主が，本契約に基づいてクロージングまでに履行又は遵守すべき義務を重要な点において履行又は遵守していること

(3)　●

上記のとおり，前提条件が充足されない場合，クロージングに関する義務が履行されず，株式譲渡が実行されないという重大な結果が発生する。この点，売主は，迅速かつ確実に譲渡代金が支払われることを望むのが通常であるため，売主としては，譲渡代金の支払の不確実性を高める前提条件は限定的な内容とすることが望ましい。

また，株式譲渡契約の締結後は，会社のオーナーが変わるという事実を従業員や取引先に説明する必要があるが，仮に従業員や取引先に説明した後に株式譲渡が実行されなかった場合，対象会社の事業に悪影響を及ぼす可能性もある。

これに対し，買主としては，株式譲渡の実行に支障がないことを十分に確認した上で，株式譲渡を実行したいと考えるため，買主は，前提条件として様々な事項を要求することが一般的である。

売主としては，クロージングを過度に不確実とするような前提条件が規定されないように注意する必要がある。

2　前提条件の具体的な内容

(1)　前提条件の例

株式譲渡契約に規定される前提条件はケースバイケースであるが，事業承継型M&Aにおいては，例えば，以下の表に記載されている前提条件が考えられる。

【前提条件の例】

（売主と買主に共通する前提条件）

- 相手方当事者の表明保証が真実かつ正確であること[6]
- 相手方当事者がクロージング前の義務を履行又は遵守していること
- クロージングに必要な許認可（例えば，独禁法のクリアランス）が取得されていること

（買主の義務の前提条件に特有の事項）

- 売主又はその関係者が対象会社の役員を辞任していること
- （対象会社が譲渡制限会社の場合）株式譲渡について株主総会や取締役会の承認が得られていること
- 株式譲渡の実行について第三者との契約上必要な手続（第三者への通知，承諾の取得等）が完了していること

6　表明保証の真実性・正確性については，前提条件を限定したい売主としては，表明保証の違反が重要である場合やMAC事由に該当する場合のみ前提条件の対象とすることを主張することが考えられる。また，同様にクロージング前の義務の履行・遵守についても重要性の限定を設けたり，特に重要な義務のみを前提条件の対象とすることが考えられる。

・MAC条項
・キーマン条項
・ファイナンス・アウト条項

このうち，MAC条項，キーマン条項，ファイナンス・アウト条項は，そもそも前提条件として規定すべきかどうか，規定するとしてその具体的内容について，売主と買主で議論となることが少なくないため，(2)以下で説明する。

(2)　MAC条項

前提条件の中で協議の対象となることが少なくないものとして，MAC条項（Material Adverse Change。MAE条項〔Material Adverse Effect〕と呼ぶこともある）がある。MAC条項は，株式譲渡契約締結日からクロージングまでの間に，対象会社の事業や資産に重大な悪影響が生じていないことを前提条件とするものである。対象会社の事業や資産に重大な悪影響が生じた場合，買主は，譲渡価格に見合った価値の株式を取得することができなくなるため，MAC条項は買主にとって重要な前提条件である。

MAC条項に，どのような事象を盛り込むかは交渉により決定されるが，日本の株式譲渡契約の場合，対象会社の事業や資産に重大な悪影響が生じていないという程度の比較的簡単な内容とすることが多い（これに対してクロスボーダーの取引においては，MAC条項の解釈についての予測可能性を担保するため，詳細なMAC条項が設けられることが一般的である）[7]。もっとも，広範かつ

7　なお，対象会社の事業や資産に関し，将来の予測までMAC条項の対象とすべきかについてはケースバイケースであるが，売主の立場からはMAC条項の対象とすべきでないと主張することとなる。この点，東京地判平成22年３月８日判時2089号143頁は，株式譲渡契約において，対象会社の「財政状態に悪影響を及ぼす重大な事実」が発生していないことについて売主の表明保証が定められていたところ，買主が，株式譲渡契約締結後，実行前に，対象会社の株価算定の基礎となった営業利益が予測額と異なり赤字を計上したこと，対象会社の不動産の不動産鑑定による価格が大幅に下落したことをもって売主の表明保証違反であるとして，売主に譲渡代金の価格調整を申し入れたものの，売主がこれに応じなかったため株式譲渡契約を解除した事案において，「財政状態に悪影響を及ぼす重大な事実」とは営業利益の数値に影響を及ぼすような具体的事実をいい，単に営業利益が予測を

曖昧なMAC条項を規定すると，買主から，MAC条項による前提条件の不充足を広く主張される可能性もある。

そのため，売主としては，そもそもMAC条項を規定しないか，MAC条項を規定するとしてもMAC条項の対象となる事項を限定することが望ましい。

例えば，一般的な経済・政治状況の変化[8]，対象会社の業界一般に影響を及ぼすもの，法令等や会計基準の変更，金融市場・証券市場の変化，戦争，天災等については，売主がコントロールできない事象であり，MAC条項によるクロージングの中止は認められるべきではないとの考え方があり得る。また，M&A取引に関係する行為（例えば，M&Aで予定されている行為，M&A取引の公表など）に基づくものについてもMAC条項の対象とするべきでないとも考えられる。そのため，売主としては，これらの事象については，MAC条項の例外とすべきことを提案することが考えられる。また，昨今の情勢に鑑み，疫病・パンデミックによる影響をMAC条項から除外するかという点も議論となり得る[9]。

(3) キーマン条項

オーナー系企業においては，経営に関与している幹部役職員が限られており，幹部役職員が退職すると対象会社の事業に大きな影響を与えることが少なくない。また，オーナーが変更することによる企業文化や待遇の変化を望まない役職員が，M&A取引のタイミングで対象会社から退職する可能性もある。

そのため，買主としては，対象会社にとって重要な役職員（いわゆるキーマン）が，M&A取引の後も引き続き対象会社に在籍することを確認したいと考

下回ったことのみでは表明保証違反にはならず，また社会的な不動産市況の下落という対象会社に固有に生じるものではない一般的普遍的な事象については表明保証の対象にならないと判示しており，参考になる。

8 前掲注7東京地判平成22年3月8日参照。この裁判例においては，社会的な不動産市況の下落という対象会社に固有に生じるものではない一般的普遍的な事象については表明保証の対象にならないと判示されている。

9 なお，MAC条項が規定されなくても，前提条件において表明保証の真実性・正確性が規定されており，かつ，一定の基準日以後にMAC事由が発生していないことが表明保証の対象となっている場合，MAC条項が前提条件が規定されていることと実質的に同様の結果となり得る点に注意する必要がある（いわゆる裏口〔backdoor〕）。

えることがある。確認の方法としては，当該役職員からの誓約書の提出，当該役職員と対象会社の間の委任契約・雇用契約の締結等があり，買主は，これらの書面の提出等を前提条件とすることを望むことがある。

しかし，キーマン条項を規定すると，当該役職員が誓約書等の提出にあたって，見返りとして昇給等を求めることがあり，売主としてその対応に苦慮することも少なくない（なお，昇給を認めた場合，対象会社の事業計画に影響を与えるため，株式の譲渡価格の減額事由ともなり得る）。

また，株式譲渡契約の締結後に当該役職員の意思を確認する場合，当該役職員が誓約書等の提出を拒否することにより，株式譲渡が実行できないリスクもある。

そのため，売主としてはキーマン条項は規定しないことが望ましく，仮にキーマン条項を規定するとしても，株式譲渡契約の締結前にキーマンの意思確認を完了しておく必要がある。

⑷　ファイナンス・アウト条項

買主が，買収資金を金融機関等から買収資金を調達することを想定している場合，買収資金を調達できないと買収は事実上困難となる。そのため，このような場合に備えて，買主は買収資金の調達が完了していることをクロージングの前提条件として求めることがあり，このような前提条件は一般にファイナンス・アウト条項と呼ばれる。

確かに，買収資金を調達できない場合には，株式譲渡の実行は困難であることから，ファイナンス・アウト条項には一定の合理性がある。しかし，売主の立場からすれば，買収資金の調達は買主が行うことであり，ファイナンス・アウト条項を許容すると，買主は買収資金の調達を誠実に行わないことにより，容易に前提条件を充足しない状況を作出できることとなってしまう。

そのため，売主としては，ファイナンス・アウト条項を受け入れるとしても，買主に買収資金の調達に向けて誠実に努力を行う義務を課す等の対応は必要となる。また，株式譲渡契約締結の前に，買主に資金調達の見込みがあることについて確認することも重要であり，この点の確認を行うため，買主の表明保証においては，買主が金融機関からコミットメント・レターを取得していること等についての表明保証を求めることもある。

第５節　コベナンツ

１　コベナンツの趣旨及び機能

コベナンツとは，売主又は買主の誓約事項である。株式譲渡契約においては，売主の株式引渡義務と買主の代金支払義務が当事者の中心的な義務であるが，これらに付随する義務として，様々な誓約事項（すなわち，売主又は買主の義務）が規定される。

コベナンツには，**図表２－５－１**のとおり，クロージング前に当事者が履行又は遵守すべきコベナンツ（pre-closing covenants）とクロージング後に当事者が履行又は遵守すべきコベナンツ（post-closing covenants）の２種類があり，主たる効果が異なる。

株式譲渡契約は，クロージングを行うこと（すなわち株式譲渡と代金の支払の実行）を主たる目的とする契約であり，クロージングによりその目的は達成される。そのため，一般的にはクロージング前のコベナンツ（①）の方が重要

【図表２－５－１　コベナンツの具体例】

	プレ・クロージング・コベナンツ（pre-closing covenants）	ポスト・クロージング・コベナンツ（post-closing covenants）
具体例	・クロージング前の手続（許認可の取得，取引先の承諾の取得，株式譲渡承認手続等）を行う義務 ・対象会社の問題を是正する義務 ・クロージングまでの間，株式価値の減少を防止する義務	・売主の競業避止義務や従業員勧誘禁止義務
主たる効果	前提条件の不充足を通じたクロージングの延期や株式譲渡契約の解除	クロージング後の事後的な補償請求

性が高い。

プレ・クロージング・コベナンツは，一般的には，株式譲渡契約の締結からクロージングまでの間に，当事者がクロージングの前提としている事実や条件を整える機能を有し，その遵守がクロージングの前提条件となることが一般的である。そのため，プレ・クロージング・コベナンツの違反は前提条件の不充足という形で，クロージングの延期や株式譲渡契約の解除を招くことになる。

これに対し，ポスト・クロージング・コベナンツは，すでにクロージングが実行された後に履行されることから，ポスト・クロージング・コベナンツの違反は通常は株式譲渡契約の解除事由とはならない。むしろポスト・クロージング・コベナンツの違反は事後的な補償請求という形で問題となる。

2　クロージング前のコベナンツ（プレ・クロージング・コベナンツ）

⑴　対象会社の企業価値や株式価値を維持するためのコベナンツ

株式の譲渡価格は，株式譲渡契約締結時点で想定された対象会社の企業価値や株式価値に基づいて決定される。そのため，買主としては，クロージングまで対象会社の企業価値や株式価値が維持されることを確保する必要があり，対象会社の企業価値や株式価値が維持されるよう，売主が一定の義務を負うのが通常である。

例えば，売主は，対象会社の運営について，善管注意義務をもって，従前と実質的に同一の方法により運営する義務を負うのが一般的である。

また，これに加えて，対象会社が企業価値や株式価値を減少させる行為を行うことを禁止することもある（いわゆるネガティブ・コベナンツ）。ネガティブ・コベナンツには，配当や役員報酬などの対象会社の資産を減少させる行為や，組織再編成などの対象会社の実態を変更させる行為など様々な行為がある。ネガティブ・コベナンツは，対象会社の事業活動を制限することになるため，売主としては，その内容を慎重に検討する必要がある。

⑵　売主と対象会社の関係の解消

非上場会社のオーナー系企業においては，オーナーである売主の資産と対象会社の資産が混同していることが少なくない（**第2部第4章第2節4**参照）。対象会社の所有不動産を売主が自宅として使用していたり，社用車を売主がプライベートで使用したりしている場合などが典型例である。

株式譲渡契約においては，株式譲渡の実行までにこれらの関係を解消する義務を売主が負うことがある。例えば，対象会社の所有不動産を売主が自宅として使用している場合には，売主が対象会社から当該不動産を譲り受けることが想定される。当該不動産は対象会社の事業に不要な資産であり，買主としては売却により現金化することが望ましいところ，売主が自宅として使用している不動産は売主（又はその親族）以外に対して売却することが難しいことからこのような対応が行われることが多い。この場合，売主は，不動産の購入資金を株式の譲渡代金から支払う（相殺）ことが簡便であり，この方法による場合，買取代金のための資金の調達も不要となる。

(3) 株式譲渡の手続

株式譲渡を実行するためには，会社法上の株式譲渡承認の手続その他の法令に基づく手続を実施しなければならない場合があり，その場合に売主が株式譲渡の実行前にこれらの手続を完了し，又は完了に向けて努力する義務を負うことが一般的である。

会社法上の株式譲渡承認の手続（会社法136以下）は，定款の規定に基づいて，対象会社の株主総会又は取締役会が，株式譲渡の承認を行う手続であるものの，売主は，契約上，株式譲渡の実行前に株式譲渡承認手続を完了する義務を負うのが一般的である[10]。

法令に基づく手続については，(i)対象会社グループの売上高が50億円を超える場合には独禁法に基づく届出手続，(ii)買主が外国法人の場合には外為法に基づく手続[11]を意識する必要がある。独禁法と外為法の手続は，通常は買主側で

10 なお，判例上，売主が対象会社の全ての株式を保有している場合には，取締役会の譲渡承認決議を得ずに行われた譲渡も対象会社に対する関係では有効とされる（最判平成5年3月30日民集47巻4号3439頁）。

11 例えば，外国投資家（例えば，非居住者である個人，外国法を設立準拠法とする法人，これらの者に議決権の50％以上を保有される会社等をいう。外為法26①）が，日本居住者から国内の非上場会社の株式を取得する等の対内直接投資等（外為法26②，直投令2⑯）

履践すべき手続であり，買主が株式譲渡の実行前にこれらの手続を完了する義務を負うが，独禁法の届出においては，対象会社の財務情報や市場シェア等の情報が必要となるため，売主の協力も必要となる。

これらの手続は株式譲渡のスケジュールに影響を与えるため，売主としては，早い段階からこの手続の要否を買主に確認することが望ましい。

Column12：独禁法の事前届出

買主グループ（株式を取得しようとする会社及び当該会社の属する企業結合集団[12]に属する当該会社以外の会社）の国内売上高の合計額が200億円を超え，対象会社及びその子会社の国内売上高の合計額が50億円を超える場合において，対象会社の株式譲渡により買主グループによる対象会社の議決権保有割合が新たに20％又は50％を超えることになるときは，公正取引委員会への届出が必要になり（独禁法10②），届出の受理から原則として30日（待機期間。但し，かかる待機期間は短縮されることがある。）を経過するまでは株式譲渡の実行が禁止される（独禁法10⑧）。

待機期間における第一次審査で独禁法上問題がない場合，排除措置命令を行わない旨の通知（届出規則［私的独占の禁止及び公正取引の確保に関する法律９条から16条までの規定による認可の申請，報告及び届出等に関する規則］９条）が行われる[13]。

を行う場合には，外為法上，対象会社の業種により，財務大臣及び事業所管大臣への事前届出又は事後報告が必要となる場合がある（外為法27①・55の５①）。対内直接投資等の事前届出が必要となる場合，原則として届出受理日から30日間は取引の実行が禁止される（外為法27②本文）。

12 「企業結合集団」とは，会社及び当該会社の子会社並びに当該会社の最終親会社（親会社であって他の会社の子会社でないものをいう）及び当該最終親会社の子会社（当該会社及び当該会社の子会社を除く）からなる集団をいう（独禁法10②）。

13 なお，公正取引委員会がより詳細な審査が必要と判断する場合，原則として，届出の受理から120日を経過した日と届出会社から全ての報告等を受理した日から90日を経過した日のいずれか遅い日までの間，第二次審査を行うことができる（独禁法10⑨）。公正取引委員会が第二次審査で独禁法上条問題がないと判断した場合，届出会社に対し，排除措置命令を行わない旨の通知を行う。問題があると判断した場合，意見聴取（独禁法49以下）を行い，当事会社が独禁法上の問題点を解消する問題解消措置を期限内に履行しないとき等には，排除措置命令が行われることになる。

このように，対象会社及びその子会社の国内売上高が50億円を超える場合には，買主側の売上規模によっては，独禁法上の事前届出が必要となり，また，対象会社に海外売上がある場合には，海外の競争法に従った手続も必要になる可能性がある。独禁法又は海外の競争法の手続には数か月を要することもあるため，案件の初期の段階から注意する必要がある。

なお，届出等の競争当局への対応について売主・買主間の情報共有について定めることもあるが，競争上センシティブな情報を交換することは独禁法上，ガンジャンピング規制の問題を生じ得る点に注意が必要である（**第４章第１節１⑷のコラム７**参照）。

⑷　チェンジ・オブ・コントロール

対象会社が取引先と締結している契約においては，対象会社の株主構成や経営体制の変更が禁止事由，解除事由等となっているものがあり，一般にこのような条項は，チェンジ・オブ・コントロール条項と言われる。

チェンジ・オブ・コントロール条項が含まれる契約については，株式譲渡の実行前に取引先からの承諾を取得する必要があるため，このような承諾を取得することが売主の義務とされることがある。もっとも，取引先が承諾するかどうかは取引先の判断であり，売主側がコントロールできないため，売主側としては，取引先の承諾を取得する義務ではなく，取引先の承諾の取得に向けて努力する義務とするよう求める必要がある。

⑸　その他

クロージング前のコベナンツとしては，上記の他，以下の条項が規定されることがある。

【その他のクロージング前のコベナンツの例】

⒤　（対象会社に複数の株主がいる場合）株式の集約
(ii)　デューディリジェンスで発見された問題の是正
(iii)　売主その他売主関係者の役職員からの辞任
(iv)　対象会社の帳簿等へのアクセス

(v)　前提条件の充足に向けた努力

このうち，(i)（対象会社に複数の株主がいる場合）株式の集約については**第２部第１章**，(ii)デューディリジェンスで発見された問題の是正については**第２部第４章**において説明している。

3　クロージング後のコベナンツ

(1)　雇用の維持

株式譲渡契約においては，クロージング後，買主が，クロージング前と同一の条件で対象会社の役職員の雇用を維持する義務を負うことがある。

もっとも，雇用維持義務が厳格に適用されると，対象会社の経営に対する強い制約となることから，「当面の間」雇用を維持するなど期間を曖昧にしたり，努力義務にすることも少なくない。また，そもそも買主が雇用維持義務に違反したとしても，売主には損害が発生しないのが通常であり，補償請求によって雇用維持義務の実効性を担保することも難しい。

このように法的な観点からは，株式譲渡契約に雇用維持義務を規定する意義は限定的であるが，売主にとっては，買主が雇用維持義務を負うことが，実務上重要となることもある。例えば，対象会社の役職員に対してM&A取引の説明を行う際，役職員としては，対象会社のオーナーが変更することについて少なからず不安を感じるのが通常である。そのような役職員の不安を払拭するための材料として，株式譲渡契約において雇用維持義務を規定しておくことが重要となることもある。

(2)　競業避止・勧誘禁止

クロージング後に売主が，対象会社の事業と競合する事業を開始したり，対象会社の従業員の引き抜きを行うと対象会社の企業価値が毀損される。そのため，買主から，売主が株式譲渡実行後に対象会社と競業する事業を行うことを禁止する義務（競業避止義務）[14]や，売主が対象会社の役職員の引き抜きを行うことを禁止する義務（勧誘禁止義務）が提案されることがある。

売主としては，競業避止義務については，競業が禁止される事業の範囲，競業禁止の期間，地理的範囲等に鑑みて合理的な範囲となっているか，勧誘禁止義務については，求人広告等の一般的な勧誘が許容されているか等の観点から，検討する必要がある。

(3)　売主の連帯保証の解除

非上場のオーナー会社においては，対象会社の借入債務その他の債務を売主であるオーナーが連帯保証（経営者保証）しているケースが少なくない。

売主としては，クロージング後は対象会社のオーナーではなくなるため，この連帯保証を解除してもらう必要がある。そのため，株式譲渡契約においては，クロージング後に買主が対象会社をして売主の連帯保証を解除する旨の努力義務が規定されることがある（借入れの連帯保証の解除については，**第２部第４章第２節４(2)**参照）。

なお，このような努力義務を規定したとしても，債権者が連帯保証の解除に同意しない可能性もあるため，連帯保証が解除されない場合には，買主が対象会社に対して貸付等を行い，対象会社が当該連帯保証に係る主債務を弁済する義務を課したり，買主が売主の連帯保証債務を代位弁済する義務を課したりする等の対応も規定しておくことが考えられる。

14　なお，競業避止義務については，売主が個人の場合には職業選択の自由との関係でその有効性が問題となることがある。この点，裁判例においては競業避止義務を定める合意も私的自治の原則により有効であるが，職業選択の自由を制限するおそれがあり，制限の期間，場所的範囲，制限の対象となる職種の範囲，代償の有無等を斟酌して，競業の制限が合理的かつ必要な範囲を超える場合，当該合意は公序良俗に反し無効とされている。

例えば，東京地判平成21年５月19日判タ1314号218頁は，M&Aの対象会社の元代表取締役の退任後２年間の対象会社と競合する事業に係る競業避止義務につき，代表取締役が買主との間でM&Aの実行及びその後の経営計画の一環として合意したものであるから，使用者・労働者間のような優劣関係がなく，公序良俗には反しないとして有効と判示している。また，東京地決平成５年10月４日金判929号11頁は，代表取締役の取締役又は株主でなくなった日のいずれか遅い日から５年間の日本における対象会社と競業する業務に係る競業避止義務につき，対象会社の前身の会社のM&Aの交渉において代表取締役に競業避止義務を課すことが重要な条件とされていたこと，在任中に報酬額と昇給について格別の配慮が行われていたこと等を考慮して有効と判示している。

第６節　表明保証

１　表明保証の趣旨及び機能

表明及び保証は，売主又は買主が，一定の時点における一定の事実について真実かつ正確であることを相手方当事者に対して表明し，保証するものである[15]。

表明保証した事実が真実と異なっている場合には，株式譲渡契約を実行する前提を欠き，前提条件を充足しないこととするのが一般的である（**本章第４節１**参照）。例えば，売主が，対象会社の株式を適法に所有していることを表明保証している場合，売主が株式を所有していないことが明らかとなったときには，前提条件を充足せず，買主は株式譲渡を中止することができる。

また，譲渡価格は，表明保証の対象となる事実が真実であることを前提として合意されているところ，表明保証の対象となる事実に誤りがあると，当初想定していた譲渡価格と実際の株式価値に齟齬が生じる。この場合，表明保証に違反した当事者が相手方当事者に対して補償を行うことを通じて，事後的にこの齟齬が解消される。例えば，売主が，対象会社の計算書類は会計基準に従って正確に作成されているとの表明保証を行っていたところ，実際には対象会社の計算書類は不正確であった場合，譲渡価格の前提となっていた対象会社の財務状況が誤っていたこととなり，譲渡価格と実際の企業価値又は株式価値に齟齬が生じる。この場合，売主が，買主に対して補償責任を負うことにより，事

15　表明保証は，本来的には英米法上の概念であるところ，日本においては，当事者の特別な合意としての「損害担保契約」と捉える見解が有力である（青山大樹「英米型契約の日本法的解釈に関する覚書（下）—「前提条件」，「表明保証」，「誓約」とは何か」NBL895号75頁）。なお，民法の一部を改正する法律（平成29年法律第44号）により，瑕疵担保責任は契約不適合責任と整理されたが（民法562以下），契約不適合に基づく損害賠償請求は債務不履行に基づく損害賠償請求権（民法415）を根拠とし，売主に帰責の有無を問わない表明保証とは異なること，契約不適合責任の対象となるのは契約の目的物や権利であるが，表明保証の対象はそれより広いこと等から，依然として契約不適合責任と表明保証は異なるとする見解がある（藤原総一郎＝松尾博憲＝佐竹義昭＝宇治佑星「債権法改正と会社法実務⑵—債権法改正によるM&A契約実務への影響」旬刊商事法務2157号28頁）。

後的に齟齬が解消される[16]。

また，表明保証の機能としては，表明保証に関する交渉を通じて，デューディリジェンスでは開示されなかった対象会社の情報が，売主から買主に開示されるという機能や，売主と買主の間にある情報の非対称性を克服して効率的な取引の実現を促進する機能もあるとされる。

上記のとおり，表明保証は，当事者間で株式譲渡契約の前提となる事実を相互に確認し，当該事実に関するリスク分担を決めるものであり，重要な意義を有する。

売主は，表明保証の内容について慎重にレビューを行い，売主の認識と異なる事実が表明保証の対象となっている場合，当該事実を表明保証から除外するよう求めることが必要となる[17]。なお，当該事実を表明保証の対象から除外した場合，買主からは，表明保証から除外する代わりに，株式譲渡価格の減額，当該事実に関して発生する損害に関する特別補償等を求められることがある。

Column13：表明保証保険

売主が株式譲渡契約における売主の表明保証に違反した場合，売主は買主に対して補償責任を負う。表明保証保険は，この補償責任の全部又は一部を保険会社からの保険金で支払う仕組みである。表明保証保険を活用することにより，売主は補償責任に関するリスクを損害保険会社に転嫁することができ，一方，買主は売主の無資力や所在不明によるリスクを回避することができる。

---

16 なお，ある事実を表明保証の対象とすることは，表明保証の対象とされている事実が不正確であった場合に売主が補償責任を通じてリスクを負うことを意味する。これに対して，表明保証の対象ではない事実については，買主は売主に対して補償請求を行うことができないため，かかる事実は買主がリスクを負うことになる。このように，表明保証の交渉を通じて，売主と買主は，様々な事実に関するリスク分担について交渉を行うことになる。

17 このように表明保証から除外される事項を記載したリストをDisclosure Scheduleと呼ぶ。なお，Disclosure Scheduleにより表明保証の対象から除外する事実として，デューディリジェンスで開示した事実についても広く対象とするかについて協議されることもあるが，売主としては，広く対象とする方が望ましい。

表明保証保険は，売主が購入するものと買主が購入するものの２種類があるが，一般的には，補償範囲の柔軟性や保険金請求手続の簡便さから買主が購入する買主用の表明保証保険が利用される。買主用の表明保証保険であっても，買主の損害が表明保証保険により填補される範囲で売主は表明保証違反の補償責任を免れるため，売主側にもメリットがある。なお，表明保証保険は，株式譲渡契約における補償金額の上限や補償期間の制限を超えて保険金請求ができる設計にすることも可能である。

なお，表明保証保険においては，デューディリジェンスが実施されていない事項については一般的に表明保証保険の対象外とされる。そのため，デューディリジェンスにおいて対象会社の資料開示状況が不十分である場合には表明保証保険の対象範囲が小さくなり，そのメリットを十分に享受できない可能性がある。また，中国等の特定の国に関する事項については，そもそも表明保証保険の対象外とされることも多い。また，買主が（保険契約者）が知っていた事項についても表明保証保険の対象外とされるため，特別補償条項において売主と買主の間のリスク分担を検討する必要がある[18]。

さらに保険会社が表明保証保険を引き受ける際，株式譲渡契約が独立当事者間で真摯に交渉されたことが前提とされるため，表明保証保険を利用するからといって契約条件を安易に妥協することは許されない。

このように表明保証保険は，売主と買主の双方がリスクを損害保険会社に転嫁できる仕組みであり，双方にとってメリットがあるが，表明保証保険は主に数十億円から一千億円程度のクロスボーダーの案件で利用されており，国内の中小規模のM&A案件では今まで利用されてこなかった。しかし，最近では，株式譲渡代金が数千万円から数億円程度の小規模の国内M&A案件に対応した表明保証保険も販売されており，今後は事業承継型M&Aでも表明保証保険が広く活用される可能性がある。もっとも，上記のとおり，表明保証保険を利用する場合にはデューディリジェンスの十分な実施や株式譲渡契約の真摯な交渉が必要となるため，より一層慎重に進める必要がある。

18　その他，罰金・課徴金等，懲罰的損害賠償，年金・退職金等の積立不足，移転価格税制，贈収賄・反社会的勢力，環境汚染，製造物責任，個人情報保護法違反等も表明保証保険の対象から除外されることが多い。

2 一般的な表明保証の例

(1) 売主に関する表明保証

売主に関する表明保証としては，以下のような項目が表明保証の対象となる。主として株式譲渡契約が有効に締結されていることを担保するための基本的な表明保証である。

【売主の表明保証の例（自然人の場合）】

① 売主の意思能力，行為能力
② 売主に対する強制執行可能性
③ 株式譲渡契約と法令等の抵触の不存在
④ 許認可等の取得
⑤ 売主における倒産手続等の不存在
⑥ 反社会的勢力との関係の不存在

(2) 対象会社の株式に関する表明保証

株式譲渡契約の目的物である株式について，売主が適法に株式を所有しており，株主名簿上及び実質上の株主であることについて，売主は表明保証を行うのが通常である。

これに加え，株式に担保の設定等の負担が存在しないこと，株式の権利に関する合意（株主間契約等）が存在しないこと，株式の帰属に関する紛争等が生じていないこと等もあわせて規定されることが少なくない。

(3) 対象会社に関する表明保証

売主は，対象会社に関する事項についても表明保証を行う。株式の譲渡価格は，対象会社の事業や財務状況に基づいて算定されているため，譲渡価格の前提となった対象会社の状況についても表明保証の対象とすることが必要となる。

対象会社に関する事項は多岐にわたり，対象会社に関する表明保証としてどのような事実についてどの程度規定するかについて，当事者間で議論となることが多い。対象会社の表明保証は，例えば，以下のような項目が考えられる。

【対象会社に関する表明保証の例】

① 対象会社の設立及び存続
② 発行済株式（潜在株式を含む）の内容
③ 子会社・関連会社に関する事項
④ 計算書類の正確性
⑤ 法令遵守
⑥ 対象会社の資産（不動産，動産，知的財産等）
⑦ 対象会社が締結している契約等
⑧ 人事労務
⑨ 税務
⑩ 環境
⑪ 訴訟・紛争の不存在
⑫ 関連当事者取引の不存在
⑬ アドバイザリーフィーの不存在
⑭ 適切な情報開示

対象会社の表明保証において規定すべき事項は，ケースバイケースであるが，個人株主がオーナーである非上場会社のケースにおいては，特に以下の点に注意する必要がある。

(a) 計算書類の正確性

計算書類は，貸借対照表，損益計算書，株主資本等変動計算書及び個別注記表を総称したものをいう（会社法435②，会社計規59①）。計算書類は，対象会社の財務状態や経営成績を示す資料であり，対象会社の企業価値及び株式価値を算定するために必要な資料であることから，表明保証の対象とされることが一般的である。なお，連結計算書類（会社法444）を作成している場合には連結計算書類が表明保証の対象となる。また，対象会社の子会社又は関連会社の計算書類も表明保証の対象となることもある。

表明保証の対象となる計算書類は，最終事業年度のものに加え，過去数年度の計算書類が対象となることもある。また，買主からは，半期や四半期の計算書類や，月次の業績を示す書類も表明保証の対象とすることを求められることもあるが，これらの中間的な書類は，適切な手続に基づいて作成されていない可能性もあるため，売主としては，表明保証の対象とするかは慎重に検討すべきである。

また，計算書類の正確性に関する表明保証と関連して，簿外債務の不存在や貸借対照表の作成基準日以降における重要な変更の不存在が表明保証の対象とされることも少なくない。

(b)　公租公課

株式譲渡契約において，売主が対象会社を管理していた期間における税務リスクの不存在（すなわち，対象会社の税務申告が適時に行われていること，及び対象会社に滞納税金がないこと）が表明保証の対象となることが一般的である。

この点，公租公課に関する表明保証において，しばしば納税義務の成立時期，申告期限及び納期限の概念を混同しているような記載がみられる。納税義務は，課税要件を充足することにより抽象的に成立し，納税者は原則として納付すべき税額を確定する手続を踏んだ上で，納期限までに納税する必要がある。納税義務の成立時期，申告期限（申告納税方式の場合）及び納期限は，税目ごとに異なるものであって（具体的な納税義務の成立時期及び納期限は，**図表２－５－２**参照），この違いを正確に理解した上で表明保証条項の文言をドラフトしないと，表明保証の範囲が不明確となりかねない。売主としては，過度に広範な表明保証がなされないよう，注意する必要がある。例えば，「対象会社において，納税義務を負っている租税は全額支払済みであること」という表明保証条項は，納期限による限定がなされておらず，どの範囲について表明保証が行われているのかが不明確であるから，売主としては，「適法かつ適正な申告を行っており，適時にその支払を完了している」といった限定を付す必要がある。

【図表２－５－２　納税義務の成立時期，申告期限及び納期限】

主な税目	成立時期	法定申告期限	納期限
申告納税による所得税	暦年の終了の時（国通法15②一）	翌年３月15日（所法120①）	翌年３月15日（所法128）
源泉徴収による所得税	源泉徴収をすべきものとされている所得の支払の時（国通法15②二）	—	源泉所得税の徴収日の属する月（支払月）の翌月10日（所法183①等）
法人税及び地方法人税	事業年度の終了の時（国通法15②三）	事業年度終了の日の翌日から２月を経過する日（法法74①）	事業年度終了の日の翌日から２月を経過する日（法法77）
消費税	国内取引の場合には，課税資産の譲渡等若しくは特定課税仕入れを行った時（国通法15②七）	法人の場合には課税期間の末日の翌日から２月を経過する日（消法45①）	法人の場合には課税期間の末日の翌日から２月を経過する日（消法49）
印紙税	課税文書の作成の時（国通法15②十二）	課税文書ごとに異なる（印紙税法11・12）	課税文書ごとに異なる（印紙税法11・12）

また，クロージング日が対象会社の事業年度途中である場合で，当該事業年度開始日からクロージング日までに行われた取引についての税務リスクは，一般的な租税公課に関する表明保証ではかならずしも捕捉されないことから（**図表２－５－３**参照），買主が税務インパクトがあると考えた場合には，これについての特別の表明保証を求められる可能性もある。

(c)　関連当事者取引

株式譲渡契約においては，対象会社と関連当事者（オーナー，その親族，及びこれらの者が支配する会社等）の間の取引の不存在が表明保証の対象とされることが少なくない。関連当事者との取引は，通常の取引条件と比べてオーナー側に有利に設定されている可能性があるため，関連当事者取引が存在するのであれば，その解消又は取引条件の再設定について売主と買主の間で協議す

【図表2－5－3 特別な表明保証と税務処理】

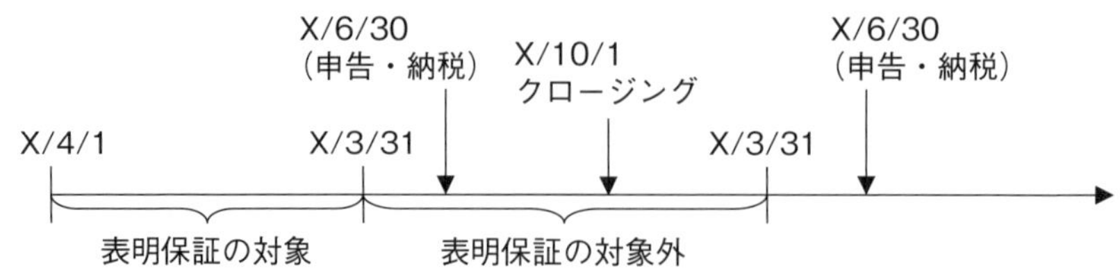

る必要があり，もし関連当事者取引が存在しないのであれば，その旨を表明保証で確認すべきであることが理由である。

個人株主がオーナーである非上場会社のケースにおいては，オーナーの資産と対象会社の資産が混同しているケースが少なくないため，売主としては，関連当事者取引の表明保証に違反しないよう，関連当事者取引が存在する場合には，表明保証の対象から除外する必要がある。

(d) アドバイザリーフィー

株式譲渡の取引においては，売主と買主がそれぞれファイナンシャルアドバイザー，弁護士，会計士，税理士等の専門家を起用し，その費用もそれぞれが負担するのが通常である。

この点，売主たるオーナーが，アドバイザリーフィーの支払のための十分なキャッシュを有していない可能性があること，アドバイザリーフィーは必要経費として所得から控除できない可能性があることその他の理由から，対象会社をアドバイザー契約の当事者とし，対象会社から各アドバイザーに対してアドバイザリーフィーを支払うことがある。

対象会社がアドバイザリーフィーを負担する場合，対象会社からキャッシュ・アウトが生じるため，買主としては，このようなアドバイザリーフィーが存在しないことを確認する必要があり，買主がアドバイザリーフィーの不存在について表明保証を要求することがある。

これに対し，売主としては，対象会社にアドバイザリーフィーが発生することが想定されるときは，表明保証の対象から除外する必要があるが，除外する代わりに株式譲渡価格の減額を求められることになる。

なお，本来であれば，株式譲渡に関するアドバイザリーフィーは，売主が負担するものであることから，対象会社がアドバイザリーフィーを負担した場合，税務当局から売主に対する寄附として損金算入を否認される可能性もゼロではない点に注意が必要である（対象会社の資本政策やM＆A取引により対象会社と買主とのシナジーが見込めるといった事情がある場合には，対象会社がアドバイザリーフィーを負担することにも合理性があると考えられる）。

(e)　適切な情報開示

売主は，デューディリジェンスにおいて買主に対して対象会社に関する情報を開示し，買主は当該情報を基に対象会社の株式価値を算定する。そのため，開示された情報が不正確又は不十分である場合には，譲渡価格と実際の株式価値に齟齬があることになるため，買主は，適切な情報開示に関する表明保証を要求することがある。

もっとも，対象会社に関する情報は膨大であり，売主としては，対象会社の全ての情報を開示したことや，開示した情報の全てが正確であることを表明保証することは困難である。そのため，売主としては，表明保証の対象となる情報の範囲を限定することや，重要性の限定を付けることにより，表明保証の範囲を限定することが考えられる。特に，オーナーが他の役職員に秘密裏にM＆Aを進めた場合，デューディリジェンスに対応する体制が不十分となることもあり，その結果，情報の開示や資料の提供に不備が生じてしまうことも想定される。このような場合に表明保証違反を問われないように，範囲を限定しておくことが重要となる。

(4)　買主に関する表明保証

買主に関する表明保証は，基本的には，売主に関する表明保証と同様であるが，買主は自然人ではなく，法人であることが少なくない。買主が法人である場合の表明保証としては，以下のような項目が考えられる。

【買主の表明保証の例（法人の場合）】

①	買主の設立及び存続
②	株式譲渡契約の締結及び履行に関する権限
③	買主に対する強制執行可能性
④	株式譲渡契約と法令等の抵触の不存在
⑤	売主における倒産手続等の不存在
⑥	許認可等の取得
⑦	反社会的勢力との関係の不存在

上記に加え，買主が株式の譲渡価格を支払うために必要な資金を有していることについて，表明保証を求めることも考えられる。

この点，買主は，買収資金の一部を金融機関からの借入れで調達することがあるが，株式譲渡契約の締結時点では，借入れは実行されていないことが想定される。そのため，買主は，これを理由として買収資金に関する表明保証を拒否することがあるが，売主としては，買主が必要な資金を有しているか否かは，株式譲渡の実行の確実性に影響を与えることから，買主が必要な資金を確保していることを確認することが望ましい。例えば，買主が金融機関との間で金銭消費貸借契約を締結している場合には，金銭消費貸借契約を締結していることを表明保証の対象とし，仮にまだ金銭消費貸借契約を締結していない場合であっても，金融機関からのコミットメント・レターを取得している場合にはそのことを表明保証の対象とすることが考えられる。また，借入れの実行に障害となる事由がないことについても表明保証の対象とすることが考えられる。

3　表明保証に関するその他の問題

(1)　買主の主観

株式譲渡契約の締結時点において，買主が，売主側の表明保証の違反を知っていた場合，買主は，売主に対して表明保証違反の責任を問い得るかという問題がある。

この点，アルコ事件判決（東京地判平成18年1月17日判時1920号136頁）においては，補償請求者に表明保証違反について悪意又は重過失がある場合には，表明保証違反の主張は認められないとされている[19]。

買主が，売主側の表明保証違反の事実を知りながら，前提条件を放棄して株式譲渡を実行し，その後に売主に対して表明保証違反に基づく補償請求を行うことは，一般にサンドバッキングと言われる。サンドバッキングを認めるのか（プロ・サンドバッキングと言われる），それともサンドバッキングを否定するのか（アンチ・サンドバッキングと言われる）については，上記アルコ事件判決があるものの，必ずしも確定的な解釈があるわけではない。そこで，株式譲渡契約において明確に規定することも考えられるが，売主と買主との間で妥協点を見いだすことが困難な場合が多く，その結果，プロ・サンドバッキング又はアンチ・サンドバッキングのいずれであるかについて株式譲渡契約で規定しないこともある。

もしこの点を明確にするのであれば，売主としては，株式譲渡実行後に買主側から責任を問われる状況を可能な限り回避するため，アンチ・サンドバッキングとし，買主が，株式譲渡契約締結時点で売主の表明保証違反の事実を知っている場合には，買主は売主に対して補償請求することができないようにする方が望ましい[20]。

(2)　売主の主観

表明保証においては，売主の主観による限定が付される場合がある。具体的には，売主の「知る限り」又は「知り得る限り」，売主は表明保証を行うといった限定が付されることがある。対象会社に関する表明保証は広範となり得ることから，売主としては，可能な限り，「知る限り」「知り得る限り」による限定を付けることを望むのが通常である。

この「知る限り」「知り得る限り」による限定については，第1に「誰」の

19　その他，表明保証の対象を買主が認識し得ないものに限定した裁判例として，東京地判平成23年4月15日LLI/DB L06630215。

20　株式譲渡契約において，売主が，クロージング日前に，「明示的に表明及び保証の違反を構成する事実を開示した」場合には，売主は表明保証責任を免れる旨の免責条項が規定されていた事案において，当該免責条項を適用して売主の表明保証責任を否定した裁判例として，大阪地判平成23年7月25日判時2137号79頁。

主観を問題とするかが重要となる。売主の主観が含まれるのは当然であるが，売主に加えて，対象会社の役職員も含めるべきか，仮に含めるとしてどの範囲の役職員を含めるべきかが問題となる。売主以外の役職員は，株式譲渡の実行後も対象会社に残り，新たなオーナーである買主の意向に従って行動することが想定されるため，売主としては，売主以外の役職員の主観を含めるのは，慎重であるべきである。

もっとも，売主が対象会社の経営に関与していない場合や，対象会社の規模が大きく売主が対象会社の全てを把握することが困難である場合には，売主以外の役職員の主観も一定の範囲で含めざるを得ないこともある。このような場合，売主としては，デューディリジェンス等の株式譲渡のプロセスに関与している役職員に限定した上で，当該役職員に対して表明保証の内容に問題がないかを事前に十分に確認すべきである。

第7節　補　償

1　補償の趣旨

株式譲渡契約においては，表明保証違反，コベナンツ違反，その他株式譲渡契約の違反があった場合，一方当事者は他方当事者に対し，自らが被った損害の補償を請求できる旨の規定が設けられる。

株式譲渡契約においては，表明保証については売主が行う対象会社に関する表明保証が中心であり，コベナンツについても売主が対応すべき義務が多い。そのため，実際に補償が問題となるのは，買主が売主に対して補償請求を行う場面であり，売主としては，自らの責任を限定するため，補償の範囲を限定する内容を補償条項に規定することが重要となる。

これに対して，買主としては補償の範囲を限定する必要はなく，表明保証やコベナンツの違反が発生した場合には補償請求が可能というシンプルな規定であっても基本的に問題ない。

このように補償に関する条項は，補償責任を限定したい売主と，補償責任を広くカバーしたい買主の利害が衝突する場面であり，売主としては，買主が提案する以下のようなシンプルな補償条項をそのまま受諾するのではなく，自ら積極的に補償の範囲を限定する文言を追加する対応が必要となる。

【シンプルな補償条項の例】

> 売主は，買主に対し，自らの表明及び保証の違反又は本契約に基づく義務の違反に起因又は関連して買主が被った損害，損失又は費用を補償する。

2　補償責任の限定

(1)　補償金額の上限

補償責任を限定する方法としては，まず補償金額の上限（Cap）を設けることが重要である。売主としては，クロージング後に多額の補償請求を受けることになれば，売主が受領した譲渡代金の多くが失われる事態にもなりかねないため，補償の金額に上限を設けることは重要である。

一方，買主の立場からは，補償金額の上限（Cap）を設けた場合，クロージング後に表明保証違反が発覚し，対象会社の株式価値が想定していたものと異なっていたときに補償金額の上限（Cap）の存在により，株式価値の減少分を売主側に請求することができなくなるため，買主にとっても補償の金額の上限（Cap）を適切に定めることは重要である。

実際に合意される補償金額の上限（Cap）はケースバイケースであるが，株式譲渡金額の一定割合（●％）という形で規定されるケースが少なくない。

なお，Capの金額については，全ての表明保証について同一の金額を規定する必要もなく，表明保証の項目ごとに異なる金額が設定されることもある。

(2)　補償金額の下限

補償の金額を限定する方法としては，損害額が一定の金額を超えないと補償責任を認めないという形で補償金額の下限を設ける場合もある。売主としては，補償金額の下限を設けることにより，損害が軽微な場合に，買主からの補償請求を防ぐことができる。

補償の下限の設定方法には，De minimis（デミニミス），Basket（又はFloor）といったバリエーションがある。

De minimisとは，補償の対象となる個別の事由について，その損害額が一定金額以下の場合は補償の対象から除外するというものである。De minimisは，軽微な事由はそもそも補償の対象とすべきでないという考え方に基づいており，そのため，De minimisを下回る個別の事由については，以下で述べるBasketの金額を超過するか否かを判断する際にも考慮されないことが多い。

これに対して，Basketとは，損害の対象となる「個別」の事由がDe minimisの金額を超過する場合であっても，個別の事由に基づく損害の「累計額」が一定の金額以下の場合には，補償請求を制限するというものである。Basketにおいては，補償の対象とし得る個別の事由が存在しても，損害の累計額が一定の金額を超えた場合にのみ補償請求が認められることになる。

なお，Basketを設けた場合には，①Basketの金額を超過した場合に超過した額のみ補償請求が認められ，Basketに満たない金額の部分は切り捨てられるのか（deductible），②Basketの金額を超過した場合には，Basketに満たない金額も含めて全ての損害額について補償請求が認められるのか（first doller）といったバリエーションもある。

売主としては，De minimis，Basket及びDeductibleを組み合わせ，かつこれらの金額基準を高く設定することで，買主からの補償請求の可能性を減らすことができる。

⑶ 補償の期間の制限

補償責任を限定する方法としては，補償の期間を制限することも重要である。売主としては，いつまでも補償請求を受ける可能性があると，補償リスクに対する懸念から，株式譲渡代金を使用することも難しくなる可能性もあるため，補償の期間は可能な限り短く設定することが望ましい。特に民法の一部を改正する法律（平成29年法律第44号）により，商事消滅時効（５年）が廃止され[21]，消滅時効は①債権者が権利を行使することができることを知った時から５年，又は，②債権者が権利を行使することができる時から10年とされることとなったため（民法166①），補償の期間を規定しない場合には，最大で10年となる可能性があり，売主にとっては補償の期間を規定する意義は大きい。

もっとも，買主の立場からすれば，補償の期間が設定されると，当該補償期間中に問題を発見しなければ，売主に対する補償請求ができなくなること，買主は，株式譲渡契約締結前にデューディリジェンスを実施しているものの，デューディリジェンスにおいて対象会社の問題点の全てを把握できるわけではなく，クロージング後に対象会社の経営を実際に行ってみて初めて発覚する問題も少なくないことから，短期の補償期間は受け入れがたいことも多い。

実際に合意される補償期間はケースバイケースであるが，例えば，買主が問題を発見することができる合理的な期間（少なくとも１回は対象会社の決算を確認できる期間など）を設定することもある。

なお，補償の期間についても，全ての表明保証について同一の期間を設定する必要はなく，表明保証の項目ごとに異なる期間を設定することがある。例えば，税務や環境については，そのインパクト，問題が顕在化するタイミング（税務調査の時期等）等を踏まえ，比較的長期の補償期間が設定されることも少なくない。

3　その他の補償の制限に関する条項

(1)　第三者請求

売主による補償の対象となりうる事象について，買主又は対象会社が第三者から請求を受けた場合，買主又は対象会社が安易に和解しないように売主がこの紛争に関与できる旨の規定を設けることがある。

買主又は対象会社としては，第三者に支払いを行った後に，売主側に対して株式譲渡契約に基づいて補償請求できる場合，最終的に売主が経済的負担を負い，買主又は対象会社は負担を負わないため，第三者との間で真剣に争うインセンティブが乏しい。このような買主又は対象会社が安易に和解するモラルハザードのリスクを防止するため，売主としては，この第三者との紛争に一定程

21　商事消滅時効が廃止される前においては，M&A契約の一方当事者が会社（商人）である場合には，M&A契約に基づく補償請求権は商事債権として５年間の商事消滅時効が適用されるとする見解がある（藤原総一郎＝松尾博憲＝佐竹義昭＝宇治佑星「債権法改正と会社法実務(2)—債権法改正によるM&A契約実務への影響」旬刊商事法務2157号31頁）。

度関与できる旨の条項を設けることが望ましい。

この第三者請求におけるモラルハザードのリスクは，対象会社に対する税務調査の場面でも同様に発生する。すなわち，クロージング日後，対象会社に対して税務調査が行われ，申告漏れ等を指摘された場合，買主及び対象会社には，①修正申告する，②増額更正処分を受けた後に不服審査・訴訟の手続を行う，という選択肢がある。しかし，税務当局が指摘した内容が売主の表明保証及び補償の対象である場合，買主としては，税務当局との紛争を好まない等の理由により，修正申告を選択して売主に対して補償請求するというインセンティブが働く場合がある。

そこで，売主としては，①対象会社が修正申告を行う場合には売主の事前の同意が必要であるとの条項を設けること，②クロージング日までの対象会社の税務処理については売主が詳しいことから，売主が主導的に税務当局との交渉を行うとの条項を設けることが考えられる。

⑵　損害軽減義務

売主の立場からは，買主によるモラルハザードを防止するため，買主に損害を軽減するよう努力する義務を負わせることも考えられる[22]。

売主としては，この損害軽減義務を株式譲渡契約書において明示的に規定しておき，仮に買主に損害軽減義務違反がある場合には，この義務違反に基づく買主の補償義務と売主の補償義務を相殺することを主張することが考えられる。

⑶　売主が派遣していた役員に対する責任追及の禁止

補償責任に関連して，売主が対象会社に派遣していた役員に対して買主がクロージング後に損害賠償請求を行うことを禁止することも検討に値する。

上記のとおり，補償に関する条項においては，売主の補償責任を限定するため，様々な規定が設けられるが，売主又はその関係者が対象会社の役員を務めており，クロージング時に退任することが予定されているケースにおいては，

22　債務不履行責任に関して債権者の損害拡大防止義務を認めた判例として，最判平成21年1月19日民集63巻1号97頁。

買主が，クロージング後に売主又はその関係者に対して，役員としての行為に対して損害賠償請求（会社法423・429など）を行うと，補償を限定する規定を設けた趣旨が損なわれるリスクがある。

そのため，売主としては，補償責任を限定する場合には，売主が派遣していた役員に対する責任追及の禁止の条項もあわせて検討することが望ましい。

(4)　補償請求の手続

売主の観点からは，補償請求の手続を厳格に定め，当該手続を履践しない場合には補償請求を認めないという規定を設けることも考えられる。

例えば，補償請求を行う場合には，損害の内容及び額，発生原因等を書面で特定することを要求したり，補償請求は補償原因（表明保証違反やコベナンツ違反等）が判明した日から一定期間内に行う必要があることを要求したりすることが考えられる。

(5)　損益相殺

また，損益相殺の観点から，補償の対象となった事由と同一の事由に基づいて，対象会社や買主が利益を受けている場合には，補償の金額を減額する旨の規定が検討されることもある。例えば，補償の対象となった事由に基づいて対象会社が保険金を受領したり，第三者から損害賠償金を受領したりすること等について，損益相殺の対象とすることが考えられる。なお，補償の対象となった事由が税務上損金処理できる場合には，損金処理により対象会社の税負担が軽減されることになる。そこで，損金処理できる場合においても損益相殺できる旨を明記することも検討に値する。

Column14：損害の定義

① 対象会社に生じた損害

買主が売主に対して補償請求できる「損害」は，買主に対して生じた損害と規定されることが少なくないが，対象会社に生じた損害がそのまま買主に対して生じた損害と認められるかという問題がある。

裁判例においては，対象会社に生じた損害が買主の損害となると認定されているものも少なくないが，対象会社の資産の減少又は負債の増加が直ちに買主の損害に該当するかについては，対象会社株式の価値算定方法により異なる可能性があるため，必ずしも明確ではない（例えば，簿価純資産法で算定されている場合には，対象会社の資産減少・負債増加は株式価値の減少に直接影響するため，対象会社の損害をもって買主の損害を認めやすいが，その他の算定方法（DCF法等）の場合には，状況が異なる可能性がある。）[23]。

そのため，実務的には，対象会社に生じた損害を買主の損害とみなす目的で，その旨の規定を株式譲渡契約に設けることがあるが，売主としては，このような規定は売主にとって望ましくない結果を招く可能性があることに注意する必要がある。

② 繰越欠損金と「損害」の範囲

売主が表明保証していた税務処理についてクロージング日後に税務当局によって否認され，対象会社が納税した場合，原則として，納税額相当額が損害又は損失であると考えられる。したがって，買主は，補償条項に基づき，売主に対して補償請求できる。しかし，対象会社が繰越欠損金を有する場合，税務当局から否認されて対象会社の所得金額が増加したとしても，繰越欠損金が減少するのみで，対象会社から資金は流出しない。この場合，繰越欠損金の減少が，補償条項における対象会社の「損害」又は「損失」に該当するかは明らかではない。繰越欠損金は，将来の納税額を減少させる効果を有する点で，資産性を有すると考えられることから（企業会計上も繰延税金資産

23 例えば，アルコ事件においては，対象会社の資産の不正な水増し計上の表明保証違反について，対象会社の簿価純資産額を基準として株式の譲渡価格が決定されていたことを前提として，不正に水増し計上されていた額を買主の損害として認めている。また，対象会社に関する表明保証違反を原因とする補償について，対象会社の損害をそのまま買主の損害として認定しているように見える裁判例も少なくない（東京地判平成24年1月27日判時2156号71頁）。

として計上される），繰越欠損金の減少＝資産の減少であって損害又は損失に該当するとも思われる。他方で，繰越欠損金が減少したとしても，対象会社には追加の資金の流出が生じないため，将来，繰越欠損金が減少したことにより実際に対象会社が納税せざるを得なくなった時点で初めて損害又は損失に該当し得るにすぎないとも考えられる。

このように，対象会社が繰越欠損金を有する場合にそれが損害と扱われるかは明確でないことから，買主から繰越欠損金の減少も損害とみなす旨の提案がなされることがある。

③　源泉徴収漏れと「損害」の範囲

対象会社による源泉徴収が過少であった場合，売主が株式譲渡契約において「対象会社は，クロージング日において，…その支払をすべて支払期限までに行っており，滞納はないこと」と表明保証していることが多いため，原則として売主の表明保証違反を構成する。しかし，買主が売主に対して表明保証違反に基づく補償請求をする場合，対象会社が追加で納付した源泉所得税及び附帯税が対象会社の損害又は損失に該当するかどうかが論点となり得る。源泉徴収が過少であった場合，源泉徴収義務者（支払者）は，源泉納税義務者（受給者）に対して，源泉所得税相当額について求償権を行使することができ（所法222），当該源泉所得税に係る遅延損害金は年５分の民事法定利率で計算される（最判昭和45年12月24日民集24巻13号2243頁）。したがって，対象会社による源泉徴収が過少であり，国に対して追加で納税したとしても，源泉徴収義務者（支払者）は，源泉納税義務者（受給者）に対して源泉所得税相当額の求償権を有することから，源泉徴収義務者（支払者）である対象会社に損害又は損失は生じていないとも考えられる。但し，源泉納税義務者（受給者）に対する求償権の行使が不可能である場合（資力が悪化しており，回収見込みがない場合等）には，対象会社の損害又は損失に該当し得ると思われる。

なお，附帯税は，所得税法222条の求償権の範囲に含まれないと解されていることから（上記最判昭和45年12月24日），対象会社の損害又は損失に該当すると思われる。

したがって，買主から対象会社の源泉徴収の不足分が損害に該当する旨の提案がなされることもある。

④　グロス・アップ対応

買主が受け取る補償金に何らかの課税がされる場合，買主としては，売主に対し，税引後の手取額になる金額を補償させたいというニーズもある（いわゆるグロス・アップ）。特に買主が海外の法人である場合に，そのニーズは強いように思われる。しかし，受け取る補償金に課税される額が補償条項における損害又は損失に該当するかどうかは，明らかでない。買主がグロス・アップを求めてきた場合には，売主としては拒否することが通常であろう。

4　特別補償

特別補償とは，株式譲渡契約締結時点においてすでに認識されている具体的な問題について，当該問題に基づいて損害が発生した場合には，売主は補償責任を負うというものである。

上記**本章第6節3**(1)記載のとおり，アルコ事件においては，株式譲渡契約の締結時点において，買主が認識し，又は，重過失により認識していない問題については，株式譲渡契約の文言上，表明保証違反であったとしても，補償請求を行うことができないとされているため，買主から，このような認識済みの問題については，補償請求の可否について疑義が生じないよう，特別補償の条項を設けることを提案されることがある。

特別補償の対象は，すでに認識済みの問題であることから，本来的には特別補償ではなく株式譲渡代金の減額で対応すべき問題である。しかし，認識済みの問題の中には，損害の金銭的評価の予測が難しいものもあり，また，問題が発覚するタイミングによっては株式譲渡代金の減額で対応できないケースもある。これらの場合には株式譲渡代金の減額ではなく，事後的な特別補償で対応せざるを得ないことがある。

売主としては，買主からの特別補償の要請に応じざるを得ない場合であっても特別補償の範囲等が合理的に限定されているかについて慎重に検討することが必要となる。

この点，特別補償については，上記**2**で述べた，補償の上限（Cap）や下限（De minimis，Basket等），補償の期間が適用されない旨を規定することが少なくない。

5　補償の税務処理

仮に売主が補償条項に従い買主に対し補償金を支払った場合，買主側では，補償金の税務処理について，①補償金が損害賠償金としての性質を持つことを踏まえ，損害賠償金と同様，益金に算入されるとの考え方（法法22②，法基通２－１－43，東京高判令和３年３月11日判例集未登載参照），②補償金は，買主が売主に対して支払った譲渡代金の一部返金と考え，買主において補償金は利益ではなく対象会社株式の取得価額の減額にとどまることになり，補償金が課税されないとの考え方があり得る（平成18年９月８日裁決）。買主からは，この点を踏まえ，②の取扱いを明確にするために，補償金は譲渡代金の減額として扱う旨の条項を規定することを求められることもある。これについて，オーナー個人が売主である場合，補償金の支払は譲渡代金の返還であることが明確であった方が，株式の譲渡所得を減額する旨の更正の請求において説明しやすいと考えられるため，受け入れるべきであろう。また，売主が資産管理会社等の法人である場合であっても，このような条項の有無は税務処理に影響がないことから[24]，受け入れることのデメリットはないように思われる。

第８節　その他の条項

1　解　除

株式譲渡契約においても契約の解除に関する条項が規定されるが，解除権の行使は，株式譲渡の実行前に限り認められるのが一般的である。株式譲渡が実行されると，役員の変更やビジネスの変更など，様々な変更が行われるため，株式譲渡契約を解除しても，株式譲渡の実行前の状態に戻すことは困難となる。また，株式譲渡契約においては，対象会社に関する事項について様々な表明保証が行われるところ，株式譲渡の実行後の解除を認めると，買主は，対象会社

24　なお，売主の側の税務処理としては，売主が法人の場合には，補償金は，売主において，支払った事業年度における「損失」として，損金の額に算入されるものと考えられる（法基通２－２－13参照）。

の経営状況が芳しくない場合に，表明保証のいずれかに違反することを理由として株式譲渡契約の解除を求める可能性もあり，売主は不安定な状態に置かれることとなる。そのため，特に売主の立場からは，株式譲渡の実行前に限り契約の解除が認められることを明確に規定しておくべきである。

契約の解除事由としては，相手方の表明保証違反や相手方の義務違反等の契約違反の場合を規定するのが通常であるが，これに加えて，株式譲渡契約の締結から一定期間が経過した日（Long Stop Dateなどと言われる）までに株式譲渡が実行されない場合も契約の解除事由とすることがある。このLong Stop Dateは，株式譲渡の実行の前提条件を満たさず，株式譲渡の実行が遅延する場合であっても，Long Stop Dateを超えて遅延する場合には，株式譲渡契約を解除するというものである。株式譲渡の実行に時間がかかる場合にいつまでも当事者を株式譲渡契約に拘束することは望ましくないため，このLong Stop Dateが設けられる。このLong Stop Dateによる解除は，株式譲渡の実行の前提条件を満たさないことに帰責性が認められない当事者からのみ解除権が認められることが少なくない。

なお，売主としては，複数の買主候補がいるケースにおいては，株式譲渡契約の締結日からLong Stop Dateまでの期間が長期に設定されると，特定の買主に対する株式譲渡が実行される可能性の高低にかかわらず，株式譲渡契約に長期間拘束される可能性があるため，Long Stop Dateまでの期間は短く設定することが望ましい。

2　一般条項

株式譲渡契約においても他の類型の契約と同様，以下のような一般条項が規定されることが多い。

【一般条項の例】

① 秘密保持
② 契約上の地位等の譲渡の禁止
③ 契約の変更・修正

④　分離可能性
⑤　完全合意
⑥　通知方法
⑦　費用の負担
⑧　準拠法及び裁判管轄
⑨　誠実協議

これらの条項は定型的な内容が多いため，売主と買主との利害が対立することは少なく，契約交渉の重要なポイントにはならないことが多い。

第6章

事業承継型M&A後の
オーナーの関与

第1節　総　説

オーナー系企業においては，取引先との関係がオーナーの個人的な関係に基づいている場合，オーナーが事業に関する技術・知見を有している場合，役職員とオーナーとの間に強い信頼関係がある場合など，オーナーの存在が企業価値の源泉であり，オーナーが対象会社から離れることで企業価値が毀損されてしまうケースがある。

このような会社の事業承継型M&Aにおいては，オーナーが直ちに経営への関与をやめることは難しく，買主から，事業承継型M&Aの後も少なくとも一定の期間は，オーナーが対象会社の経営に関与することを要請されることが多い。

しかし，売主たるオーナーとしては，事業承継型M&Aにより，対象会社の株式をすでに売却しており，経営に関与するインセンティブは乏しく，仮に円滑な承継のために一定期間経営に関与するとしても，それは引継ぎに必要な最低限の期間にとどめたいのが通常である。

事業承継型M&Aにおいては，このように事業承継型M&Aの後も売主の関与を求める買主の意向と，対象会社への関与に消極的な売主の意向が対立することがある。この両者の意向の調整の結果として，事業承継型M&A後における売主の対象会社への関与の程度に応じて，以下のような合意が行われることがある。

① 株式譲渡契約における売主の引継ぎ協力義務

売主の会社における役割は，買主で代替可能であり，引継ぎも短期間で完了できる場合には，株式譲渡契約において，売主の引継ぎへの協力義務を規定することで対応可能である。例えば，取引先への挨拶，従業員への説明などは，売主が，株式譲渡契約締結からクロージングまでの間，引継ぎに協力すれば十分であり，クロージング後も売主が対象会社の経営に関与する必要はない。

② 非常勤顧問（顧問契約）への就任

売主が対象会社の役職員を務める必要まではないが，一定期間，経営のアドバイスを行ったり，取引先の窓口となったりすることが望ましい場合には，売主が会社の非常勤の顧問となることがある。

この場合，売主と対象会社の間で顧問契約を締結し，売主に対して一定の顧問料が支払われる。もっとも，非常勤の顧問である売主にインセンティブを与える必要性は乏しいことから，顧問料は業績連動報酬等のインセンティブ報酬ではなく，固定額とされることが多い。

③ 取締役への就任（経営委任契約）

事業承継型M&Aのクロージング後も，売主が取締役として対象会社の事業遂行に関与することが必要な場合がある。

この場合，対象会社と売主の間では，他の取締役と同様，売主が対象会社の株主総会で取締役として選任され，売主が取締役としての就任承諾を行うことにより，対象会社と取締役の間では委任契約関係が成立することになる（会社法330，民法644）。この委任契約の内容は，別途の合意を行わなければ，民法及び会社法の定めに従う。

もっとも，上記で説明したとおり，売主は対象会社の経営に関与するインセンティブが乏しいケースが多い。そのため，売主の会社の経営に対するコミットメントを確認すること，売主に対して業績連動報酬等の特別なインセンティブを与えること等を目的として，委任の具体的な内容を定めた経営委任契約が締結されることがある。

④ 株主間の合意

上記③の取締役への就任に加えて，売主に対象会社の株式の一部を継続して保有させることにより，売主に経営関与に強いインセンティブを与えることがある[1]。

この場合，売主と買主の間では，会社の経営に関する事項，株式の取扱いに関する事項を規定した株主間の合意が別途締結されることもある（ただし，経営委任契約の中にあわせて規定されることもある）。

なお，上記①から③を選択するにあたり，オーナーに対する退職金の支給が１つの考慮要素となる。**第１部第４章第２節２⑵⒜**で説明したとおり，株主であるオーナーが株式譲渡を契機に代表権のない役員や顧問に就任するなど役職を変更する場合，オーナーの税負担を軽減する目的で対象会社が退職金を支給することがある。

しかし，オーナーが株式譲渡後に対象会社の業務に関与する②非常勤顧問（顧問契約）や③取締役（経営委任契約）に就任する場合には，オーナーが実質的に退職したと評価されて，所得税法上，退職金が退職所得として認められるかという問題が生じ得る。特に③取締役（経営委任契約）の場合には，退職金が退職所得として認められない場合も少なくないと思われるため，注意を要する（詳細は，**第１部第４章第２節２⑵⒜**参照）。

第２節　経営委任契約

経営委任契約は，事業承継型M&Aの後も，売主が取締役等の立場で対象会社の経営に関与する場合に買主（又は対象会社）と売主の間で締結される契約である。

会社と取締役の間では，対象会社の株主総会における取締役の選任，及び，売主の就任承諾により，委任契約関係が成立することになるため（会社法330，民法644），経営委任契約の締結は必須ではないが，売主の経営に対するコミッ

1　なお，買主がプライベート・エクイティ・ファンドの場合，ファンドが設立した新会社（SPC）が対象会社の株式100％を取得するケースが多い。この場合，売主は当該SPCに一部出資を行い，その後，当該SPCと対象会社が合併することにより，売主は対象会社の株主となる。

トメントを確認すること，売主に対して業績連動報酬等の特別なインセンティブを与えること等を目的として，経営委任契約が締結されることがある。

経営委任契約においては，例えば，**図表２－６－１**の事項が規定される。

【図表２－６－１　経営委任契約における典型的な条項】

条　項	主たる内容
• 経営の委任	• 取締役として必要な職務を行うこと • 事業計画，予算計画の立案，実行等 • 企業価値の向上に向けた努力 • その他具体的な職務内容
• 役員報酬	• 基本報酬 • 業績連動報酬 • 退職慰労金 • その他（社宅，車等）
• 売主の遵守事項	• 善管注意義務 • 法令遵守 • 職務専念義務 • 経営委任契約の有効期間中における取締役への就任期間，再任
• 競業避止・勧誘禁止	• 経営委任契約期間中及び終了後一定期間における，競業避止義務 • 経営委任契約期間中及び終了後一定期間における，従業員，取引先の勧誘禁止
• 経営委任の終了事由	• 法令・契約等に対する違反 • 心身の故障 • その他

売主としては，経営委任契約を締結する際には，報酬の妥当性の他，対象会社における役割と義務とのバランス（特に退任後の競業避止義務や退任事由等）について注意する必要がある。

また，業績連動報酬について，非上場会社においては，損金算入が認められない点に注意する必要がある（法法34①三）。

Column15：非上場会社における業績連動報酬の税務上の取扱い

法人税法上，役員報酬は一定の要件を満たさない限り，法人において損金算入することができない（法法34①）。いわゆる業績により金額が変動する業績連動報酬は，「業績連動給与」と定義され（法法34⑤），損金算入要件（法法34①三）を満たさない限り損金算入することができないとされている。

この点，同族会社（大要，株主の上位３名（グループ）で株式の過半数を占めるような会社）の場合には，非同族会社によって100％支配されていなければ業績連動給与を損金算入することができないとされている（法法34①三柱書）。また，業績連動給与を損金算入するためには，連動の対象となる業績に係る指標が有価証券報告書に記載されている必要がある（法法34①三イ）。したがって，原則として，上場会社の100％子会社でなければ業績連動報酬を損金算入することはできない。また，上場会社の100％子会社であったとしても，対象会社のみの業績に報酬を連動させた場合には業績連動報酬を損金算入することはできない。したがって，例えば，事業承継型M&Aにおいて，対象会社の株主として買主及び前オーナーである売主が存在する場合には，上記の同族会社に関する要件を満たさず，対象会社において業績連動報酬を損金算入することができない。また，対象会社の株主が上場会社である買主のみであり，前オーナーは取締役として留任しているにすぎない場合であっても，報酬額を対象会社の業績にそのまま連動させた場合には業績連動報酬を損金算入できないことから，インセンティブとしての効果が減殺されると思われる。但し，前事業年度の業績を参考に，当事業年度の報酬（ボーナス）を決定する場合には，事前確定届出給与（法法34①二イ）として損金算入できる可能性がある。しかし，税務調査において，当該報酬が前事業年度の業績連動給与ではないかと指摘される可能性も否定できないため，当事業年度の報酬であることを示す資料を入念に準備しておく必要がある。

また，退職給与についても，「業績連動給与」に該当するような退職給与については，報酬と同様に損金算入要件を満たさなければ損金算入できないことから（法法34①柱書），上記のような非上場会社においては損金算入することは難しい。

このように，業績連動報酬は売主に対してインセンティブを付与するという点で有用ではあるものの，対象会社において税務上損金算入ができない可能性が高いという点で不利であり，その点に注意する必要がある。

売主にインセンティブを与える手法としては，業績連動報酬以外にもアーンアウトを利用することも考えられる。

第２部第５章第２節３で説明したとおり，アーンアウトは，買主が売主に対し，対象会社が一定の経営指標等を達成することを条件として，株式譲渡代金の一部を追加的に支払うことをいう。このアーンアウトを用いることにより，買主は売主に対して一定の経営指標等を達成するインセンティブを与えることができる。

もっとも，アーンアウト条項に基づいて追加的に売主に対して支払われる調整金の課税上の取扱いについては，①売主において，調整金が譲渡所得，一時所得又は雑所得のいずれに該当するか，②買主において，調整金の支払を一時の費用として損金算入できるのか，それとも株式の取得価額に加算されるのか，といった点が問題となりうるため，アーンアウトを設ける場合には，課税上の取扱いに十分に注意する必要がある（詳細は，**第２部第５章第２節３**参照）。

第３節　株主間の合意

上記**第１節**で述べたとおり，事業承継型M&Aにおいては，売主は，事業承継型M&Aの実行後における対象会社の経営関与にインセンティブを持たないのが通常であるため，売主に経営関与に対するより強いインセンティブを与える目的で，売主に株式を一部保有させることがある。これは，事業承継型M&A後も一定期間，売主が会社の経営に関与し，その間に対象会社の株式価値が上昇した場合，売主は，その上昇後の株式価値で買主，対象会社又は第三者に対して株式を売却することができるようにし，売主に対して対象会社の経営関与にインセンティブを持たせることが目的である。

売主が対象会社の株式を一部継続して保有する場合，売主は，対象会社の少数株主となることから，売主と買主の間で株主間の合意が締結されることがある。なお，株主間の合意は，経営委任契約とは別の契約（例えば株主間契約）として締結されることもあれば，経営委任契約の中にその内容が盛り込まれることもある。

株主間の合意においては，以下のとおり，株式の取扱いに関する事項と対象会社の経営に関する事項が規定される。

1　株式の取扱いに関する事項

売主が保有する対象会社の株式の取扱いに関し，株主間の合意においては，**図表2－6－2**の事項が規定されることがある。

【図表2－6－2　株主間の合意における典型的な条項】

条　項	主たる内容
株式の譲渡禁止	一定期間（売主が取締役に就任している間），売主が対象会社の株式を譲渡することを禁止
買主のコールオプション	一定期間の経過又は特定の条件の成就後，買主が，売主が保有している対象会社の株式を買い取る権利
売主のプットオプション	一定期間の経過又は特定の条件の成就後，売主が，その保有している対象会社の株式を買主に売り渡す権利
買主のドラッグ・アロング（一括売却請求権）	買主が，その保有する対象会社の株式を第三者に売却する場合，売主に対して，売主が保有する対象会社の株式も一緒に売却するよう請求する権利
売主のタグ・アロング（共同売付請求権）	買主が，その保有する対象会社の株式を第三者に売却する場合，売主が，買主に対して，売主が保有する対象会社の株式も一緒に売却するよう請求する権利

このうち，株式の譲渡禁止条項を規定することについては，売主と買主の間で異論がないことが多いが，その他の条項が必要となるかはケースによって異なる。

(1)　コールオプションとプットオプション

買主のコールオプションと売主のプットオプションは，あわせて規定されることが多い条項である。売主の対象会社の経営への関与が例えば3年間などの一定期間に限定されており，当該期間経過後は，売主が取締役を退任し，売主が保有する対象会社の株式も買主又は対象会社に対して譲渡することが想定されているケースにおいて，コールオプション又はプットオプションが必要となる。

コールオプション又はプットオプションを規定する場合，特にオプションの行使価額（売主の保有する株式の譲渡価格）が問題となる。

オプションの行使価額は，例えば，オプション行使時点の株式の時価とすることが考えられる。その場合，株式の価値の算定について，①第三者算定機関に依頼し，その価額とする方法，②時価についての一義的な算出方法（例えば，時価純資産価額とする等）を規定する方法（仮にそれにより合意できなかった場合に第三者算定機関への算定を依頼する旨を規定することもある）を合意することが考えられる。

このようにオプション行使価額を時価とすることは，売主と買主の双方にとって公平であるように思われるが，実際にこれが公平であるためには，売主の対象会社に対する貢献が株式価値に適正に反映されている必要がある。例えば，買主が，役員報酬，経営指導料，優先配当等の方法により，対象会社において発生した利益を吸い上げているような場合，買主と対象会社に事業上の取引関係があり，当該取引の条件が買主に有利に設定されている場合，買主と対象会社が類似の事業を行っており，対象会社の事業機会を買主が奪っているような場合等においては，売主の対象会社に対する貢献が，オプション行使時点の株式の時価に適切に反映されているとは言い難い。そのため，売主としては対象会社に対する貢献が時価に適切に反映されるように，対象会社の経営に対する一定の決定権を求めることが考えられる。

これに対して，オプション行使価額について，オプション行使時点の株式の時価ではなく，対象会社の業績（例えば，売上げ，利益，顧客との契約数など）に応じた一定の計算式を定めることも考えられる。この方法は，買主と売主の恣意が入りにくい計算式を定めることができれば有用ではあるが，そのような計算式について合意することは必ずしも容易ではない。また，当該オプション行使価額が税務上の時価と乖離する場合は，売主及び買主において，時価取引に引き直されて課税される可能性がある（例えば，オプション行使価額が税務上の時価よりも著しく低い場合には，個人である売主側でみなし譲渡所得課税〔所法59①二〕がなされ，かつ，法人である買主側で受贈益課税が生じる可能性がある)。

(2) ドラッグ・アロングとタグ・アロング

ドラッグ・アロングとタグ・アロングは，買主が，対象会社の株式を一定期間経過後に売却することを想定しているケースにおいて有用な条項である。買主が，第三者に対して対象会社の株式を売却する場合，対象会社の株式の100％を売却するのでなければ，売却が難しいことが想定されるところ，ドラッグ・アロングを規定し，売主が保有する対象会社の株式についてもあわせて第三者に売却できるようにしておくことが考えられる。特に買主が投資ファンドの場合には，一定期間後に対象会社の株式を売却することが想定されているため，ドラッグ・アロングは重要となる。

これに対してタグ・アロングは，買主が第三者に対してその保有する対象会社の株式を売却する場合において，売主がその保有する対象会社の株式もあわせて第三者に売却するよう買主に対して請求できる権利である。売主としては，ドラッグ・アロングが規定される場合には，タグ・アロングもあわせて規定するよう，買主に求めることが考えられる。

2 経営に関する事項

株主間契約においては，上記**1**の株式の取扱いに関する事項に加えて，対象会社の経営に関する事項もあわせて規定することが一般的である。

もっとも，複数の企業が合弁事業を行うケースなどと比べると，経営委任契約に付随して締結される株主間の合意においては，この経営に関する事項は簡素な内容で足りる[2]。事業承継型M&Aにおいては，上記**第1節**で説明したとおり，売主は，対象会社の経営に関心を有していないのが一般的であるが，それにもかかわらず，売主の立場から対象会社の経営に関する事項を合意する必要

2 複数の企業が合弁事業を行う場合の株主間契約（又は合弁契約）については，戸嶋浩二＝熊谷真和編『資本業務提携ハンドブック』（商事法務，2020年）299頁以下参照。

があるのは，対象会社の経営が，売主の業績連動報酬や，売主が保有する対象会社の株式の価値に影響を与えることが理由である。

例えば，会社の基礎に関する事項（定款の変更，組織再編成，解散等）や株式の希釈化を発生させる事項（株式・新株予約権の発行，株式の併合・分割等）は，売主の保有している対象会社の株式の価値に直接影響を与える事項であり，少数株主である売主としては，これらの事項に拒否権を有する等，一定の関与を求めることが考えられる。

会社の経営に関する事項として，**図表２－６－３**の事項を規定することが考えられる。

【図表２－６－３　株主間の合意において規定される経営に関する事項の例】

条　項	主たる内容
一定の事項に対する拒否権	• 会社の基礎に関する事項（定款の変更，組織再編成，解散等） • 株式の希釈化を発生させる事項（株式・新株予約権の発行，株式の併合・分割等） • 利益の分配に関する事項（剰余金の配当等） • 事業運営に関する事項（事業計画，予算計画の承認等） • その他（関連当事者取引等）
デッドロック	• 売主が拒否権を行使した結果，対象会社の意思決定ができない状況（デッドロック）を解決する手続
会社の機関設計	• 取締役会や監査役設置の有無 • 売主の役職等

第7章

事業再生と事業承継型M&A

第1節　事業再生と事業承継型M＆A

事業承継を検討する企業の中には，オーナー系企業であるが故に不採算事業の整理が進まず，長年の業績不振の蓄積によって債務超過に陥っている企業や，業績の低迷等により資金繰りに窮している企業も少なくない。このような企業については，M&Aの買主候補が対象会社の株式に価値がないと判断して備忘価格で購入することにより初期投資を抑えたとしても，その後の事業運営において過剰債務が大きな負担になる可能性がある。したがって，このような場合には，対象会社が事業再生を行うことを視野に入れつつ，買主候補がスポンサーとしてM&Aを実行し，対象会社の事業を承継する方法を検討する必要がある。

オーナー系企業である対象会社が事業承継に際して事業再生を検討する場合には，取引銀行からの借入債務にかかる返済リスケジュールに留まらず，債権放棄を求めざるを得ない場合が多いため，本章においては，債権放棄を伴う私的整理及び法的整理を念頭に検討を行う。

事業再生の手法としては，私的整理と再建型法的整理があるところ，本章では，事業再生局面の特徴（**第2節**），私的整理と再建型法的整理の比較及び選択基準（**第3節**），私的整理と再建型法的整理につき，概要，事業承継の手法，税務等（**第4節**，**第5節**）を概観した上，とりわけオーナー系企業における事業再生の過程で，切り離すことができない経営者保証の取扱い（**第6節**）について要点を概説している。

第２節　事業再生局面の特徴

1　M&Aスキームの限定

私的整理であれ，法的整理であれ，オーナー系企業の事業再生においては，対象会社の株式自体に価値が見出せず，かつ，金融機関や商取引債権者に対して債権放棄を求めざるを得ない場合が多い。このため，M&Aのスキームとして，株式譲渡，株式交換その他のM&A手法が用いられることは稀であり，実務的には，私的整理の場合には第二会社方式（事業譲渡・会社分割による事業承継），法的整理の場合には事業譲渡・会社分割による事業承継か，100％減増資が用いられることが多い。

2　迅速なM&A実行の要請

オーナーが，事業承継型M&Aを検討する動機は様々であるが，事業再生の局面においては，短期的な課題として，対象会社が資金繰りに窮している場合が多く，運転資金を確保するという観点でも，スポンサー（買主候補）の探索及び交渉等を速やかに終え，迅速にM&Aを実行しなければならないことが多い。また，事業再生の局面においては，信用毀損による取引先からの取引打切りや取引条件の悪化，ブランドイメージの毀損による売上の低迷，先行きに不安を感じた従業員の退職等，様々な要因から刻一刻と事業価値が毀損される恐れがあるため，可能な限り速やかに破綻状態から脱却する必要がある。特に，法的整理を選択した場合は，法的整理を行った事実が公表されてしまうことから，信用力・事業価値が急速に毀損されることになる。

3　債権者や裁判所等の関与

事業再生の局面においては，対象会社が私的整理又は法的整理のいずれを利用する場合であっても，スポンサーに対する事業承継について，債権者（特に金融機関）及び裁判所等の手続主宰機関の理解を得ることが必要になる。具体的には，私的整理であれば，対象債権者（金融機関）全員からの同意及び（利用する手続に応じて）手続主宰機関の検証を経る必要があるし，法的整理であれば，裁判所・監督委員等の同意・許可が必須であり，かつ，計画外事業譲渡・会社分割など迅速性を要する場合を除いて，債権者（金融機関及び商取引債権者）の法定多数の同意が必要となる。このように，スポンサーに対する事業承継について，債権者（特に金融機関）及び裁判所等の手続主宰機関の理解を得ることが必要とされているのは，スポンサーの選定及びその支援条件等が弁済率・弁済条件等の債権者の利害に直結する重要な行為であり，裁判所等の手続主宰機関としても，債権者が保有する債権を毀損する前提として，当該行為の合理性等を慎重に検証する必要があるからである。

4　確実にM&Aを実行する必要性

事業再生の局面においては，スポンサーに対する事業承継の実行を前提に，事業承継の結果得られる対価等を主たる弁済原資として，債権者に対する弁済率等を算出し，債権者に対して事業再生計画（弁済計画）を提示することになる。

このため，オーナー及び対象会社としては，当該事業承継が実行される蓋然性を確保する必要があり，クロージングの前提条件を可能な限り限定する必要がある。また，弁済計画で想定している弁済原資を確実に確保する必要があるから，価格調整条項等による実行対価の調整や事後的な補償に関する条項といった弁済原資に直接的な影響を与える条項（詳細については，**第2部第5章第2節**及び**第7節**参照）は可能な限り限定する必要がある。

第3節　私的整理と再建型法的整理

1　私的整理と法的整理の比較

私的整理とは，法令ではなく，債務者と債権者間の合意に基づいて，過大な債務の削減等を行う債務整理の手続をいう。具体的には，事業再生ADR，中小企業再生支援協議会，特定調停，地域経済活性化支援機構（REVIC），任意の私的整理等の手法がある。

他方で，法的整理とは，法令に基づいて，一定の要件の下で過大な債務の削減を行うものであり，企業の事業を継続して再建・再生するための手続（再建型法的整理）と，会社の事業を廃止して法人を清算するための手続（清算型法的整理）が存在する。再建型法的整理としては民事再生手続及び会社更生手続が，清算型法的整理としては破産手続及び特別清算がある。本章においては，事業再生の手法として利用される再建型法的整理のうち，オーナー系企業によく利用される民事再生を主として取り上げる。

再建型法的整理（民事再生・会社更生）と私的整理は，いずれも過剰な債務の削減を行った上で，企業の事業を継続していくための手法であるという点で共通するが，手続の特徴は大きく異なっている。その主要な相違点は**図表２－７－１**のとおりである。

【図表２－７－１　私的整理と再建型法的整理の比較】

特　徴	私的整理	再建型法的整理
対象とする債権者	金融債権者	金融債権者＋商取引債権者
債務削減の対象	金融債務のみ	金融債務＋一般商取引債務
債務削減の要件	全ての金融債権者の同意	債権者の多数決
債務削減の手法	債権放棄，DES，DDS等	原則：債権放棄
担保権の制限	制限なし（同意に基づく制限）	（民事再生）一定の制限が可能 （会社更生）担保権の実行が禁止される
増減資等の資本入替え・M＆A	特になし	（民事再生）増減資・事業譲渡等の特則 （会社更生）増減資・事業譲渡等の特則に加え，組織再編，M＆Aが可能
公表・事業価値毀損	原則としてなし	あり

私的整理では，対象となる債権者が金融債権者のみであり，原則として対外的に公表されずに手続を進めることが可能であるため，信用力や事業価値が毀損されずに事業価値を維持することができ，その後の事業再生に相対的に繋がりやすいというメリットがある。他方で，私的整理は，債権者の多数決の賛成によって債務を削減することができず，全ての金融債権者の同意を得なければ成立させることができないというデメリットがある。

再建型法的整理は，金融債権者のみならず商取引債権者を含む全債権者を対象としつつ，債権者の多数決によって債務削減が可能な点で，抜本的に過剰債務を解消することが可能というメリットがある。しかし，全債権者を対象として債務を削減すること及び対外的に公表されることから，信用力・事業価値毀損の程度が大きくなるため，たとえ過剰債務が解消したとしても，その後の事業再建の難易度が相対的に高くなるというデメリットがある。

2　私的整理と再建型法的整理の選択基準

再建型法的整理と私的整理のいずれを選択するべきかは，個別事案ごとに様々な要素を勘案して決定されるものではあるが，一般的には**図表2－7－2**記載のとおり，バランスシート悪化の程度，金融債権者の理解が得られる見込み，資金繰りの状況等を勘案しながら，検討することになる。

【図表2－7－2　私的整理と再建型法的整理の選択基準】

選択基準	私的整理	再建型法的整理
バランスシート悪化の程度	軽微な場合 （金融債務のリスケジュール又は金融債務の一部カットで足りる場合）	著しい場合 （金融債務のカットだけでは足りない場合）
資金繰りの状況（商取引債権全額の弁済が継続可能か）	商取引債権者への弁済が継続可能	商取引債権者への弁済が困難（手形決済等）
金融債権者の理解が得られる見込み	一定程度見込まれる場合	ない又は困難な場合

判断の順序としては，事業価値の毀損を可能な限り防止するため，一次的には，私的整理による事業再生を模索するべきである。その上で，上記選択基準等を勘案した結果，私的整理による再建が難しい場合や，幅広くスポンサー候補者を探索する方が望ましい場合など再建型法的整理を利用するメリットが認められるような場合には，再建型法的整理の利用を検討することになる。

第４節　私的整理

1　私的整理の類型

私的整理は，本来的には，対象会社と債権者（金融機関）との合意に基づいて過剰債務の削減等を行うものであり，特にオーナー系企業の場合には，何ら手続を用いることなく対象会社と債権者（金融機関）との話合いのみで合意形成を図ることも多い（任意の私的整理）。他方で，私的整理による再建が積み重ねられる過程において，私的整理においても一定の準則が必要であることが認識され，一定の準則に基づいた私的整理の制度が複数存在することとなった。現在では，私的整理を行う際には，**図表２－７－３**記載の手法が利用されている。本書が念頭に置いているオーナー系の中小企業に関しては，任意の私的整理又は中小企業再生支援協議会の利用を検討する場合が多いと考えられる。

2　私的整理の概要

いずれの手法を用いるかによって，詳細は異なるが，私的整理による再建を行う際の流れは概ね**図表２－７－４**のとおりである。一般的に，買主候補（スポンサー）探索の期間を含めると，スキームの検討を開始してから，クロージング及び弁済の実施まで，所要期間は６か月程度である。

【図表２－７－３ 私的整理の手法】

	事業再生ADR	地域経済活性化支援機構（REVIC）	中小企業再生支援協議会	特定調停	任意の私的整理
対象企業	制限なし（但し，大企業・上場企業の利用が多い）	中小企業（但し，大企業も認定を受ければ可）	中小企業	制限なし	制限なし
手続の主宰者	手続実施者（事業再生実務家協会）	企業再生支援委員会	統括責任者又は専門家アドバイザー	簡易裁判所又は地方裁判所，調停委員会	―
一時停止通知	債務者／事業再生実務家協会	債務者／機構	債務者／中小企業再生支援協議会	債務者	債務者
金融機関等との協議の主体	債務者（代理人弁護士）	REVIC	中小企業再生支援協議会	債務者（代理人弁護士）	債務者（代理人弁護士）
所要期間	６か月程度	―	２～６か月	―	―
手続費用	協会手数料：債務者負担 デューディリジェンス費用：債務者負担	機構手数料：債務者負担 デューディリジェンス費用：債務者負担	協議会手数料：なし 専門家アドバイザー費用：債務者負担	印紙代：債務者負担	特になし
公表	公表しない（但し，上場企業については適時開示されることがある）	公表しない（但し，大企業については公表される）	公表しない	公表しない	公表しない

【図表2－7－4　私的整理及びスポンサー選定の概要】

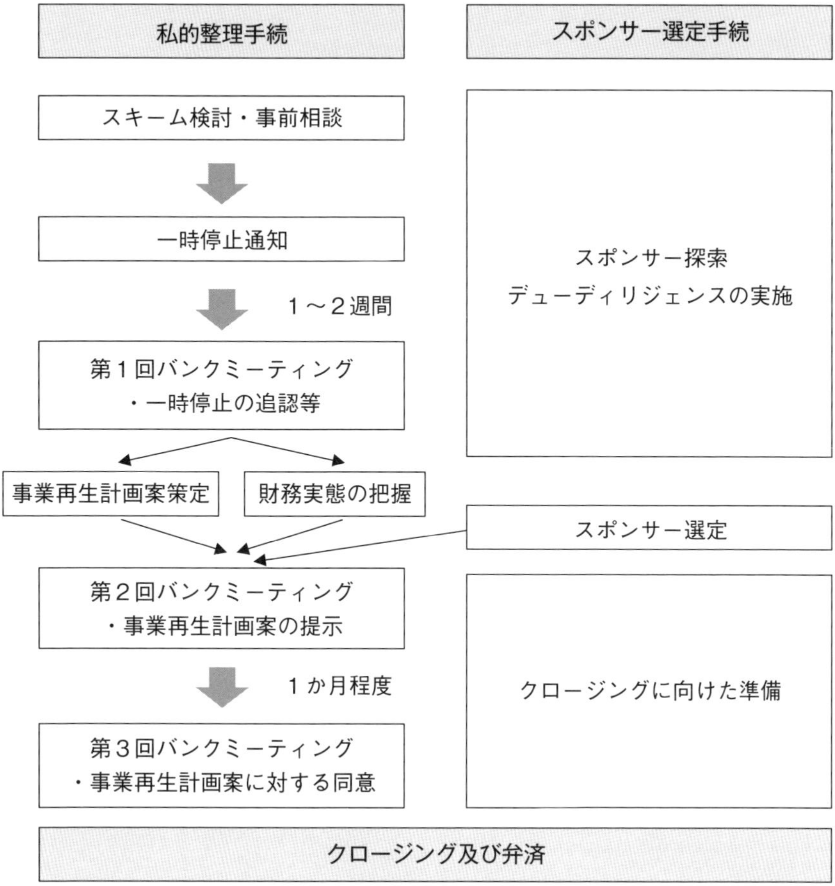

私的整理手続	スポンサー選定手続
スキーム検討・事前相談	スポンサー探索 デューディリジェンスの実施
↓	
一時停止通知	
↓ 1～2週間	
第1回バンクミーティング ・一時停止の追認等	
事業再生計画案策定／財務実態の把握	スポンサー選定
第2回バンクミーティング ・事業再生計画案の提示	クロージングに向けた準備
↓ 1か月程度	
第3回バンクミーティング ・事業再生計画案に対する同意	
クロージング及び弁済	

(1)　スキームの検討

対象会社として，法務・財務のアドバイザーを起用して，財務実態（実態PL及びBS）を概ね把握した上で，事業再生のスキーム（私的整理か法的整理か）及び事業承継のスキームを検討することになる。私的整理による再建を目指す場合には，事業規模，手許資金の状況，対象債権者数（取引銀行），買主候補（スポンサー）探索の見込等を踏まえて，いずれの手法を用いるかを検討することになる。また，何らかの支援機関を利用する場合には，並行して支援機関に対する相談・申込を開始することも必要である。

⑵ 一時停止の通知

一時停止の通知とは，取引銀行に対して，事業再生計画の策定期間中，借入元本（一般的に利息の支払は継続）の返済を一時的に停止することを表明するとともに，債権回収，担保権の設定，法的整理手続開始申立て等の債権回収行為を行わないように要請することをいう。一時停止通知の名義は，対象会社（代理人）のみのこともあるが，支援機関と連名で行うものもある。対象会社は，一時停止の通知と並行して，取引銀行と面談を行い，お詫びと共に，事業再生スキーム等に関する説明を行う必要がある。

⑶ バンクミーティング

一時停止の通知から１～２週間程度で，取引銀行を集めたバンクミーティングを開催し，一時停止通知における要請内容について取引銀行から承認を得るとともに，事業再生スキーム，買主候補（スポンサー）選定の方針及び計画策定の想定スケジュール等について説明を行う。

⑷ 財務実態の把握

財務アドバイザーには，資金繰予定表の精査を依頼するとともに，損益及び資産・負債の実態を把握する目的で，財務デューディリジェンスを依頼することになる。過年度の決算書等において不適切な会計処理がなされている場合には，当該会計処理の詳細についても，財務デューディリジェンスのレポートに記載されることになる。財務実態を把握することは，事業再生計画案を策定する前提としても，かつ，買主候補の探索を適切・迅速に行う上でも，重要である。

⑸ 事業承継先（スポンサー）の選定

債権放棄を伴うオーナー系企業の私的整理においては，株式の譲受先を探索するのではなく，事業譲渡や会社分割等の手法を用いて「事業」として譲り受ける事業承継先（スポンサー）を探索することになる。スポンサーの選定には一定の時間を要するため，私的整理の検討と並行して，対象会社としては，早期にスポンサー探索を開始することが必要である。スポンサーの候補者としては，主要取引先，同業他社，中小企業投資を目的とする再生ファンド等が考えられるが，対象会社自身で事業承継先を探索することが難しい場合には，M&Aアドバイザリー会社などを利用する必要がある。

事業再生局面におけるスポンサー探索は，債権放棄を求められる取引銀行や中小企業再生支援協議会などの手続主宰機関の理解を得る必要があることから，スポンサー探索の守秘性を確保しつつ，できる限り幅広くスポンサー候補者に対して打診し，かつ，競争環境を構築して買収価格の合理性が担保できるように配慮する必要がある。

(6)　事業再生計画案の策定

スポンサーを選定し，スポンサーによる支援スキーム及び支援金額が確定した場合には，当該支援スキーム等を前提とした事業再生計画案を策定し，対象会社からの弁済率及び取引銀行に債権放棄を求める割合等を算定する必要がある。この際には，事業再生計画案における弁済率に経済合理性があることを示すために，対象会社が破産手続を利用したと仮定した場合の清算配当率の試算も必要である。また，債権放棄を求める事業再生計画案の場合には，経営責任及び株主責任を明確化し，取引銀行の理解を得ることが必要になる。

なお，中小企業再生支援協議会などの手続主宰機関に関しては，債務者が策定した事業再生計画案について，中立公正な弁護士・公認会計士がその合理性等を検証した調査報告書が取引銀行に配布されることになる。

(7)　事業再生計画の成立

私的整理において，事業再生計画を成立させるためには，対象債権者とされた全ての取引銀行の全行一致の同意が必要である。事業再生計画案に対する同意を得るために，取引銀行における稟議の期間として，１か月程度の期間を設ける必要がある。したがって，対象会社は，事業再生計画案の策定後，速やかに，各取引銀行を訪問し，事業再生計画案の内容を説明し，取引銀行の理解が得られるまで，繰り返し丁寧に説明を行う必要がある。

取引銀行から全行一致の同意が得られた場合には，事業再生計画が成立することになる。他方，同意が得られなかった場合には，対象会社としては，特定調停を利用した協議を申し入れる，又は，再建型法的整理を利用するなどの対応策を検討する必要がある。

(8)　クロージング及び弁済の実施

事業再生計画が成立した場合，対象会社は，スポンサー契約の規定に基づいて速やかに事業承継を実行し，取引銀行に対する弁済を行う。

なお，スキーム次第ではあるが，第二会社方式を利用する場合には，後記**3**(2)のとおり，旧会社は特別清算手続を利用して法人格を消滅させることになる。

3　事業承継の手法

(1)　概　要

債権放棄を伴う私的整理における事業承継の手法としては，スポンサーに対する株式譲渡や第三者割当増資と，取引銀行による債権放棄やDES（デット・エクイティ・スワップ）・DDS（デット・デット・スワップ）等が組み合わせて用いられることもあるが，対象会社がオーナー系企業である場合には，旧法人が事業継続することを認めつつ債権放棄を行うことを金融機関側が受け入れ難いという事情もあり，事業譲渡や会社分割を用いてスポンサーに事業を承継させ，旧会社において債権放棄を受ける第二会社方式が用いられることが多い。このため，以下では，第二会社方式の活用について概説する（会社分割と株式譲渡を組み合わせたカーブアウト型ストラクチャーの一般的な説明については，**第2部第3章第2節**参照）。

(2)　第二会社方式の活用

(a)　概　要

第二会社方式は，対象会社の資産及び負債のうち，今後の事業に必要な部分（Good部分）のみを，会社分割や事業譲渡によって，対象会社の現在の法人格（旧会社）から新しい法人格（新会社）に譲渡・承継することにより，抜本的に事業の再生を図るとともに，旧会社は，特別清算や破産などの手法によって清算し，その過程で債権放棄を受ける手法をいう（なお，許認可取得の困難性等の問題により，今後の事業に不要なBad部分を切り出す場合もある）。第二会社方式による再生スキームの概要は，**図表２－７－５**の通りである。第二会社方式には，外部のスポンサーが会社分割や事業譲渡等によって事業を承継するスポンサー型の手法と，役員の親族や従業員等が設立した新会社へ事業を承継する自主再建型の手法とがある。一般的には，スポンサー型が多いが，スポンサーの探索が困難な事業規模の小さい企業の場合には自主再建型の手法が用いられることもある。

【図表２－７－５　第二会社方式による再生スキームの概要】

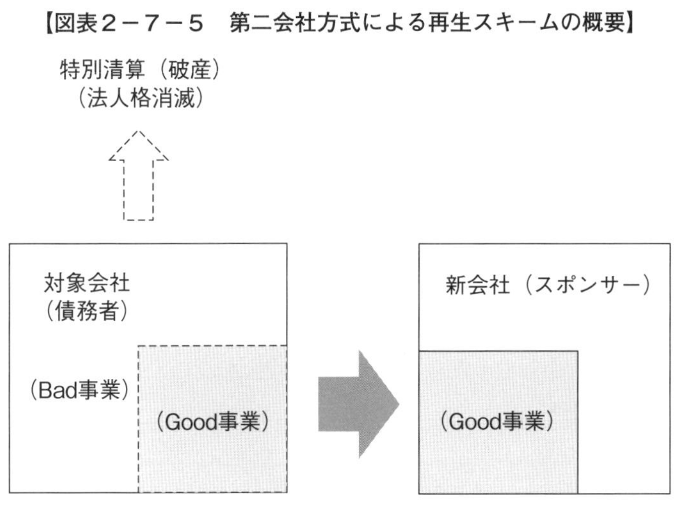

第二会社方式を用いる場合には，商取引債権者（仕入元）に対しては新旧会社から全額が弁済されることになるから，商取引債権者を害することなく，かつ，仕入元や販売先・顧客などに私的整理を行っていることが公表されることもないため，事業価値の毀損を防止することが可能になる。他方で，金融債権者（取引銀行）に対する債務については，旧会社が新会社から受領する事業承継の対価等を主たる弁済原資として，一括弁済を行い，残額については特別清

算や破産手続において債権放棄を受けることになる。

(b)　メリット

第二会社方式を利用した事業再生には，主として，以下のようなメリットが挙げられる。

①　金融債権者の同意が得られやすい

第二会社方式を利用する場合には，債権放棄の対象とすべき債権額及び旧会社の株主責任が明確になることもあって債権放棄の意思決定を行いやすく，かつ，特別清算等の清算型法的整理を経ることから金融債権者としても債権放棄額について税務上損金算入することが可能なため（法基通９－６－１(4)）[1]，金融債権者の同意が得られやすい。

②　事業価値の維持・向上が期待できる

第二会社方式によってGood部分のみを新会社に承継することによって，新会社におけるGood部分の業績向上が期待できるとともに，商取引債権を全額弁済しつつ旧会社から取引関係を承継することによって，事業価値の毀損を回避することが可能となる。

③　簿外債務・偶発債務からの遮断

1　東京地判平成29年１月19日裁判所ウェブサイトは，法人税基本通達９－６－１(2)において，特別清算協定認可の決定によらずに当事者間の合意で切り捨てられた部分の金額については損金算入を認める旨の文言が見当たらないこと，当事者間の個別和解に基づいて法人の金銭債権が消滅した場合については，合意内容の合理性が客観的に担保される状況の下での合意がされたとはいえないことを理由として，同通達に基づいて損金の額に算入することはできない旨を判示した。かかる判示内容からすると，法人税基本通達９－６－１(2)は，特別清算手続のうち，あくまで協定型により債権が切り捨てられた場合に限定されることとなる点に注意が必要である。

オーナー系企業においては帳簿等の作成・管理が不十分であることも多く（**第１部第２章第４節**参照），簿外債務・偶発債務のリスクを解消することが困難な場合もあるが，会社分割又は事業譲渡によるGood部分の切り出しによって，旧会社の簿外債務・偶発債務が新会社に承継されるリスクを遮断することができ，スポンサー側も安心して迅速に事業承継を実行することが可能になる。

(c)　デメリット

他方で，第二会社方式には，以下のようなデメリットも挙げられる。

①　取引関係の承継処理

Good部分を新会社に承継させるに際して，事業譲渡の場合には，商取引の承継について相手方の同意が必要になり（会社分割の場合には原則として不要であるものの，契約に同意が必要である旨を規定している例もある），また，新会社において銀行口座を開設する必要があるなど，取引関係を承継するための準備が必要になる。

②　資産移転等に伴う費用

第二会社方式は，Good部分の承継に伴い，個別の資産等を新会社に移転させる必要があることから，不動産の移転登記手続費用等が発生する。また，事業譲渡，会社分割というスキームによって資産の移転に対する課税が生じることになる。

③　許認可の再取得

新会社がGood部分の事業を継続するにあたって許認可が必要な場合があるが，許認可によっては，旧会社から新会社に対する承継が認められず，新会社において再取得が必要になることもある。特に，事業譲渡においては，原則として許認可の承継は認められていない。

このような場合には，事業を承継する前に，新会社側で事業継続に必要な許認可を取得しておく必要があるが，許認可の取得には数か月単位の期間を要することも多いことから，第二会社方式のスキーム・スケジュール策定に際して，特に注意が必要となる。

4 私的整理における債務者の税務

⑴ 私的整理における特例措置

対象会社が，私的整理中に金融債権者から債権放棄を受けた場合には，対象会社が債務超過であっても，債務免除益が発生することになるが（法法22②），対象会社に対して多額の債務免除益課税がなされれば，私的整理による事業再生を実行する大きな障害になる。このため，以下に述べるとおり，私的整理において債務免除を受ける場合にはいくつかの特例措置が設けられている。

⒜ 資産の評価損益の例外的計上

法人税法上，原則として，資産の評価益・評価損の計上は認められていないが（法法25①・35①），事業再生ADRや中小企業再生支援協議会など一定の要件を満たす私的整理において評価替えを行う場合には，民事再生法の規定による再生計画認可決定に準ずるものとして，後記の民事再生手続における別表添付方式と同様に，評価損益の計上が可能である（法法25③・33④，法令24の2①・68の2①）。

⒝ 設立当初からの欠損金額の損金算入の特例

法人税法上，欠損金の生じた事業年度について青色申告書である確定申告を提出し，かつ，その後連続して確定申告書を提出している場合には，法人のその事業年度開始の日前10年（平成20年4月1日から平成30年3月31日以前に開始する事業年度において生じた欠損金については9年）以内に開始した事業年度において生じた欠損金は，各事業年度の所得金額の計算上，損金の額に算入されるが（但し，中小法人等〔資本金1億円以下の法人その他〕以外の法人については，平成30年4月1日以後に開始する事業年度は50％に制限〔法法57①⑪〕），一定の要件を充足する私的整理においては，期限切れ欠損金を含む設立当初からの欠損金額を損金算入することが可能である（法法59②，法令117四・五・24の２，法基通12－３－１）。

⑵　清算中の株式会社の税務

第二会社方式を活用して私的整理を行う場合，スポンサーに事業を承継し，事業再生計画に基づいて弁済を行った後に，対象会社（旧法人）は清算することになるが，清算中の株式会社の税務については，下記の点に注意する必要がある。

⒜　清算中の株式会社における欠損金の損金算入

対象会社が解散した場合に，残余財産がないと見込まれる場合には，青色欠損金を欠損金控除前所得に充当した後，①設立当初からの欠損金額から青色欠損金の当期控除額を差し引いた額と②欠損金控除前所得から青色欠損金の当期控除額を差し引いた額のいずれか少ない額を損金算入することになる（法法59③，法令118）。

清算手続においては，会社保有資産を全て換価の上，これをもって債務の弁済原資とし，なお残った債務について債権放棄をしてもらい，債務免除益が計上されるという流れが一般的である。清算中のある事業年度に（換価処分が全て終わる前に）債権放棄が行われ，債務免除益が発生した事業年度末において貸借対照表が資産超過になってしまった場合，「残余財産がないと見込まれるとき」に該当せず，結果として「設立当初からの欠損金額」を使用できない可能性もあることから，タックスプランニングにおいては債務免除益の計上タイミングに注意することが肝要である。

⒝　新会社の第二次納税義務

対象会社（旧会社）が納付すべき国税を適切に納付しない場合には，新会社に対して，第二次納税義務が発生するリスクがあることから（国徴法38），対象会社（旧会社）におけるタックスプランニングは，対象会社（旧会社）のみならず，新会社にとっても重要である。第二次納税義務の問題については，**第２部第３章第２節２⑷⒝**参照。

第5節 再建型法的整理

1 再建型法的整理の類型

再建型法的整理は，私的整理とは異なり，民事再生法又は会社更生法という法令に基づいて，債権者の多数決によって過大な債務の削減を可能にすることができ，事業の抜本的な再建を容易に実行することができる。再建型法的整理手続の類型とそれぞれの特徴は，**図表２－７－６**のとおりである。

民事再生手続は，原則として対象会社自身が業務遂行権や財産管理処分権を継続して保有し，事業又は経済生活の再建を図ることができ（いわゆる「DIP〔debtor in possession〕型」），かつ，比較的簡易かつスピーディーに再建を図ることができる点に大きな特徴があり，オーナー系企業にも幅広く利用されている。他方，会社更生手続は，管財人が選任される管理型を原則とし，かつ，担保権も手続に取り込むなど重厚かつ長期間にわたる手続であることから，オーナー系企業の事業再生に利用される頻度は少ない。以下では，民事再生手続を活用した事業承継について述べる。

2 民事再生手続の概要

民事再生手続は，再生手続開始決定前の原因に基づいて生じた財産上の請求権を再生債権として一時棚上げし，再生債権者の法定多数の賛成を得て可決された再生計画に基づいて権利変更（再生債権に対する一部弁済及び残額の債務免除）を行う手続である。私的整理とは異なり，金融機関の債権のみならず，一般商取引債権者の債権も全て再生債権として権利変更の対象になる。他方で，別除権（担保付債権）については，手続の対象外とされており，担保権者（主に金融債権者）と任意の協議を行いながら，担保物件の評価額及び弁済条件について協議を行うことになる。

民事再生手続及びスポンサー選定手続に関するスケジュールのイメージは**図表２－７－７**のとおりである。一般的には，民事再生手続開始申立てを行った約１週間後に民事再生手続の開始が決定され，約３か月後までにスポンサーを

【図表２－７－６　民事再生と会社更生の比較】

	民事再生	会社更生
手続主体	原則：従来の経営陣（DIP型） 例外：管財人（管理型）	原則：管財人（管理型） 例外：従来の経営陣（DIP型）
監督主体	監督委員	裁判所
担保権	原則：別除権として手続外であり，原則として実行可能 例外：担保権実行中止命令及び担保権消滅許可制度による制限あり	更生担保権として手続に取り込まれ，更生手続外での実行は原則不可
M＆A特則（会社法の手続によらない）	事業譲渡と増減資	各種組織再編・M＆Aが可能
計画案の可決要件	出席又は投票した議決権者の過半数＋債権者の総議決権の総額の２分の１以上	更生債権の組：議決権の総額の２分の１を超える議決権者の賛成 更生担保権の組： ①　更生担保権の期限猶予：議決権の総額の３分の２以上の議決権者の賛成 ②　更生担保権の減免：議決権の総額の４分の３以上の議決権者の賛成 ③　更生会社の清算：議決権の総額の10分の９以上の議決権者の賛成 株式の組（資産超過の場合のみ）：議決権の総数の過半数に当たる議決権者の賛成
計画案認可までの期間	５～６か月	管理型：１年半程度 DIP型：５～６か月程度

選定して再生計画案を提出することになる。後記のとおり，再生計画に基づかない事業譲渡・会社分割を実施する場合には，申立て後約1か月でクロージングまで行うことも可能である。

3 事業承継の手法

民事再生手続における事業承継の手法としては，再生計画に基づかずに早期に実行可能な事業承継（再生計画外事業譲渡・会社分割）と，再生計画に基づく事業承継（事業譲渡・会社分割，100％減増資）とがある。以下では，これらの事業承継の方策について述べるとともに，プレパッケージ型の注意点についても言及する。

⑴ 再生計画に基づかない事業承継

⒜ 計画外事業譲渡（＋子会社株式譲渡）

対象会社が私的整理ではなく，民事再生手続を利用した場合には，民事再生手続を申し立てたことが公表されることにより，信用やブランドイメージが大きく毀損され，事業価値が急速に劣化することになる。また，対象会社には申立て前から資金繰りに余裕がないことが多いことから，早期にスポンサーに事業を承継し，スポンサーの下で事業を再建する方が望ましいといえる。このため，民事再生手続においては，再生手続開始後，事業の再生のために必要と認められる場合には，裁判所の許可を得て，事業の全部又は重要な一部を譲渡することが可能である（民再法41①一）。また，重要な子会社について，株式の全部又は一部を譲渡する場合も同様である（民再法41①二）。裁判所が事業譲渡を許可するにあたっては債権者の意見を聴取する必要はあるものの（民再法41②），債権者の決議を経る必要はなく，また，債務超過の場合には株主総会決議（会社法467①・309②十一）に代わる代替許可を受けることも可能である（民再法43①）。

したがって，スポンサーが決定した後，早ければ1か月程度で事業譲渡を実行することも可能であり，迅速な事業承継の必要性が高い場合には最も有効な手法である。もっとも，事業譲渡の対象資産（不動産等）に再生債権者の担保権が設定されている場合には，当該債権者から担保解除に関する同意を個別に

【図表２−７−７　民事再生手続及びスポンサー選定手続に関するスケジュール】

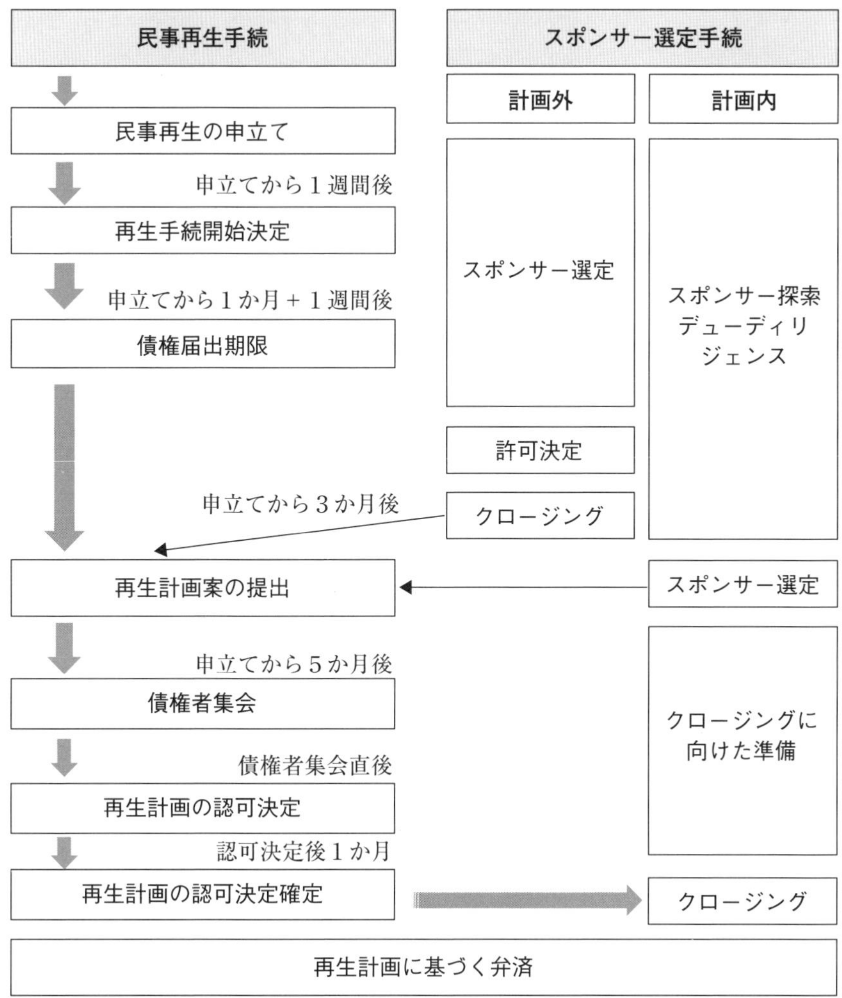

取得する必要があり，債権者との協議に時間を要することもあるから，スケジュールを検討する際には注意する必要がある。

(b) 計画外会社分割

民事再生法上，再生計画に基づいて会社分割を実行しなければならないという規定はないため（会更法45①七参照），会社法所定の手続を経れば，民事再生手続開始後に，再生計画によらずに，会社分割を実行することも可能である。

会社分割には，①新設分割により新設会社に事業を承継した上で，当該新設会社の株式をスポンサーに譲渡する場合（子会社株式の譲渡として裁判所の許可が必要〔民再法41①二〕）と，②吸収分割によりスポンサーに事業を承継させる場合（民事再生法の建付けとしては裁判所の許可が不要）があるが，いずれの方法であっても，実質的には事業譲渡と同様の効果をもたらすものであることから，民事再生手続の開始決定時に，「会社分割（再生計画による場合を除く）」については裁判所の許可を要する行為と指定されているのが通常である（民再法41①十）。

会社分割の場合にも，裁判所の運用によって，債権者の意見は聴取されるものの，債権者の決議を経る必要がないことは事業譲渡の場合と同様であるが，会社分割については代替許可の制度はないため，株主総会決議等の会社法所定の手続を履践することは必要になる。

したがって，会社分割は，簡易・迅速性という観点からは計画外事業譲渡に若干劣るものの，会社分割は包括承継であり，個々の資産移転手続・契約相手方の同意などが不要であること，雇用契約が当然承継されることや資産の移転に関する税務メリットもあることから，有用な手法である（会社分割の法務・税務上のポイントについては，**第2部第3章第2節1**参照）。

(c) プレパッケージ型の注意点

プレパッケージ型とは，民事再生手続開始申立て前にスポンサーを選定した上で，民事再生手続開始申立てを行うことをいう。スポンサーが確保されていれば，民事再生手続開始申立てを行った事実が公表されたとしても，信用毀損を最小限に防ぐことができ，円滑な事業承継を実現することが可能になるため，非常に有用な手段である。他方で，プレパッケージ型に対しては，当該スポンサー以外により良い支援条件を提示するスポンサー候補者がいるのではないかという批判を債権者や監督委員・裁判所に持たれる可能性もある。プレパッケージ型のスポンサー選定をどのように評価すべきかというのは議論のあるところであるが，①対象会社の事業規模，②事業内容，③時間的余裕の有無，④他のスポンサーが確保できる可能性等を総合的に勘案の上，当該スポンサー選定の妥当性が判断されることになる。

対象会社が民事再生手続開始申立てを行ったという事実が公表されることにより，事業価値が毀損されることは確実であるから，対象会社としては，民事再生手続開始申立て前に時間的余裕があるのであれば，可能な限り速やかにスポンサー選定を開始する方が望ましい。

⑵　再生計画に基づく事業承継

⒜　計画内事業譲渡

再生計画に基づく事業譲渡（計画内事業譲渡）の場合には，再生計画案に，事業譲渡を行う旨及び事業譲渡代金等を弁済原資とする弁済計画等を記載することになる。当該再生計画案が債権者集会の決議で可決され，裁判所から認可されれば，対象会社は，民事再生手続との関係では，事業譲渡を実行することが可能になる。会社法上の手続として，取締役会決議・株主総会決議は必要であるが，計画外事業譲渡の場合と同様に，債務超過の場合には株主総会決議（会社法467①・309②十一）に代わる代替許可を受けることも可能である（民再法43①）。

⒝　計画内会社分割

再生計画に基づく会社分割（計画内会社分割）の場合にも，再生計画案に，会社分割を行う旨及び事業承継の対価等を弁済原資とする弁済計画等を記載することになる。当該再生計画案が債権者集会の決議で可決され，裁判所から認可されれば，対象会社は，民事再生手続との関係では，会社分割を実行することが可能になる。会社分割についても，会社法上の手続は別途必要になるところ，事業譲渡とは異なり，株主総会決議に代わる代替許可の制度がないことから，株主総会決議を経る必要がある。このため，実務上，株主総会の特別決議を経ることが難しい場合には，後記の100％減増資を行って株主構成を変更した上で，会社分割を実行する場合もある。

(c) 100%減増資

100％減増資スキームとは，対象会社が再生計画に基づいて既存株式を全て無償で取得して消却し（100％減資），スポンサーに対して第三者割当増資（100％）を行うことにより，対象会社をスポンサーに承継させる手法である。民事再生手続における再建手法として，事業譲渡・会社分割と並んで，頻繁に利用されているが，許認可取得の問題や資産移転コスト削減等の観点から，特に対象会社（旧会社）の法人格を利用したい場合に用いられている。

民事再生手続においては，対象会社が債務超過である場合には（民再法166②），あらかじめ裁判所の許可を得て，資本金の額の減少，株式の取得，株式の併合に関する条項を再生計画に定めることができ（民再法154③・166①），当該条項を定めた再生計画の認可決定が確定した場合には，会社法所定の手続（株主総会の特別決議等）を省略して実行することが可能になる（民再法183参照）。

なお，無償での自己株式取得，消却及び増資について，対象会社側では資本等取引に該当し，課税関係は生じない（法法22⑤）。株主であるオーナーは，無償での自己株式の取得の際に，対象会社株式に係る譲渡損が生じることになる。

Column16：破産手続と事業譲渡

再建型法的整理においては，公租公課や労働債務（退職金を含む）を全額弁済する必要があるため，対象会社の手許資金が著しく不足しており，事業譲渡等を行ったとしてもこれらの債務を全額弁済できる見込みがないような場合には，再建型法的整理を利用することは困難である（但し，計画外事業譲渡が認められる余地はある）。他方で，再建型法的整理を利用することが困難な場合であっても，破産手続の中で破産管財人が個別に資産を切り売りするのではなく，事業体として譲渡することができれば，従業員の雇用確保，取引先との取引継続，債権者に対する弁済極大化などの観点から望ましいといえる。

このような場合には，破産手続開始前後の事業譲渡を検討する余地がある。破産手続は，会社を清算するための手続であり，開始決定と同時に事業停止することが前提とされているが（管財人による事業継続には裁判所の許可が必要。破産36），下記のような形であれば，事業譲渡を実行することも可能である。

① 従来の経営陣においてスポンサーを選定し，破産手続開始決定前（破産管財人が選任される前）に事業譲渡を実行した後，破産手続開始申立てを行う

② 従来の経営陣においてスポンサー選定手続を実施し，破産管財人に引き継いだ上で，破産管財人が開始決定と同時に又は速やかに事業譲渡を実行する

ここでのポイントは，事業譲渡対価の妥当性を確保するために，従来の経営陣においてスポンサー選定手続の妥当性を確保することである。なぜなら，事業譲渡対価及びスポンサー選定手続が妥当であると判断されなければ，①の場合には後日破産管財人から否認されるリスクがあるし，②の場合には破産管財人において当該事業譲渡が適切であると判断できず，事業譲渡を実行できない可能性があるからである。

このような事業譲渡は，いわば最終手段であり，できる限り，再建型法的整理で事業を再建させる方が望ましい。そのためには，経営者保証ガイドラインの認知度が高まり，経営陣によって，できる限り早期に，事業再生の専門家に対する相談が行われることが期待される。

４　民事再生における債務者の税務

⑴　民事再生における特例措置

上記**第４節４**において述べた，私的整理中の対象会社に対する税務上の特例措置は，再建型法的整理をベースに整備・発展してきたものであり，再建型法的整理においても，同様の特例が存在する。以下，民事再生に関する特例措置について述べる。

⒜　資産の評価損益の例外的計上

法人税法上，原則として，資産の評価益・評価損の計上は認められていないが（法法25①・35①），民事再生手続においては，評価損益を計上できる場合が２つある。第１は，再生手続開始決定があった場合に，開始決定があった事業年度末における資産の時価がその帳簿価額を下回るとき，損金経理を行うこと

を要件として，当該下回った部分について評価損を計上する方法である（いわゆる損金経理方式。〔法法33②，法令68①柱書，法基通９－１－３の３〕）。この場合，評価損の計上はできるものの，評価益は計上できない点に注意が必要である。第２は，再生計画認可決定があった場合において，認可決定時点において資産の評定を行う方法である（いわゆる別表添付方式。〔法法25③・33④，法令24の２③⑤・68の２②④〕）。この場合には，評価益と評価損の双方を計上しなくてはならない。これら２つの方式は，重複適用できず，どちらかを選択しなければならないとされている（法令68②）が，対象資産や期限切れ欠損金の優先順序などに差異があることから，いずれの方式を選択するかについては，慎重な検討が必要である。

(b)　設立当初からの欠損金額の損金算入の特例

上記**第４節４(1)(b)**のとおり，一定の要件を満たす場合には，民事再生手続においては，期限切れ欠損金を含む設立当初からの欠損金額を損金算入することが可能である（法法59②，法令117四及び五・24の２，法基通12－３－１）。上記別表添付方式の場合には期限切れ欠損金を青色欠損金よりも優先して損金算入することが可能であるが，損金経理方式の場合には，青色欠損金によって消しきれない債務免除益があってはじめて期限切れ欠損金を利用することが可能になる。

(2)　清算中の株式会社の税務

民事再生手続においても，事業譲渡又は会社分割による事業承継を行う場合には，私的整理における第二会社方式と同様，スポンサーに事業を承継し，再生計画に基づいて弁済を行った後に，対象会社（旧法人）は清算することになる。この場合における，清算中の株式会社の税務に関する注意点は上記**第４節４(2)**のとおりである。

第６節　経営者保証ガイドライン（GL）の取扱い

１　経営者保証GL導入の経緯等

オーナー系企業に対する融資においては，ほとんどの場合に経営者が保証人になることが必要とされてきたが，経営者保証にはモラルハザードを抑制する一定の効果がある一方で，経営者が失敗を恐れて思い切った事業展開ができなくなることや，当該企業が窮境に陥った場合に経営者個人の保証責任が顕在化することをおそれて早期の事業再生を躊躇する要因になっているといった問題点が指摘されていた。

こうした問題意識を踏まえて，日本商工会議所と全国銀行協会を共同事務局とする「経営者保証に関するガイドライン研究会」が，平成25年12月，主債務者の整理局面における保証債務の整理を公正かつ迅速に行うための準則を定めるものとして，「経営者保証に関するガイドライン」（以下「経営者保証GL」という）を策定・公表した。

保証人個人にとって，経営者保証GLに基づく保証債務整理のメリットは，保証人個人が破産を回避できること及びインセンティブ資産として破産手続における自由財産よりも多くの資産を残すことが可能になる点である。他方で，対象債権者にとっても，保証人個人からの弁済額が減少したとしても，早期の事業再生が促されることによって結果的に主債務者からの弁済額が増え，総回収額が増えるというメリットがある。

経営者保証GLには，法的拘束力はないものの，平成25年の公表後，金融機関・中小企業・経営者等によって，自発的に尊重・遵守されており，事例も蓄積されている。

２　経営者保証GLによる保証債務整理の要件

経営者保証GLによる保証債務整理に関する要件をまとめると，**図表２－７－８**のとおりである。

上記の要件を全て満たす保証人は，保証債務について，経営者保証GLに基

【図表２－７－８　経営者保証GLの適用要件】

主たる債務者	保証人	経営者保証GLの関連規定
中小企業であること	個人であり，原則として主たる債務者の経営者であること	経営者保証GL３項
主債務者及び保証人が弁済につき誠実で，対象債権者の請求に応じて適時適切に財産状況等の開示を行っていること		経営者保証GL３項
反社会的勢力ではなく，そのおそれもないこと		経営者保証GL３項
主たる債務者の資産及び債務並びに保証人の資産及び保証債務の状況を総合的に勘案して，主たる債務及び保証債務の破産手続による配当よりも多くの回収を得られる見込みがあるなど，対象債権者にとっても経済的な合理性が期待できること		経営者保証GL７項(1)
主債務に係る法的整理手続又は準則型私的整理手続と経営者保証ガイドラインの利用が同時に現に行われているか，これらの手続が係属しているか，若しくは既に集結していること		経営者保証GL７項(1)
―	破産法上の免責不許可事由が生じておらず，そのおそれもないこと	経営者保証GL７項(1)

づく保証債務の整理を対象債権者に対して申し出ることができ，対象債権者は誠実に対応する必要がある。

3　経営者保証GLの手続

経営者保証GLに基づく保証債務の整理には，①主債務について準則型私的整理を利用し，保証債務と一体の整理が可能になる一体型と，②主債務について法的整理が利用されている場合や，主債務の整理手続が終結しているなど一体整理が困難な場合の単独型がある。単独型の場合には，従来，特定調停が用いられることが多かったが，再生支援協議会においても単独型利用の普及に向けた対応が開始されており，今後普及することが望まれる。

経営者保証GLに基づく保証債務整理を行う場合の手続の流れは，**図表２－７－９**のとおりである。

【図表２－７－９　経営者保証GLに基づく保証債務整理手続の流れ】

①　対象債権者に対する経営者保証GLに基づく保証債務整理の申出

（対象債権者に対する一時停止・返済猶予の要請）

②　保証人の財産状況等の調査及び結果の開示

（①を基準時として，処分価額により評価し，資力情報の内容の正確性につき，保証人による表明保証※）

③　弁済計画案の策定

（保証人の手元に残す残存資産の範囲，資産の換価・処分方針等を検討）

＋

④　対象債権者に対して残債務の債務免除要請

⑤　弁済計画と保証債務免除に対する全対象債権者の同意

⑥　弁済計画を履行し，保証債務の免除を受ける

（残存資産を除く資産を換価，担保債権者等に優先弁済，その後対象債権者に按分弁済し，その残額につき債務免除を受けることになる）

※　弁護士等の支援専門家が保証人による表明保証を確認し，対象債権者に対して保証人名義の表明保証書及び確認書を提出する。

4　経済合理性の考え方

私的整理や再建型法的整理における経済合理性は，事業再生を行った場合と経営者が事業再生に着手せず破産に至ったと仮定した場合との弁済率の比較に基づくものであるが（具体例については，**図表２－７－10**参照），経営者保証GL

【図表２－７－10　経済合理性の考え方】

［主たる債務のみ］

(i)　主債務者が早期事業再生を行った場合の弁済額　　5,000万円

(ii)　主債務者が破産した場合の破産配当額　　0円

➡　主債務のみで判断すると，(i)>(ii)であり，早期事業再生を行った方が弁済額が大きくなるため，破産した場合よりも，経済合理性が認められる。

［保証債務のみ］

(i)　経営者保証GLに基づく保証債務の弁済額　　100万円

※インセンティブ資産を残すため，弁済原資が減少する

(ii)　保証人が破産した場合の破産配当額　　500万円

➡　保証債務のみで判断すると，(i)<(ii)であり，保証人については破産した場合の方が弁済額が大きくなるため，破産した方が，経済合理性が認められる。

［保証債務＋主たる債務］

一体的に判断すると，下表のとおり，(i)5,100万円（100万円＋5,000万円）>(ii)500万円（500万円＋０円）となり，破産した場合よりも，早期事業再生を行った場合の方が，弁済額が4,600万円増加しているため，経済合理性が認められる。

	①破産した場合（予想配当額）	②早期事業再生の場合（弁済計画案における弁済額）
主債務者弁済額	０円	5,000万円
保証人弁済額	500万円	100万円
合計	500万円	5,100万円

における経済合理性の最大の特徴は，この破産に至った場合の弁済率の比較を，主債務者からの弁済額と保証人からの弁済額とを合算して一体的に判断する点にある（経営者保証GL７項(3)③）。この経済合理性の考え方については，保証債務整理の形態が①一体型であるか②単独型であるかを問わない。

保証人に相当の収入がある場合であっても，一時停止日以降の保証人の収入については返済原資にする必要はなく，経営者保証GLを適用することは可能である。もっとも，保証人の一時停止後の収入や支出については債権者から開示を求められることも多く，相当の収入がある場合には，後記「一定期間の生計費」をインセンティブ資産として残す必要性がないと判断される可能性もある。

また，保証人による弁済が一切ない場合であっても，主債務者からの弁済額と一体で判断して経済合理性が認められる場合には，経営者保証GLを適用することは可能である。もっとも，残存資産との兼ね合い次第ではあるが，債権者の納得感を踏まえ，一定の弁済を行うことの可否について検討することは必要である。

5　残存資産

(1)　概　要

保証人にとって，経営者保証GLに基づく保証債務整理の大きなメリットは，破産手続における自由財産の範囲を超えて，インセンティブ資産を残すことができる点にある。このインセンティブ資産の範囲については，主債務者が再生型手続を利用している場合には，①主債務者及び保証債務者が破産手続を行った場合の回収見込額の合計金額と②主債務及び保証債務の弁済計画（案）に基づく回収見込額の合計金額を比較して，②が①を上回る場合には，①と②の差額を上限として早期事業再生に着手した保証人の残存資産を検討することについて，経済合理性が認められると考えられている（ガイドラインQ&A７－13・７－14）。**図表２－７－10**の事例でみると，①は合計500万円，②は合計5,100万円であり，その差額4,600万円の範囲内で残存資産を検討することになる。

残存資産の範囲を検討する上では，以下のような点を総合的に勘案して，その範囲を決定することになる（経営者保証GL７項(3)③）。

① 保証人の保証履行能力や保証債務の従前の履行状況
② 主債務が不履行に至った経緯等に対する経営者たる保証人の帰責性
③ 経営者たる保証人の経営資質，信頼性
④ 経営者たる保証人が主たる債務者の事業再生等に着手した時期等が事業の再生計画等に与える影響
⑤ 破産手続における自由財産の考え方や民事執行法に定める標準的な世帯の必要生計費の考え方との整合性

なお，注意を要するのが，主債務の整理手続の終結後（民事再生の場合には再生計画の認可決定後）に保証債務の整理を開始したときは，対象債権者が保証人からの回収を既に期待し得る状況にあるため，自由財産を超えて資産を残すことについて対象債権者にとっての経済合理性が認められないとされている点である（経営者保証GL７項⑶③，ガイドラインQ&A７－20・７－21）。したがって，インセンティブ資産を残すことを検討している場合には，保証債務の整理を開始するタイミングにも注意する必要がある。

⑵　自由財産の範囲

破産手続における自由財産（破産法34条３項，４項その他の法令により破産財団に属しないとされる財産）として，99万円までの現金や民事執行法上の差押禁止動産（家財道具など生活・生計を維持する上で必要なもの。〔民執法131〕）及び差押禁止債権（給与・退職金債権の一部など〔民執法152〕）があげられるが，これらは残存資産の範囲に含まれる（経営者保証GL７項⑶③，ガイドラインQ&A７－14）。また，実務上，破産手続における破産管財人の換価基準を参考に，例えば，残高20万円以下の預金，居住用家屋の敷金，処分見込額20万円以下の自動車等については，自由財産の範囲内として取り扱われている事例も多い。

このように，自由財産の範囲に含まれるとされたものについては，保証人として継続して保有することが可能であり，対象債権者に対する弁済原資として確保・換価する必要はない。

⑶　一定期間の生計費及び療養費等

一定期間の生計費については，下表のとおり，雇用保険の給付期間の考え方を参考にして，保証人の年齢によって，１か月当たりの「標準的な世帯の必要生計費」である33万円（民事執行法施行令）を乗じて得た金額が基準とされる（ガイドラインQ&A７－14)。保証人が65歳以上の場合には，経営者保証GL上の取扱いが明らかではないが，実務上，60歳以上65歳未満と同様として計算することが一般的である。

保証人の年齢	給付期間	生計費
30歳未満	90日～180日	99万円～198万円
30歳以上35歳未満	90日～240日	99万円～264万円
35歳以上45歳未満	90日～270日	99万円～297万円
45歳以上60歳未満	90日～330日	99万円～363万円
60歳以上65歳未満	90日～240日	99万円～264万円

なお，事業承継型Ｍ＆Ａの局面においては，経営者が高齢であるケースも多く，医療費や介護費用が恒常的に発生する状況にあることや，生命保険等に再加入することの困難性を踏まえて，上記生計費の範囲や生命保険等の解約返戻金などの取扱いについては，柔軟に検討することが望まれる。

⑷　華美でない自宅

保証人が自宅不動産を保有している場合，残存資産として「華美でない自宅」を残すことができるかを検討することになる。経営者保証GLにおいては，「華美」の判断基準が示されていないため，具体的にどのような基準で華美かどうかを判断すべきかが問題となる。華美であるか否かについては，債権者（金融機関）との間で，評価・意見の対立が生じやすいが，地積・建物面積，築年数，評価額等に加えて，地域性，権利関係，担保設定状況，不動産の流動性等の個別具体的事情を踏まえて，ケースバイケースで判断されることになる。例えば，建物面積が広大で，評価額が一定程度高額であったとしても，地域性や不動産の流動性等を考慮して，債権者との協議の結果，「華美でない自宅」として残存資産とされた事例も存在する。

Column17：粉飾決算と経営者保証GL

事業再生を検討せざるを得ないオーナー系企業においては，過去に粉飾決算が行われている場合もある。このような場合に，経営者保証GLの要件である「主たる債務者及び保証人の双方が弁済について誠実であり，対象債権者の要求に応じ，それぞれの財務状況等（負債の状況を含む。）について適時適切に開示している」（経営者保証GL７項⑴イ）・３項③）ことと関連して，経営者保証GLの適用が可能かどうかが論点になることがある。

しかし，過去に財産状況等の不正確な開示があったとしても，不正確な開示の金額・態様，私的流用の有無等を踏まえた動機の悪質性といった点を総合的に勘案して判断すべきとされている（ガイドラインQ&A３－４）。また，過去の粉飾の事実は，「主たる債務が不履行に至った経緯等に関する経営者たる保証人の帰責性」（経営者保証GL７項⑶②）といった残存資産の範囲に関して考慮されることになるから，粉飾決算が行われていたとしても，経営者保証GLを適用することは不合理ではないといえる。

第8章

事業承継型M&Aの税務リスク

事業承継型M&Aに限ったことではないが，M&Aにおいて各当事者の課税額を減少させることは，（税務当局を除く）全当事者にとってメリットがあることが多い。例えば，売主の課税額が少なくなるストラクチャーがある場合，買主としては当該ストラクチャーに同意する代わりに譲渡価格を下げることに合意してもらうことにより，売主及び買主にとってメリットがある。そこで，同一の目標（ゴール）に到達するための手法として，ストラクチャーA，B及びCの3パターンがあり，そのうちストラクチャーBを採用することにより，取引当事者の課税の総額が最も低くなる場合は，M&Aの当事者には，ストラクチャーBを選択するインセンティブが働くことになる。

しかし，ストラクチャーBが選択されることが異常であり，かつ，ストラクチャーBについて，課税額を抑える以外に，事業上の目的がなく，経済合理性が認められないようなときには，税務当局が，ストラクチャーBは租税回避行為であるとして，納税者が申告した課税額を否認する場合があり得る。特に，ストラクチャーBが複数の当事者及び取引を組み合わせたような場合は，そのリスクが大きいといえる。事業承継型M&Aの場合，オーナーの所得税・相続税を抑えるためにストラクチャーが構築されることが多いため，税務当局からすると，租税負担を減少するためのストラクチャーであるといったうがった見方をされやすい。

そこで，本章において，租税回避の否認・評価否認の概要とその対応方法を解説したい。

第1節 租税回避の否認

1 一般的否認規定総論

租税回避（tax avoidance）とは，一般的に，「私法上の形成可能性を異常又は変則的な態様で利用すること（濫用）によって，税負担の軽減又は排除を図る行為」と定義されている。この租税回避があった場合，当事者が用いた法形式を租税法上は無視し，通常用いられる法形式に対応する課税要件が充足されたものとして取り扱うこと（減免規定については，その適用を否定すること）を，租税回避行為の否認と呼ぶ[1]。現在の法令及び判例は，以下のとおり，租税回避を否認する複数の手法を認めている。

まず，租税回避を否認する目的で設けられた規定（個別的否認規定）が存在する場合（例えば，法法57③や措法41の４の２など），その規定の要件に従って否認することができる。

他方，租税法上に個別的否認規定が存在しない場合には，租税法律主義（憲法84）の観点から，原則として，税務当局が租税回避行為を否認することは許されないと解されている。しかし，これまでの判例において，事実認定と法解釈により，結果的に租税回避を否認したのと同様の効果を有する方法が認められている。

事実認定による否認の手法は，納税者の選択した法形式が仮装であって，真実の法形式は課税要件に合致するとして課税する方法である。例えば，東京地判平成20年２月６日判時2006号65頁（控訴審である東京高判平成21年７月30日訟月56巻７号2036頁も同旨）の事案では，原告であるＡ社は，真実，軽課税国所在の関連会社Ｂ社に株式を譲渡し，Ｂ社がＣ社に株式を譲渡したものであると主張したが，裁判所は，Ａ社からＢ社に対する株式譲渡は通謀虚偽表示で無効であるとした上，当該株式はＡ社からＣ社に直接譲渡されたと認定し，かか

1　租税回避及び租税回避行為の否認の定義については，金子宏『租税法』（弘文堂，第23版，2019年）133頁以下参照。

る認定を前提とした課税処分を是認した。この事案では，真実の法律関係を探求した結果，Ａ社の租税回避行為が否認されたのと同じ効果が生じたものである。

次に，法解釈による否認の手法とは，納税者がある租税減免規定の文言上の要件を充足していたとしても，当該規定を適用して租税を減免することが制度の濫用に当たるとして，当該租税減免規定の適用を否定する方法である。この解釈方法が用いられたのが外国税額控除制度に関する最判平成17年12月19日民集59巻10号2964頁である。同判決では，「本件取引に基づいて生じた所得に対する外国法人税を法人税法69条の定める外国税額控除の対象とすることは，外国税額控除制度を濫用するものであり，さらには，税負担の公平を著しく害するものとして許されないというべきである。」と判示し，租税の減免規定である外国税額控除制度の適用を否定した。

以上の租税回避の否認手法の他に，わが国の租税法は包括的な租税回避否認規定を設けている。例えば，同族会社の行為･計算の否認規定（法法132①など），組織再編成に係る行為・計算の否認規定（法法132の２）及び連結法人に係る行為・計算の否認規定（法法132の３）といった行為・計算の否認規定である。

事業承継型M&Aにおいて，事実認定による否認や法解釈による否認よりも，むしろ，ストラクチャー全体が租税回避行為であるとして，包括的な租税回避否認規定が適用されやすい。したがって，以下では，包括的な租税回避否認規定について解説する。

２　包括的な租税回避否認規定

(1)　同族会社の行為計算否認規定（法法132）

事業承継型M&Aは，同族会社がM&Aに関係することから，まず，同族会社の行為計算否認規定（法法132①など）の適用可能性を検討する必要がある。法人税法132条１項は，次のように規定している。

> 税務署長は，次に掲げる法人に係る法人税につき更正又は決定をする場合において，その法人の行為又は計算で，これを容認した場合には法人税の負担を不当に減少させる結果となると認められるものがあるときは，その行為又は計算にかかわらず，税務署長の認めるところにより，その法人に係る法人税の課税標準若しくは欠損金額又は法人税の額を計算することができる。
>
> 一　内国法人である同族会社
>
> （以下略）

かかる文言からすると，同条の適用要件は，次のとおりである。

> ①　同族会社の法人税につき更正又は決定をすること
>
> ②　その法人の行為又は計算であること
>
> ③　法人税の負担を不当に減少させる結果となると認められること

①の要件については，文言上も明確であるため，実務上問題になることはあまり想定されない。②の要件について，「その法人」とは，更正又は決定を受ける同族会社を指すと解釈されている（東京地判平成13年11月９日判タ1092号86頁及び東京高判令和２年６月24日裁判所ウェブサイト）。また，同族会社に係る包括的否認規定は，同族会社と非同族会社の間の税負担の公平を維持する趣旨であることからすれば（東京高判平成27年３月25日判時2267号24頁），更正又は決定の対象である同族会社以外の行為又は計算を否認することはその趣旨と整合しない。そこで，法人税法132条１項を適用するためには，同族会社である会社の行為又は計算である必要があると解されている。

次に，③の要件に関し，法人税法132条１項に規定された「法人税の負担を不当に減少させる結果となると認められるもの」につき，東京高判平成27年３月25日判時2267号24頁は，「専ら経済的，実質的見地において当該行為又は計算が純粋経済人として不合理，不自然なものと認められるか否かという客観的，合理的基準に従って判断すべきものと解される……。そして，同項が同族会社と非同族会社の間の税負担の公平を維持する趣旨であることに鑑みれば，当該行為又は計算が，純粋経済人として不合理，不自然なもの，すなわち，経済的合理性を欠く場合には，独立かつ対等で相互に特殊関係のない当事者間で通常行われる取引（独立当事者間の通常の取引）と異なっている場合を含むものと解するのが相当であり，このような取引に当たるかどうかについては，個別具体的な事案に即した検討を要するものというべきである。」と判示した（最決平成28年２月18日の上告不受理決定により確定）。また，学説上，「ある行為又は計算が経済的合理性を欠いている場合に否認が認められると解すべきであろう」とされており[2]，上記裁判例と同様の解釈が通説的見解となっている。

しかし，東京高判令和２年６月24日裁判所ウェブサイトは，同族会社である納税者がグループ内組織再編成の一環としてグループ会社から借入れを行ったことに関し，③の要件該当性が問題となった事案において，「…借入れが当該同族会社の属する企業集団の再編等（以下「企業再編等」という）の一環として行われた場合においては，組織再編成を含む企業再編等は，その形態や方法が複雑かつ多様であるため，これを利用する巧妙な租税回避行為が行われやすく，租税回避の手段として濫用されるおそれがあること等に照らすと，①当該借入れを伴う企業再編等が，通常は想定されない企業再編等の手順や方法に基づいたり，実態とは乖離した形式を作出したりするなど，不自然なものであるかどうか，②税負担の減少以外にそのような借入れを伴う企業再編等を行うことの合理的な理由となる事業目的その他の事由が存在するかどうか等の事情も考慮した上で，当該借入れが経済的合理性を欠くか否かを判断すべきである。」として，下記(2)の組織再編成に係る行為計算否認規定と類似の判断枠組みを示し，当該借入れの合理性の前提として，組織再編成全体の合理性についても判示した。当該事件は上告受理申立てがなされていることから，最高裁の判断を待つ必要があるものの，事業承継型M&Aの場合，東京高判令和２年６月24日裁判所ウェブサイトの判示内容に従って③の要件該当性が判断される可能性がある点に注意が必要である。

2　金子宏『租税法〔第23版〕』（弘文堂，2019年）532頁。

⑵　組織再編成に係る行為計算否認規定（法法132の２）

事業承継型M&Aにおいては，会社分割など，組織再編成を用いることもあるため，組織再編成に係る行為計算否認規定の適用の有無も検討する必要がある（法法132の２）。法人税法132条の２は，次のように規定している。

> 税務署長は，合併，分割，現物出資若しくは現物分配（……）又は株式交換等若しくは株式移転（以下この条において「合併等」という。）に係る**次に掲げる法人の**法人税につき更正又は決定をする場合において，**その法人の行為又は計算**で，これを容認した場合には，合併等により移転する資産及び負債の譲渡に係る利益の額の減少又は損失の額の増加…その他の事由により**法人税の負担を不当に減少させる結果となると認められる**ものがあるときは，その行為又は計算にかかわらず，税務署長の認めるところにより，その法人に係る法人税の課税標準若しくは欠損金額又は法人税の額を計算することができる。
>
> 一　合併等をした法人又は合併等により資産及び負債の移転を受けた法人
>
> 二　合併等により交付された株式を発行した法人（前号に掲げる法人を除く。）
>
> 三　**前二号に掲げる法人の株主等である法人**（前二号に掲げる法人を除く。）

（下線・太字は引用者）

かかる文言からすると，同条の適用要件は，次のとおりである。

> ①　合併等に係る法人の法人税につき更正又は決定をすること
>
> ②　その法人の行為又は計算であること
>
> ③　法人税の負担を不当に減少させる結果となると認められること

まず，①の要件に関し，法人税法132条の２は，「次に掲げる法人の法人税につき更正又は決定する場合」に適用されるものである旨規定されている。「次に掲げる法人」とは，組織再編成の当事者（１号），三角組織再編成が行われた場合の親法人（２号）及びこれらの法人の株主等（法人税法２条14号で定義されている）である法人（３号）である。

②の要件に関し，法人税法132条の２は「その法人の行為又は計算」のみを否認の対象とするところ，最判平成28年２月29日民集70巻２号242頁（以下「ヤフー事件判決」という）は，「同条にいう『その法人の行為又は計算』とは，更正又は決定を受ける法人の行為又は計算に限られるものではなく，『次に掲げる法人』の行為又は計算，すなわち，同条各号に掲げられている法人の行為又は計算を意味するものと解するのが相当である。」と判示している。

最後に，③の要件に関し，法人税法132条の２に規定された「不当に減少させる結果となると認められるもの」につき，ヤフー事件判決は，「法人の行為又は計算が組織再編成に関する税制（以下「組織再編税制」という）に係る各規定を租税回避の手段として濫用することにより法人税の負担を減少させるものであることをいうと解すべきであり，その濫用の有無の判断に当たっては，［１］当該法人の行為又は計算が，通常は想定されない組織再編成の手順や方法に基づいたり，実態とは乖離した形式を作出したりするなど，不自然なものであるかどうか，［２］税負担の減少以外にそのような行為又は計算を行うことの合理的な理由となる事業目的その他の事由が存在するかどうか等の事情を考慮した上で，当該行為又は計算が，組織再編成を利用して税負担を減少させることを意図したものであって，組織再編税制に係る各規定の本来の趣旨及び目的から逸脱する態様でその適用を受けるもの又は免れるものと認められるか否かという観点から判断するのが相当である。」と判示している。

上記［１］の事情について，最高裁判所は，関係規定との関係において通常備えるべき実態を想定した上で，それから乖離した状態，乖離した形式が作出されているか，という観点から事実のあてはめを行っていると評価されている[3]。

そして，上記［２］の事情につき，最高裁判所調査官は，ごくわずかでも何らかの事業目的等があることを意味するのではなく，「行為・計算の不自然さ（異常性・変則性）の程度との比較や税負担の減少目的と事業目的との主従関

3　吉村政穂「最近の裁判例に見る租税回避否認規定の課題」租税研究846号171～172頁。

係等に鑑み，行為・計算の合理性を説明するに足りる程度の事業目的等が存在するかどうかという点を考慮する」ものであると解説している[4]。

さらに，自動車部品等の製造及び販売業を営むA社が法人税法57条3項に基づき合併により完全子会社の未処理欠損金額を引き継いだ事案に関し，東京高判令和元年12月11日金法1595号8頁は，ヤフー事件判決を引用しつつ，個別の租税回避否認規定の要件を満たさず，否認されないとしても，なお包括的な否認規定を適用することはできる旨を判示した上，法人税法132条の2を適用している。同判決においては，組織再編成税制が創設された平成13年度税制改正における立法趣旨が考慮されているが，それについて果たして当初の改正の際の資料にのみ基づいて判断することが妥当であるか否かについては，疑問が呈されている[5]。しかし，納税者の上告受理申立てに対して最高裁は令和3年1月15日付で上告不受理決定をして納税者の敗訴が確定した。

3　包括的な租税回避否認リスクへの対応策

(1)　対応策のポイント

M&Aにおいて，ストラクチャーを選択する際に取引当事者の税負担を考慮することは通常であるとしても，M&Aのストラクチャーが通常想定されている実態から乖離していたり，当該M&A自体に事業目的があったとしても選択したストラクチャーが税負担の減少のみを目的としていたりする（例えば，譲渡損を計上するためにあえて不要な取引を行い，非適格組織再編成とする等）と認められる場合には，上記で紹介した各裁判例のように，同族会社の行為計算否認規定又は組織再編成に係る行為計算否認規定が適用され得ることを認識しておく必要がある。その際の判断としては，税務の観点を抜きにして，当該M&A・組織再編成を行うことやそのストラクチャーを選択することの事業上の必要性を説明できるか，という点がポイントとなる。

4　徳地淳＝林史高「判解」ジュリスト1497号86頁。

5　吉村政穂「最近の裁判例に見る租税回避否認規定の課題」租税研究846号176～177頁，渡辺徹也「組織再編成に係る一般的否認規定と合併による欠損金の引継ぎ」ジュリスト1544号192頁。

⑵　ストラクチャー検討時の対応策

M&Aに事業上の必要性があるとしても，税務調査で説明を求められた場合に，客観的な資料をもって説得的に説明できるように準備しておく必要がある。さらに，ヤフー事件判決においては，税務調査において提出された電子メールや経営会議の議事録といった社内資料が取引目的の認定に利用されている。したがって，電子メールや社内の稟議書・経営会議等の議事録は，税務調査において提出を求められる前提で作成する必要がある。

実務上悩むのは，M&Aにおいて税務上のメリットをどこまで資料に記載するかという点である。税務のアドバイザーとしては，オーナーや会社に対して，税務上のメリットを提案資料に記載して説明し，案件を前に進めたいというインセンティブがあることに加えて，オーナーや会社としては，税務上のメリットや税負担も含めて当該取引を実行するか否かを意思決定することから，会議資料に税務に関する記載をしないという対応を取ることは難しい場合がある。税務上の取扱いを提案資料や議事録等に記載するとしても，税務上のメリットがM&A・組織再編成の主たる目的であり，ストラクチャーが税務上の観点からのみで決定されたかのような誤解を招く体裁や表現とならないように注意すべきである。

また，「関係規定との関係において通常備えるべき実態を想定した上で，それから乖離した状態，乖離した形式が作出されているか」という点の判断については，当該関係規定の趣旨・目的を勘案し（さらに，どの時点の趣旨・目的を観念すべきかも考慮した上），何が「通常備えるべき実態」であるかを確定させた上でストラクチャーの選択をする必要があると考えられる。

上記を踏まえると，ストラクチャリングの段階から弁護士等が関与し，将来税務紛争が生じた際の有効な主張を準備しておくべきように思われる。

⑶　税務調査時の対応策

税務調査において，M&Aの税務処理が論点となった場合にも，慎重な対応が必要である。調査官は，M&Aの目的を調査するため，例えば，ストラクチャー図，組織再編成のスケジュール表，各アドバイザーからのオピニオン・レターや提案書，事業・株式評価書，担当者の電子メール，議事録・稟議書などを提出するように求める可能性がある。税務調査において資料を提出する際には，その内容を精査し，調査官に対して提出する際に作成経緯等を十分に説明することが望ましい。

また，税務調査の対応は，会社の経理担当者や顧問税理士が担当する場合がほとんどであると思われる。しかし，M&Aの目的や意図については，当該M&Aに関与したアドバイザーや専門家が把握していることが多い。また，顧問税理士がそもそもM&A一般に精通していない可能性もある。M&Aの税務処理が論点となっている場合には，当時M&Aに関与した関係者にヒアリング等をした上，M&Aに精通した弁護士等が調査官に対して丁寧に説明を行うことが重要である。

第2節　評価否認のリスク

1　評価否認とは

事業承継の実務において，財産評価の問題を避けて通ることはできない。すなわち，相続税や贈与税といった資産課税においては，財産の評価額が課税価格となり（相法11の2①・21の2①），税額に直結することに加えて，所得税や法人税といった所得課税においても，課税所得を計算するために財産評価が必要となる場合がある（所法39・59①，法法22④・61の2①一など）。

特に，事業承継型M&Aの場合，オーナーが親族に対して資産を贈与したり，従業員株主や取引先株主から株式を買い集めたりするなど，財産を評価しなければならない機会は多い。

国税庁は，課税の公平性や徴税の効率性等の観点から，相続税，贈与税及び地価税に関する財産評価の一般的な基準として，財産評価基本通達を発遣している。そして，所得税及び法人税においても，一定の修正はあるものの，財産評価基本通達に準拠した評価方法を認めている（所基通59－6，法基通4－1－6など（詳細は第1章**第2節2**(1)(b)(イ)参照））。したがって，税務上，財産評価基本通達に定める評価方法を用いて財産を評価し，税務処理を行っていれば，税務当局から問題視されることは少ないと考えられる。

しかし，財産評価基本通達総則６項は，「この通達の定めによって評価することが著しく不適当と認められる財産の価額は，国税庁長官の指示を受けて評価する」ことを明らかにしている。この総則６項は，財産評価基本通達によらずに評価することを認めるものであるため，その要件である「著しく不適当と認められる」の解釈及び当てはめが問題となる。

以下では，総則６項について解説する。

２　評価否認が問題となった裁判例

(1)　総　論

総則６項に関して，税務大学校教育官（当時）である山田氏は，一連の裁判例を分析し，総則６項が適用される４つの判断要素を指摘している（山田重將「財産評価基本通達の定めによらない財産の評価について—裁判例における「特別の事情」の検討を中心に—」税大論叢80号219頁参照）。

〔ｉ〕　財産評価基本通達による評価方法を形式的に適用することの合理性が欠如していること（財産評価基本通達による評価の合理性の欠如）
〔ii〕　他の合理的な時価の評価方法が存在すること（合理的な評価方法の存在）
〔iii〕　財産評価基本通達による評価方法に従った価額と他の合理的な時価の評価方法による価額の間に著しい乖離が存在すること（著しい価額の乖離の存在）
〔iv〕　納税者の行為が存在し，当該行為と〔iii〕の「価額の間に著しい乖離が存在すること」との間に関連があること（納税者の行為の存在）

総則６項の適用が問題となった裁判例は過去多数存在するが，以下，近時，総則６項が問題となった事案について解説する。

(2)　東京高判令和２年６月24日金判1600号36頁の事例

(a)　事案の概要

本件は，財産評価基本通達に従った路線価による評価額が財産評価基本通達総則6項に照らして認められなかった事案である。事実関係の概要は以下のとおりである。

被相続人は，相続開始の3年5か月前及び2年6か月前（当時，約90歳）に，銀行から合計約10億円を借り入れた上で（以下「本件各借入れ」という），投資用収益物件としてそれぞれ居住用賃貸マンション2棟（以下「本件各不動産」という）を約14億円で購入した。その後，被相続人は94歳で死亡し，相続人である原告らが本件各不動産を含む相続財産を相続した（以下「本件相続」という）。原告らは，本件各不動産の価額を財産評価基本通達の定める評価方法（路線価方式など）により評価して相続税の申告（以下「本件申告」という）を行った。具体的には，原告らは，本件申告において，投資用収益物件である本件各不動産の評価額を約3億3,400万円と評価し（その結果，課税価格は約2,800万円となった），諸控除のあと，相続税額がゼロであると申告した。また，原告の1人は，本件申告の数日前に，本件各不動産の一部を売却した。なお，本件各借入れに関し，銀行作成の各貸出稟議書の採上理由欄には，相続税対策のため収益物件を購入する計画で，被相続人から購入資金につき借入の依頼があった旨の記載がされていた。

処分行政庁は，本件各不動産の価額は財産評価基本通達の定めによって評価することが著しく不適当と認められるとし，不動産鑑定士による不動産鑑定（以下「本件各鑑定」という）に基づく評価額を前提に，原告らに対し，更正処分及び過少申告加算税の賦課決定処分を行ったところ，原告らが適法な不服申立てを経た上で当該各処分の取消しを求めて訴訟を提起した（不動産の評価額については，**図表2－8－1**参照）。

本件の主な争点は，本件各不動産につき，財産評価基本通達の定める評価方法によらない評価が許されるための特別の事情の内容及びその有無である。

(b) 判 旨

本判決は，以下のとおり，本件各不動産の時価は本件各鑑定による評価額とし，原告らの請求を棄却した。

まず，本判決は，本件各不動産の評価方法につき，「評価対象の財産に適用される財基通の定める評価方法が適正な時価を算定する方法として一般的な合

【図表２－８－１：東京高判令和２年６月24日の事案における不動産の評価額】

	取得価額	相続税評価額	鑑定評価額	売却価額
３年５か月前に取得した不動産	８億3,700万円	約２億円	７億5,400万円	—
２年６か月前に取得した不動産	５億5,000万円	約１億3,000万円	５億1,900万円	５億1,500万円

理性を有する場合においては，」「特定の納税者あるいは特定の財産についてのみ，財基通の定める評価方法以外の評価方法によってその価額を評価することは，原則として許されないというべき」とした上，「評価通達の定める評価方法を形式的に全ての納税者に係る全ての財産の価額の評価において用いるという形式的な平等を貫くことによって，かえって租税負担の実質的な公平を著しく害することが明らかである特別の事情（評価通達６参照[6]）がある場合には，他の合理的な方法によって評価することが許されるものと解すべきである。」と判示した。

具体的な当てはめとして，本判決は，本件の事実関係を前提とした財産評価基本通達の定める評価方法の合理性と，本件各不動産が相続財産に含まれることになった経緯から判断している。まず，評価方法の合理性について，以下①から⑤の事情を摘示した上で，「本件各通達評価額が本件相続開始時における本件各不動産の客観的な交換価値を示していること」（財産評価基本通達の定める評価方法が合理性を有すること）につき，「相応の疑義がある」と判断した。

①　財産評価基本通達に定める評価方法による本件各不動産の評価額が，不動産鑑定評価額の約４分の１にとどまっていること

6　「参照」にとどまるが，実質的には財産評価基本通達総則６項に定める「この通達の定めによって評価することが著しく不適当と認められる」特別の事情の有無を検証しているものと解される。

② 実際に本件各不動産を売買した際の価格の評価額からの乖離の程度が，不動産鑑定評価額よりもさらに大きいものであること
③ 被相続人又は原告らの本件各不動産の売買につき，市場価格と比較して特別に高額又は低額な価格で売買が行われた旨をうかがわせる事情等が見当たらないこと
④ 本件各鑑定評価は，いずれも，原価法による積算価格を参考にとどめ，収益還元法による収益価格を標準に鑑定評価額を求めたものであること
⑤ 不動産鑑定士が不動産鑑定評価基準に基づき算定する不動産の正常価格は，基本的に，当該不動産の客観的な交換価値を示すものと考えられること

次に，本判決は，本件各不動産が相続財産に含まれることになった経緯につき，以下の２点を指摘して，「近い将来発生することが予想される被相続人の相続において原告らの相続税の負担を減じ又は免れさせるものであることを知り，かつ，それを期待して，あえてそれらを企画して実行したと認められる」と判断した。

① 本件各借入れ及び本件各不動産の購入がなければ，本件相続に係る課税価格が６億円を超えるものであったにもかかわらず，本件各借入れ及び本件各不動産の購入がされたことにより本件相続に係る相続税がゼロとなったこと
② 銀行が本件各借入れに係る貸出しに際し作成した各貸出稟議書において，「相続対策のため」，「相続税対策を目的として」と記載されていたこと

以上のとおり，本判決は，本件の事実関係に照らして，特別の事情（財基通総則６項参照）があるとし，財産評価基本通達の定める評価方法（路線価等）による評価額ではなく，本件各鑑定による評価額を時価と認めて原告らの請求を棄却した。

そして，東京高裁も，上記東京地裁判決を引用し，納税者の控訴を棄却した(但し，納税者は，上告・上告受理申立てをしている)。

(c) 分析・検討

本件のような，銀行借入れと投資用不動産の購入をセットにして，借入れを債務控除しつつ，当該不動産の相続税評価額を利用して相続財産の額を圧縮する節税手法（以下「本件節税ストラクチャー」という）は，過去の裁判例でも争われてきたものである[7]。もっとも，従前の裁判例は，旧租税特別措置法69条の４（平成７年末日廃止）による規制が設けられる以前の事案であるので，本判決は，同条廃止後の上記類似事案において，本件節税ストラクチャーの適法性について判示したという点で先例的価値を有する。

本判決は，上記のとおり，①財産評価基本通達の定める評価方法が事実関係に照らして合理性を有するか（評価方法の合理性），②相続税の負担を減少させる目的であったか（租税回避目的）という観点から，「特別の事情」の有無を検討している。しかし，評価方法の合理性と租税回避目的との関係性は不明である。すなわち，評価方法は合理的であるものの，租税回避目的があった場合に「特別の事情」があることになるのか，反対に，評価方法は事実関係に照らして合理的とはいえないものの，租税回避目的がない場合でも「特別の事情」があることになるのかという点は明らかではない。

さらに，具体的にどのような事実関係があれば，「特別の事情」があると評価されるのか，明確な判断基準を導き出すことは困難である。もっとも，本件節税ストラクチャーを採用する際には，少なくとも以下の２点については，今後の注意が必要であると思われる。まず，財産評価基本通達に定める評価方法による評価額と不動産鑑定評価額及び実際に売買した価額との間の乖離の程度である。本判決では，財産評価基本通達に定める評価方法による本件各不動産の評価額が，不動産鑑定評価額の約４分の１にとどまっていることを指摘している。本判決で示された４分の１という基準が，税務実務上，一般的な通用性

7　東京高判平成５年３月15日行集44巻３号213頁，東京地判平成４年３月11日判時1416号73頁など。

を有するものではないものの，1つの目安として考えることはできる。

次に，投資用不動産の取得の経緯として，相続税の負担を回避する目的があった点を認定している点も注意が必要であろう。特に本判決は，銀行作成の稟議書において「相続税対策のため」と記載されたことを重視しているように思われることから，借入れを行って不動産を購入する税務以外の経済的理由（投資ポートフォリオの適正化など）を説明できるかを検討しておく必要がある。本件節税ストラクチャーのような取引は広く行われており[8]，それゆえに否認される可能性はない「比較的安全なストラクチャー」と実務上考えられていたように思われる。しかし，安易に財産評価基本通達に依拠したストラクチャーは，課税庁において財産評価基本通達総則6項が適用される可能性があるという認識の下，裁判例の射程を意識したプランニングと資料作成が必要である。

事業承継型M&Aにおいても，財産評価基本通達を前提としたストラクチャーを検討する際には，慎重な検討を要する。

8　日本経済新聞朝刊令和元年11月18日記事参照。

索　引

さ行

た行

な行

は行

ま行

や行

ら行

わ行

〔編者紹介〕

小山　浩（おやま　ひろし）

弁護士法人森・濱田松本法律事務所　パートナー弁護士

【主な経歴等】

2001年 早稲田大学法学部卒業，2003年 早稲田大学法学研究科修了，2006年 中央大学法科大学院修了，2007年 弁護士登録，2014年 米国ミシガン大学ロースクール修了（LL.M., International Tax）。東京国税局調査第一部調査審理課にて国際調査審理官として勤務（2016年～2018年）。

【主な著作】

『ウェルスマネジメントの法務・税務』（税務経理協会 2020年），『「取引」の実態からみる税務調査のポイントQ&A』（第一法規 2018年），『税務・法務を統合したM&A戦略』（中央経済社 2015年，共著）ほか。

園田 観希央（そのだ　みきお）

弁護士法人森・濱田松本法律事務所　パートナー弁護士

【主な経歴等】

2006年 東京大学法科大学院修了，2007年 弁護士登録，2014年 米国バージニア大学ロースクール修了（LL.M.），2016年 ニューヨーク州弁護士登録。

【主な著作】

『資本業務提携ハンドブック』（商事法務 2020年，共著），『アジア新興国のM&A法制（第３版）』（商事法務 2020年，共著），『事例で分かるインサイダー取引』（商事法務 2013年，共著）ほか。

〔執筆者紹介〕

●弁護士

浅井 大輔（あさい　だいすけ）

森・濱田松本法律事務所　パートナー弁護士

【主な経歴等】

2005年 東京大学法学部卒業，2007年 東京大学法科大学院修了，2008年 弁護士登録，2015年 コーネル大学ロースクール修了（LL.M.），2016年 ニューヨーク州弁護士登録。2017年～2018年 東京大学法学部非常勤講師。

【主な著作】

『企業再生の法務（第３版）』（金融財政事情研究会 2021年，共著），『International Comparative Legal Guides: Restructuring & Insolvency 2021 – Japan Chapter』（2021年），『私的整理の理論・実務と書式―法的整理への移行，労務，登記，税務まで―』（民事法研究会 2019年，共著）ほか。

丹羽 翔一（にわ　しょういち）

弁護士法人森・濱田松本法律事務所　弁護士

【主な経歴等】

2009年 京都大学法科大学院修了，2010年 弁護士登録。
株式会社日本政策金融公庫（2015年～2017年），三井住友信託銀行株式会社（2017年～2019年）で勤務。

【主な著作】

「平成31年株主総会の実務対応(2)　役員選任議案に係る実務上の留意点」（商事法務 2019年2月15日号），『役員会運営実務ハンドブック』（商事法務 2016年，共著）ほか。

加藤 裕之（かとう　ひろゆき）

弁護士法人森・濱田松本法律事務所　弁護士

【主な経歴等】

2010年 慶應義塾大学大学院法務研究科中退，2012年 弁護士登録。

【主な著作】

『観光業界における事業承継』（税経通信 2020年11月1日号，税務経理協会，共著），『最新青林法律相談30　保証の法律相談』（青林書院 2020年，共著）ほか。

山川 佳子（やまかわ　よしこ）

森・濱田松本法律事務所　弁護士

【主な経歴等】

2012年 東京大学法学部卒業，2013年 東京大学法科大学院中退，2014年 弁護士登録。

【主な著作】

『設例で学ぶオーナー系企業の事業承継・M&Aにおける法務と税務』（商事法務 2018年，共著），『税務・法務を統合したM&A戦略』（中央経済社 2015年，共著）ほか。

鷹尾 征哉（たかお　せいや）

弁護士法人森・濱田松本法律事務所　弁護士

【主な経歴等】

2012年 早稲田大学法学部卒業，2015年 東京大学法学研究科修了，2017年 弁護士登録。

【主な著作】

『社会福祉法人における事業承継』（税経通信 2021年4月1日号，税務経理協会，共著），『医療法人における事業承継（上・下）』（税経通信 2020年10月1日号，税務経理協会，共著）ほか。

●税理士

丸山 木綿子（まるやま　ゆうこ）

森・濱田松本法律事務所　税理士

【主な経歴等】

1999年 中京大学経営学部卒業，2003年～2008年 一般事業会社，税理士法人で勤務，2007年税理士登録，2008年～2016年 税理士法人山田＆パートナーズで勤務。

【主な著作】

『設例で学ぶオーナー系企業の事業承継・M&Aにおける法務と税務』（商事法務 2018年，共著），『Q&Aタックスヘイブン対策税制の実務と対応』（税務経理協会 2019年，共著）ほか。

オーナーの視点から考える

事業承継型M&Aの法務・税務戦略

2021年10月1日　第1版第1刷発行

編　者　小　山　　　浩
　　　　園　田　観　希　央
発行者　山　本　　　継
発行所　㈱　中　央　経　済　社
発売元　㈱中央経済グループ
　　　　パ　ブ　リ　ッ　シ　ン　グ

〒101-0051　東京都千代田区神田神保町1-31-2
電話　03（3293）3371（編集代表）
03（3293）3381（営業代表）
https://www.chuokeizai.co.jp
印刷／東光整版印刷㈱
製本／㈲井上製本所

＊頁の「欠落」や「順序違い」などがありましたらお取り替えいたしますので発売元までご送付ください。（送料小社負担）

ISBN978-4-502-39391-4　C3032